Impressum
Texte: © Copyright by Doris Wiedemann
Umschlag: © Copyright by Doris Wiedemann
Verlag: Doris Wiedemann
Kapellenweg 10, 86853 Langerringen
info@doris-wiedemann.de
Druck: epubli - ein Service der neopubli GmbH, Berlin

Printed in Germany
Bibliografische Information der Deutschen Nationalbibliothek
Die Deutsche Nationalbibliothek verzeichnet diese Publikation in der Deutschen Nationalbibliografie;
detaillierte bibliografische Daten sind im Internet über http://dnb.d-nb.de abrufbar

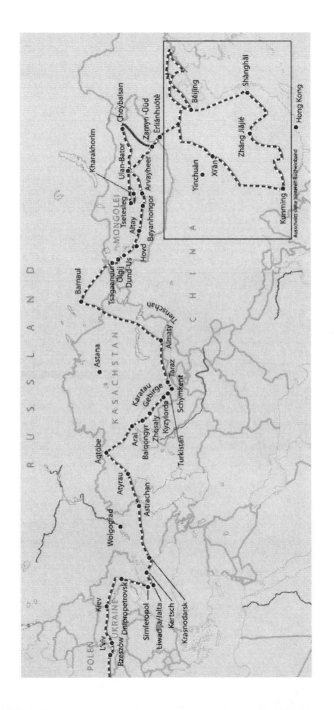

Doris Wiedemann

Unterwegs zum Roten Drachen

Allein mit dem Motorrad nach China

Inhaltsverzeichnis

Inhaltsverzeichnis	6
Vor der Reise	8
Polen, Ukraine	11
Die Krim	19
Russland	26
Kasachstan	36
Mongolei	61
Ulaanbaatar	81
Wieder alleine	97
Endlich China?	113
Běijīng	130
Der Kopf des Drachen	141
Frühling in China	146
Südlich des Yangzi	160
Im Süden von Ost nach West	176
Hunan-Provinz	192
Alleine?	220
Südwest-China	231
Am Rand von Tibet	248

Sichuan-Provinz	255
Shaanxi und Shanxi – Kaisergräber und Kohle	266
Richtung Norden	286
Die Nordkoreanische Grenze	302
Das Ende der Reise	330

Szene in einer chinesischen Oper

Vor der Reise

Das Land ist fern, die Kultur fremd, das politische System unnahbar und die Grenzen verschlossen – zumindest für mich und mein Motorrad. Chinas Politik der Öffnung hat den Individualtourismus mit eigenem Fahrzeug noch nicht erreicht. Allein, ohne chinesischen Führer, geht nichts. Freilich, die Politiker in diesem riesigen Land müssen ganz andere Probleme lösen und die Reisebegleiter brauchen auch ihr Einkommen. Aber ich bin nun einmal eine »Allein«-Reisende. Mit netten Menschen mache ich gerne mal eine Ausnahme. Aber einen staatlich verordneten Führer will ich mir nicht ans Bein binden – abgesehen davon, dass ich mir so einen Aufpasser finanziell höchstens drei Tage lang leisten könnte.

Wo ich nicht willkommen bin, dort möchte ich auch nicht sein. Doch wer bestimmt, ob ich erwünscht bin? Die Regierung eines Landes, oder seine Bewohner? Jim, ein Amerikaner, der in China lebt und dort mit einer Chinesin verheiratet ist, bietet mir an, mein Motorrad nach China hinein zu bringen. »Wenn du erst einmal im Land bist, ist das Reisen kein Problem«, sagt er: »Aber bei der Ausreise kann es Schwierigkeiten geben. Du musst die Maschine nach deiner Reise in China lassen«, Jim drückt sich eher vorsichtig aus. In China werden Telefongespräche abgehört und E-mails gefiltert. Signalwörter machen verdächtig. Wie viel bin ich bereit zu riskieren?

Ein bisschen bange ist mir schon. Was weiß ich über China, das viertgrößte Land der Erde? Eine Jahrtausende alte Kultur und 1,3 Milliarden Menschen. Eine Diktatur, die ihr eigenes Land in den letzten Jahrzehnten wirtschaftlich revolutioniert hat. Ich spreche die Sprache nicht und kann die Schrift nicht lesen. Wie soll ich mich dort zurecht finden?

Gastfreundschaft, wie ich sie kenne, werde ich in China nicht finden, sagt mir ein Freund, der seit Jahren im Land der Mitte arbeitet. »Die Polizei wird dich nach wenigen Kilometern aufhalten und mitsamt deinem Motorrad aus dem Land werfen«, sagt ein anderer, der schon viele Reisende getroffen hat. Und meine Vernunft sagt mir, dass ich beruflich nicht weiterkomme, wenn ich schon wieder alles stehen und liegen lasse, die Zelte abbreche und das Weite suche. Wandern und Rad fahren. Schwimmen und Klettern. Die schönsten Motorradtouren liegen bei mir direkt vor der eigenen Haustür. Freunde, Familie, Kollegen – ich war oft genug in der Fremde um zu wissen, wie schön die Heimat ist. Aber ich war noch nie in China ...

»Meine treue alte BMW R 100 GS/PD lasse ich nicht dort.« Bei diesem Gedanken steht fest, ich werde es probieren. Mein Fernweh, meine Abenteuerlust und vor allem meine Neugierde haben gesiegt: Adieu Karriere! Leb wohl gesicherte Altersversorgung! – die Fremde ruft, und ich fange an zu packen. Zuerst brauche ich ein Motorrad. Zuverlässig, reisetauglich, bezahlbar und ein hoher Wiederverkaufswert in China – die Kriterien sind schnell unter einen Hut gebracht: die BMW F 650 GS Dakar ist Langstrecken erprobt und Off-Road tauglich, bei der Spritqualität nicht heikel und bei den Chinesen hoch angesehen.

Eine Unfallmaschine, ein Einkaufsbummel bei der Firma Touratech, ein bisschen Schrauben, ein bisschen Farbe, schon hat die »Kleine« einen Namen: »Rotbäckchen«. Sie ist nur ein bisschen hoch für meine kurzen Beine ... ich packe Werkzeug und ein paar Ersatzteile, Zelt, Isomatte und Schlafsack, Topf und Kocher, zwei T-Shirts, einen Pulli und drei Paar Socken, Landkarten und Reiseführer, zwei Kameras, ein Stativ, Dia-Filmrollen, einen Brenner und CDs für digitale Bilder, das Tagebuch und natürlich die Zahnbürste ein. Bei so viel Gepäck gibt das Federbein nach und meine Zehen berühren den Boden.

Der Rest ist Routine: eine Auslandsreisekrankenversicherung, eine generelle Handlungsvollmacht für den Papa, einen internationalen Führerschein, Visa für die verschiedenen Länder und für Notfälle von allen Papieren einen Scan im Internet. Bussis, Umarmungen, gute Wünsche und ein paar Tränen - schon geht es los, hinein in den Sommer, die Sonne und das Abenteuer! Der Weg? Russland kenne ich schon. Also rutscht mein Finger auf der Landkarte etwas tiefer: Polen, Ukraine, Kasachstan und die Mongolei.

Polen, Ukraine

Von Erfurt in Richtung Polen nehme ich die Autobahn. Im Abstand von einem Kilometer stehen jeweils zwei Polizisten am Straßenrand. Die Szenerie erinnert mich an Nordkorea[1]. Irgendwann kommt mir ein Castor-Transport entgegen, mit hundert Polizeiwagen Eskorte. Das erklärt das hohe Sicherheitsaufkommen. Hinter Dresden geht es dann für mich wieder ohne Überwachung weiter. Um sechs Uhr abends überquere ich die Grenze zu Polen. Die Sehnsucht nach der Ferne treibt mich voran. Aber nach Sonnenuntergang suche ich mir doch einen Campingplatz und frage im nächsten Dorf einen Passanten. Er winkt eine Fahrradfahrerin heran: »Mein Mann kann besser Deutsch«, sagt sie zu mir und bedeutet mir, ihr zu folgen. Als sie hinter einem zwei Meter hohen Gartentor verschwindet, sagt mir meine bisherige Reiseerfahrung: Ich schlafe nicht im Zelt.

Tatsächlich lädt mich der fünfundsiebzig Jahre alte Paul ein, bei ihnen zu übernachten. Wir setzen uns im Erdgeschoss in eine karge Küche, seine Frau Hilde geht in den ersten Stock und holt Kaffee. Kurze Zeit später serviert sie Tee und Brote, und Paul erzählt mir von seinem Leben. »Die Polen haben die meisten Deutschen ausgewiesen«, sagt er: »Aber nur die Großkopferten.« Leute wie er selbst mussten bleiben, sie wurden zum Arbeiten gebraucht, sagt er.

Mit ihren Kindern durften Paul und Hilde zwar nicht deutsch sprechen. Dennoch sind inzwischen drei von den fünf Sprösslingen nach Deutschland ausgewandert. Paul selbst will nicht

---

[1] Auf meiner Reise durch Russland, Korea und Japan hatte ich Gelegenheit, an der ersten internationalen Motorradtour in Nordkorea teilzunehmen. In meinem Buch »Taiga Tour« erzähle ich von dieser interessanten Fahrt durch eines der verschlossensten Länder der Welt.

weg aus Polen. Jetzt nicht mehr, nachdem er sich den Hof aufgebaut hat. »Der Tod ist so dürr, weil er sich nicht bestechen lässt«, sagt er mir noch, mit einem herzlichen Lachen, in dem viel Lebenserfahrung steckt.

Ich schlafe im Wohnzimmer auf einer großen, bequemen Couch mit vier riesigen Kissen. Nach dem Frühstück verabschiede ich mich. Hilde hat morgen ihren sechsundsechzigsten Geburtstag und lädt mich ein. Aber ich lehne dankend ab, denn in vier Wochen muss ich bereits an der mongolisch-chinesischen Grenze sein. Schade, eigentlich.

Am späten Nachmittag erreiche ich die Grenze zur Ukraine. Mit der Nelkenrevolution im November 2004 hat sich das Land dem Westen zugewandt, und der neue Staatschef Viktor Juščscenko setzte nach seiner Ernennung gleich ein für Reisende nützliches Zeichen: EU-Bürger können visumfrei einreisen. »Willkommen in der Ukraine«, begrüßt mich die junge Frau an der Grenze in beinahe akzentfreiem Deutsch, und gibt mir einige Stempel später meinen Reisepass wieder zurück: »Gute Reise!« Endloser Wald, ein teures Grenzetablissement, Schlaglöcher - genau so habe ich es mir vorgestellt. Die Stadt L'viv liegt nur siebzig Kilometer hinter der polnisch-ukrainischen Grenze, aber auch diese kurze Distanz schaffe ich nicht mehr bei Tageslicht.

Da ich ungern in Grenznähe zelte, halte ich in der kleinen Stadt Javonv. Dort gibt es ein Hotel, erfahre ich an der Tankstelle, aber keinen bewachten Parkplatz für mein Motorrad. Ein Polizist empfiehlt mir, nicht in der Nacht zu fahren. »Das Motorrad stellen wir in den Verkaufsraum«, bietet mir der Tankwart an: »Dort ist es sicher, weil ich die Tür zusperre und nur der Nachtschalter geöffnet ist.« Für meine persönliche Sicherheit scheint das kleine Zelt völlig auszureichen. Auch der Polizist ist zufrieden. Klar, was bin ich schon, im Vergleich zu meinem Motorrad?

Die Stadt L'viv habe ich vor acht Jahren schon einmal besucht. Inzwischen hat der Straßenverkehr stark zugenommen. Aber das holprige Kopfsteinpflaster ist eine Herausforderung geblieben, und an manchen Stellen ragen die Straßenbahnschienen so weit heraus, dass sie im spitzen Winkel gar nicht überfahren werden können. Das Zentrum ist völlig zugeparkt. Nur mit Mühe finde ich eine Lücke auf einem bewachten Parkplatz, wechsle in einer Bank nebenan Geld und spaziere dann den Boulevard hinunter zum Theater, an einem kleinen Markt vorbei und in eine Kirche hinein. Dort lässt mich strenge Gotik strammstehen.

Die Fassaden der Häuser im Stadtzentrum gefallen mir besser. Farbenfrohe Renaissance-Elemente, schwungvolle Barock-Verzierungen, verspielte Rokoko-Schnörkel, geradlinige Neoklassik – und die Sonne setzt alles effektvoll in Szene. Freilich wird manches Kleinod inzwischen von Reklameschildern überdeckt. Zum Ausgleich jedoch hat die Marktfreiheit den meisten Häusern einen frischen Anstrich spendiert. Ich erinnere mich noch gut an den alten Friedhof von L'viv: Prunkvolle Grabmäler, gefühlvolle Skulpturen und knorrige alte Bäume. Ein Spaziergang durch das Leben, voller Freude und Leid. Aber dies ist nur eine Stippvisite, am Nachmittag schnüre ich bereits wieder mein Ränzel und ziehe weiter.

Die Straße führt unspektakulär geradeaus über das flache Land und bringt mich in Kiew schnurstracks zu einem sauberen, schattigen Campingplatz im Westen der Stadt. Dort treffe ich mein persönliches Highlight der ukrainischen Hauptstadt: Yuki, eine Japanerin, die seit drei Jahren alleine mit ihrem Motorrad unterwegs ist. Es ist bereits ihre zweite Weltreise. Wir starten gemeinsam in Richtung Innenstadt, aber ich komme nicht weit. Erst höre ich etwas klappern, dann hupt mich ein Autofahrer an und deutet hinter mich: Mein rechter Alukoffer ist offen. Mist! Bei der nächsten Gelegenheit mache ich eine Kehrtwendung, fahre auf der anderen Straßenseite zurück und sehe von dort aus den Aludeckel am Mittelstreifen der sechsspurigen Straße.

Auf dem Campingplatz in Kiew: Die Japanerin Yuki reist bereits seit drei Jahren mit ihrem Motorrad rund um die Welt

Ich parke das Motorrad und würde am liebsten sofort losrennen. Nur wenige Meter trennen mich von dem verlorenen Teil.. Aber der Verkehr ist mörderisch. Ungeduldig warte ich, bis sich eine Lücke auftut. Dann sprinte ich zum Mittelstreifen, beuge mich über die Absperrung, angle mir den Deckel und drehe mich wieder zu meinem Motorrad um. Inzwischen strömt die Blechlawine wieder dreispurig zwischen uns hindurch. Noch einmal sind es quälende Minuten - oder nur Sekunden? - bis sich wieder eine Lücke auftut.

Endlich kann ich mir den Schaden in Ruhe besehen. Ganz offensichtlich ist ein Lastwagen über das Blech gerumpelt. Ich habe ein schlechtes Gewissen, weil ich vergessen habe, den Deckel zu schließen. Hoffentlich hat kein anderes Fahrzeug Schaden genommen. Der Deckel ist jedenfalls fürchterlich verbogen. Mit einem Stein lässt sich das nicht ohne weiteres wieder gerade klopfen. Ich verkeile den Deckel in der offenen Kiste und mache mich auf den Weg zurück zum Campingplatz, dort ist ein Citroên-Service.

Allzu viel Gas geben will ich nicht, da sich der Fahrtwind im offenen Koffer fangen und mir den Deckel wieder entreißen könnte. Aber ich muss mit dem Verkehr mitschwimmen, um die drei Spuren zu kreuzen. An der dafür vorgesehenen Stelle mache ich wiederum eine Kehrtwendung und benutze auf der anderen Straßenseite den Fußweg. Langsam vor mich hin rollend komme ich zu einer kleinen Autowerkstatt und präsentiere dem Mechaniker mit einer verzweifelten Geste in Richtung Koffer mein verbogenes Aluteil. Mit einer gelungenen Mischung aus besorgtem Kopfschütteln und beruhigendem Lächeln fordert er mich auf, zu warten.

Als ich an der Reihe bin, stellt sich heraus, dass Andrej, der Mechaniker, Deutsch spricht. Er war drei Jahre lang Schwarzarbeiter in Köln und würde gerne wieder nach Deutschland zurück. Das Visum koste nur vierzig Euro, erzählt er mir. Aber die Mafia verlangt zusätzlich zwei bis drei Tausend Euro. Andrej schwärmt vom sozialen Sicherungssystem in Deutschland und ich weiß nicht recht wie ich ihm klar machen soll, dass er selbst mit seiner Schwarzarbeit dieses schöne System kaputt macht.

Immerhin richtet er meinen Aludeckel so gut, dass er wieder auf die Box passt. Beim Preis bitte ich ihn, eine faire, ukrainische Summe zu sagen, weil ich mir meine Reise sonst nicht leisten kann. Das versteht er, wünscht mir alles Gute und ermahnt mich zum Abschied, ich solle in Zukunft besser aufpassen. Am Campingplatz dichte ich den Deckel mit Silikon ab und hänge ihn zum trocknen auf. Inzwischen kommt Yuki zurück und wir essen und ratschen und der Abend vergeht wie im Flug. Als ich am nächsten Morgen ein Foto von uns beiden machen will, stelle ich fest, dass der Gewindebolzen an meinem Stativ fehlt. Seltsamerweise liegt er weder im Gepäcksack, noch sonst irgendwo. Ich durchsuche alles, aber er bleibt verschwunden. Nun denn, ich wollte sowieso in die Stadt.

Die beiden Hauptsehenswürdigkeiten in Kiew sind wohl das Höhlenkloster im Süden der Stadt sowie die Kathedrale der Heiligen Sofia aus dem elften Jahrhundert. Außerdem gibt es noch zahlreiche weitere Kirchen, Museen und Ausstellungen, um die Geschichte, Kultur und Tradition des Landes zu entdecken. Ich aber mache Fotoladen-Sightseeing. Yuki empfiehlt mir den unterirdischen Markt am Moskauer Platz. Dort wird mein Einkaufsbummel durch einen Stromausfall zum Spaziergang in der Geisterbahn. Im Halbdunkel taste ich mich von einem Fotoladen zum nächsten. Hilfloses Kopfschütteln schickt mich weiter. Zuletzt bekomme ich eine Adresse in der Stadt. Wenn sie mir dort nicht weiterhelfen können, dann kann es keiner, wird mir bedeutet.

Inzwischen bin ich verschwitzt und frustriert, froh wieder ans Tageslicht zu kommen und gleichzeitig ungeduldig und genervt vom dichten Stadtverkehr. Aber die Passanten, die ich nach dem Weg frage, können nichts dafür. Also setze ich ein freundliches Lächeln auf und bekomme zum Lohn ein Lächeln zurück. Meine Laune hebt sich ein bisschen, wird aber im Fotoladen sofort wieder gedämpft: »Nijet« lautet die Auskunft. Beim Verlassen des Ladens fällt mein Blick auf einen Reifenhändler gegenüber, der chromblitzende Felgen im Schaufenster liegen hat. Ich brauche einen Gewindebolzen ... der Mechaniker besieht sich das Problem, ruft seinen Lehrling herbei, gibt ihm einige Anweisungen, und kurze Zeit später ist mein Problem behoben. Eigentlich wollte ich noch ein bisschen durch Kiew bummeln. Aber bei aller Entdeckerlust: Mir reicht es für heute, ich verlasse die Stadt.

Eine typische Kirche an einer Landstraße in der Ukraine

Odessa, die Perle am Schwarzen Meer, der Name klingt vielversprechend. Nur dort gewesen zu sein reicht mir jedoch nicht. Und für einen längeren Besuch reicht meine Zeit nicht. Also lasse ich Odessa aus und folge stattdessen dem Dnjepr nach Dnjeprpetrowsk. Dort biege ich nach Süden ab: Die Krim lasse ich mir nicht entgehen!

Ukrajina bedeutet Grenze, das Land am Rand, zwischen den sesshaften Slawen im Westen und den Nomaden der Steppe im Osten. Inzwischen durchquere ich die Steppe. An einer Tankstelle sehe ich das Logo meiner Kreditkarte. Als der Tank voll ist, stellt sich heraus, dass der Kartenleser nicht geht. Ob ich Dollar habe, fragt mich der Tankwart. »Ihr müsst nach Euro fragen«, denke ich bei mir, beantworte die Frage wahrheitsgemäß mit einem Kopfschütteln und warte ab was passiert. Ein paar Minuten später funktioniert das Gerät einwandfrei.

Auf der weiteren Fahrt überlege ich, ob mir der Tankwart Devisen aus der Tasche ziehen wollte, anstatt Gebühren für eine Abbuchung in Landeswährung zu zahlen? Ganz sicher bin ich mir nicht. Manchmal werde ich weitergeschickt, wenn ich frage bevor ich tanke. Die Abbuchung scheint also bisweilen tatsächlich nicht zu klappen, sonst würden die Tankstellen bestimmt nicht freiwillig auf den Umsatz verzichten. Andererseits wissen sie natürlich nicht, dass ich bis zu neununddreißig Liter tanken kann … während ich vor mich hinsinniere, schwappen plötzlich rechts und links von der Straße Wellen ins Schilf. Ich bin am Meer.

Die Krim

An einer Schranke winkt mich ein Uniformierter durch. Ich überquere eine Brücke und bin in der teilautonomen Republik Krim. Inzwischen ist der Wind so stark, dass er mich fast von der Straße schubst. Möwen ziehen ihre Kreise über mir und es riecht nach Salzwasser und Algen. Um den Beginn unserer Zeitrechnung siedelten Griechen und Skythen auf der Halbinsel zwischen Asowschem und Schwarzem Meer. In den folgenden neun Jahrhunderten wechselten verschiedene Stämme, bis sich im dreizehnten Jahrhundert die Tataren dort niederließen. Rund dreihundert Jahre später, 1783, eroberten die Russen das Land. Gegen Ende des zweiten Weltkriegs vertrieben sie wiederum die Deutschen Besatzer, und mit ihnen rund zweihunderttausend Krimtataren. Stalin beschuldigte sie der Kollaboration mit den Deutschen und ließ sie nach Usbekistan deportieren.

Die Häuser, der Himmel, das Land. Alles ist Grau in Grau. »Das macht doch keinen Spaß«, meint Victor, der den Parkplatz bewacht, auf dem ich mein Motorrad abstelle. Ob ich mein Zelt dort in der Ecke aufbauen darf? Darf ich, nickt er. Muss ich aber nicht. Im Parkplatzwächter-Häuschen ist es warm und trocken und dort gibt es eine Couch, auf der ich schlafen darf, während der Alte seine Wache schiebt. Vorher teilt Victor sein Abendessen mit mir. Wir essen gemeinsam aus einer Plastiktüte Brot und Hackfleischklöße. Dann putze ich mir in dem halb verfallenen Gebäude nebenan die Zähne. Gesicht und Hände wasche ich an einem rostigen Wasserhahn, über einer Rinne, die ins Freie führt und als Toilette dient.

Diese Unterkunft hat keine Sterne, nicht einmal am bewölkten Himmel. Aber die Gastfreundschaft ist echt. Der Russe ist offen und herzlich. Ich schlafe an diesem Platz nur eine Nacht. Victor aber verbringt sieben Tage in der Woche an diesem Ort. Sieht er den Dreck überhaupt noch? Er trinkt einen Wodka, um zu vergessen, dass er früher einmal von einem anderen Leben geträumt hat ... »Kein Frühstück?« der alte Mann ist enttäuscht. Wenigstens eine Tasse Tee muss ich trinken. Dann wünscht mir Victor eine gute Reise. Ich solle gut aufpassen, es gebe viele schlechte Menschen auf dieser Welt, sagt er mir zum Abschied. Dann öffnet er das verbeulte Eisentor.

Im Jahr 1954 übergab Chruschtschkow die Halbinsel Krim an die Ukraine. Aber seit dem Zusammenbruch der Sowjetunion bemühen sich die Bewohner um eine größere Unabhängigkeit oder den Wiederanschluss an Russland. Denn die annähernd drei Millionen Bewohner sind zu über sechzig Prozent Russen und nur ein Viertel ist ukrainischer Abstammung. Simferopol , die Hauptstadt der teilautonomen Republik, begrüßt mich mit sanftem Nieselregen. Zwei Mal abbiegen, schon stehe ich im Zentrum der Stadt vor einem fünfeckigen Betonklotz, der abweisend kantig und verschlossen wirkt.

In seinem Inneren tagt das Parlament und auf dem Platz davor hat eine Oppositionsbewegung zwei kleine Campingzelte aufgebaut, die unter dem starken Wind und der Dauerberieselung sichtbar leiden. An den Zeltwänden hängen zerrissene Protestplakate. Den russischen Text kann ich nicht lesen und der anwesende Protestler ist an einer Unterhaltung mit mir ganz offensichtlich nicht interessiert. Immerhin klart der Himmel auf und Dimitri Iwanowitsch erwartet mich bei meinem Motorrad. Der siebenundsiebzig Jahre alte Mann spricht ein paar Worte Deutsch und erzählt mir mit leuchtenden Augen, dass auch er sein Leben lang mit dem Motorrad unterwegs war: Moskau, Leningrad, Kiew – die Linien seines Gesichts beschreiben ausdrucksvoll die schönen Erinnerungen.

Ob ich bleiben will, fragt er mich. »Nein, ich möchte weiter«, antworte ich mit einem entschuldigenden Lächeln. Aber das ist gar nicht nötig. Dimitri versteht meinen Wunsch und bittet mich nur: »Fahr nicht schneller als Du sehen kannst!« Am nahe gelegenen Sowjetplatz fotografiere ich das frisch renovierte Theater und das offensichtlich modern ausgebaute Kino. Dann fahre ich auf der Suche nach der restaurierten Moschee im Wohnviertel der Krimtataren durch enge Gassen und große Pfützen an verfallenen Häusern vorbei.

Der Palast des Khans in Bachtschyssaraj

Knapp zehn Prozent der Inselbewohner sind heutzutage Tataren. Anstatt ihres islamischen Gotteshauses finde ich ein Hinweisschild nach Bachtschyssaraj. Dort gibt es ebenfalls eine Moschee, einen Friedhof und vor allem den Palast des Khans. Vom fünfzehnten bis zum achtzehnten Jahrhundert residierten dort die Nachfahren Dschingis Khans. Das Khanat der Krim war die letzte westliche Bastion des einstigen mongolischen Weltreichs. Kalt und abweisend sind die hoheitlichen Gemächer. Auch die historische Ausstellung über das Leben der Tataren ändert daran nichts. Ich suche zum Trost nach dem »Brunnen der Tränen«, den Alexander Puschkin mit einem Gedicht weltberühmt gemacht hat.

Brunnen der Tränen

Giri, der letzte Khan, war so rücksichtslos gewesen, dass die Menschen glaubten, er habe ein Herz aus Wolle. Dann jedoch verliebte er sich in eine polnische Gefangene in seinem Harem und weinte bittere Tränen, als sie starb. Um seine Trauer in alle Ewigkeit fortwähren zu lassen, befahl der Khan einem persischen Gefangenen, ihm einen weinenden Stein zu erschaffen. Jedoch, Liebeskummer währt bekanntlich nicht ewig: Bei meinem Besuch ist der steinerne Brunnen strohtrocken.

Ausgesprochen gemütlich wirken die Haremszimmer und die Gemächer der Mutter des Khans. Der ehemalige Pferdestall wurde in ein Kunstmuseum umfunktioniert, und ich schwelge eine Weile in der Ausdrucksstärke russischer Maler. Damit ist mein Kunsthunger einstweilen gestillt und ich freue mich auf eine fröhliche Kurvenhatz in den höchsten Bergen zwischen Karpaten und Kaukasus, auf der Südhälfte der Krim. Dort taste ich mich im dichten Wald von einer Kurve zur nächsten. Dicke Nebelschwaden behindern meine Sicht und die nass glänzende Straßenoberfläche mahnt zur Achtsamkeit. Hoch oben auf dem Plateau ziehen die Blumen ihre Köpfe ein und ich ducke mich hinter der Scheibe meines Motorrades, um dem kalten Wind zu entkommen.

Endlich windet sich die Straße in engen Serpentinen bergab. Da öffnet sich der Wolkenschleier und gibt den Blick frei auf die Stadt Jalta, ihren weißen Strand und das strahlend blaue Meer. Im Februar 1945 trafen sich Winston Churchill, Josef Wissarionowitsch Stalin und Franklin Delano Roosevelt in der ehemaligen Sommerresidenz von Zar Nikolaus II zur so genannten »Jalta-Konferenz«. Dabei steht der Palast des letzten russischen Zaren nicht in Jalta, sondern drei Kilometer westlich, in Liwadija.

Die drei Vertreter der Alliierten zogen dort nach dem zweiten Weltkrieg neue Grenzen durch Europa. Tatsächlich haben vermutlich Diplomaten im Vorfeld alles ausgehandelt und die Herren tranken zusammen einige Gläser erstklassigen Krim-Sekt, plauderten ein bisschen und genossen die Aussicht und das milde Klima. Mir wird es Mitte Juni in den Motorradklamotten fast ein bisschen zu warm, und zwischen den Häusern von Jalta ist es noch wärmer. Erst an der Seepromenade erfrischt mich ein laues Lüftchen.

Die herrschaftlichen Häuser der Stadt geben Zeugnis davon, wer sich einen Krim-Urlaub leisten konnte: Aristokraten und Künstler tummelten sich vor der Revolution an der »russischen Adria«. Danach wurden einige Häuser in Sanatorien für die Arbeiter umgebaut. Aber die Gleicheren unter den Gleichen im Sowjetregime begannen bald, sich an der Schwarzmeerküste der Krim luxuriöse Datschen zu bauen, und so ist das bis heute geblieben: Wirklich billige Hotels findet man in Jalta nicht.

Im Osten der Krim wird das Klima rauer. Statt grüner Palmen und Zypressen säumen kahle Felsen die Straße, und die Strände sind nicht weiß, sondern schwarz. Das hat den Vorteil, dass sie die Sonnenwärme besser aufnehmen. Ich setze mich in einer menschenleeren Bucht auf einen Felsen und mache Brotzeit. Danach wasche ich mir die Hände im kalten Meerwasser. Als ich mir überlege, eine Runde zu schwimmen, beginnt es zu regnen. Also dusche ich mit dem Motorrad durch die Berge. Die letzten hundert Kilometer vor der Meeresenge von Kerch sind dann noch plattes Land.

Am späten Nachmittag erreiche ich den Osten der Krim. Ich möchte wissen, wann die Fähre nach Russland geht und fahre direkt zum Hafen. »In zwanzig Minuten beginnt der Verkauf der Fahrkarten«, erfahre ich von einem Ukrainer: »Das Schiff legt in neunzig Minuten ab«. Alles fügt sich so nahtlos ineinander, dass ich den alten Grundsatz außer acht lasse, vormittags an eine Grenze zu fahren, um genügend Zeit zu haben.

Prompt stellt sich heraus, dass mein Visum für die Ukraine abgelaufen ist. Die Dame an der Passkontrolle hatte mich gefragt, wo ich von der Ukraine aus hin wolle. »Nach Russland«, gab ich zur Antwort. Daraufhin hat sie mir ein Transitvisum gegeben, das nur drei Tage gültig ist, sagt mir nun der Grenzbeamte in Kerch und verschwindet mit sorgenvollem Kopfschütteln, und meinem Reisepass. Eine Russin, die mit einem Deutschen verheiratet ist und in Süddeutschland lebt, schüttelt ebenfalls den Kopf: »Das Transit-Visum ist fünf Tage gültig«, erklärt sie mir. Aber das hilft nichts, denn auch diese Frist habe ich überschritten. Ein Ukrainer kennt die Folgen meiner Missetat: »Entweder es passiert gar nichts, oder Du musst hundertfünfzig amerikanische Dollar Strafe bezahlen«, sagt er und verschwindet mit seinem Auto im Bauch des Schiffes.

Das ist eine Menge Geld und ich bin gespannt, wie ich aus der Nummer wieder herauskomme, lehne mich an mein Motorrad und beobachte die anderen Fahrzeuge, die nacheinander auf die Fähre dürfen. Ob ich auch mit darf? Falls nicht, was passiert dann mit meinem Ticket? Und wann geht die nächste Fähre? Nach einiger Zeit winkt mich ein junger Mann in das Containerbüro der Passkontrolle und erklärt mir gestenreich in englisch-russischem Kauderwelsch, dass der Kommandant für mich eine Ausnahme macht. Er gibt mir den gestempelten Pass zurück und bemerkt in einem Nebensatz, dass es ihm nichts ausmachen würde, wenn ich ihm ein kleines Geschenk gäbe.

Ich bedanke mich herzlich für die unbürokratische Abwicklung, und erkläre im selben freundlichen Tonfall, dass es mir etwas ausmachen würde, wenn ich ihm ein Geschenk gäbe. Der junge Mann nickt freundlich lächelnd und verabschiedet mich fast herzlich. Ich glaube, echte Freundlichkeit lässt sich nicht mit Geld bezahlen, und man sollte nicht einmal versuchen, sie zu kaufen.

Erleichtert fahre ich als Letzte auf die wartende Fähre und treffe die Russin und ihren deutschen Mann wieder. Sie legen auf der ukrainischen Seite immer zehn Griwna, und auf der russischen Seite hundert Rubel in den Reisepass, erzählt sie mir. Im Gegenzug bezahlen die Beamten, um für eine bestimmte Zeit an einem lukrativen Grenzübergang arbeiten zu dürfen. Dort werden die »Trinkgelder« angeblich gerecht geteilt, damit alle etwas davon haben. Aber wer sich die Gebühr für den lukrativen Posten nicht leisten kann, der bleibt arm.

Russland

Auch die russischen Grenzer finden in meinem Reisepass kein Geld. Dafür fehlt mir bei der zweiten Station der Laufzettel der Russen - und mein Reisepass wird wiederum eingezogen. Das deutsch-russische Paar hat längst gemerkt, dass ich mich den »guten Sitten« verweigere und macht sich aus dem Staub, damit ich sie nicht aufhalte. Aber für mich gilt: »So viel Zeit muss sein, für Ehrlichkeit und Redlichkeit.« Da es bereits dunkel ist und keinen Zweck hat, die Dinge vorantreiben zu wollen, setze ich mich an einen Tisch und mache Brotzeit. Ein anderer Reisender, der irgendwelche Zollprobleme hat, setzt sich zu mir und packt ebenfalls ein paar Lebensmittel aus. Unsere gemeinsamen Vorräte ergeben ein beinahe lukullisches Mahl.

Mein Tischgenosse erzählt mir, er sei Afghane und lebe seit neun Jahren in Deutschland. Er will sich für mein Problem einsetzen und stürmt ungefragt auf den nächsten Zöllner zu. Obwohl ich nichts verstehe, merke ich, dass sein Russisch im Laufe des Gesprächs immer flüssiger wird. Zuletzt heißt es, für dreißig Euro bekäme ich den fehlenden Laufzettel. Ich schüttle belustigt den Kopf. Schließlich kann ich nichts dafür, dass die Beamten einen Fehler gemacht haben.

An der Grenze ist genug Platz und ich habe schon auf weniger idyllischen Zeltplätzen geschlafen. Aber bevor ich das Zelt aufbaue, klopfe ich energisch beim Chef an die Tür. Nach einer kurzen Unterredung mit seinem Untergebenen händigt er mir den Reisepass samt Laufzettel aus. In einer kleinen Stube wechsle ich Rubel und bezahle damit die obligatorische Haftpflicht-Versicherung für das Motorrad. Über den Betrag lasse ich mir eine Quittung geben und bekomme dann auf Nachfrage das bereits zu viel bezahlte Geld wieder zurück.

Auf der Weiterfahrt werde ich noch dreimal kontrolliert und der Afghane lässt sich nicht mehr abschütteln. Tatsächlich bin ich ganz froh, in der Dunkelheit ein Fahrzeug vor mir zu haben und warte deshalb am letzten Schlagbaum, während er im Büro seine Papiere zeigen muss. Ein Ukrainer kommt aus dem Zollgebäude und erzählt mir, dass er sich geweigert habe, Schmiergeld zu zahlen. Stattdessen habe er darauf gedrungen, alle Formulare korrekt auszufüllen. Das war den Beamten allerdings zu viel Arbeit und sie haben ihn weiter geschickt. »Ich bezahle keine Bestechungsgelder mehr. Das kostet mich etwas mehr Zeit, aber ich habe ein gutes Gewissen«, spricht mir der Mann aus dem Herzen. »Wer Bestechungsgelder bezahlt, ist mindestens so korrupt wie derjenige, der sie annimmt«, stimme ich ihm zu: »Tatsächlich haben diejenigen die Macht, die das Geld haben, zu bezahlen.«

Diesem netten Menschen würde ich mich gerne anschließen, aber in dem Moment kommt ein Grenzsoldat zu mir und fragt, warum ich noch da bin. »Weil ich nachts nicht gerne alleine fahre«, sage ich. »Du willst hinter dem Kasachen herfahren?« Ich verstehe zunächst gar nicht, was er meint. Dann dämmert es mir: Der angebliche Afghane ist ein Kasache. Ich habe nichts gegen Kasachen, aber ich mag keine Lügner. »Er hat gestohlen und kommt ins Gefängnis«, erzählt mir der Grenzer und ich danke ihm für die Warnung. Unter diesen Umständen fahre ich doch lieber alleine.

Es ist dunkel, windig und kalt. Aber auch schön. Der volle Mond, die Zypressen und das Meer. Der salzige Geruch des Wassers begleitet mich eine Weile, dann führt die Straße ins Landesinnere und ich werde schläfrig. Ein freundlicher Soldat lässt mich auf der Wiese neben seiner Kaserne zelten. Nach ein paar Stunden erholsamen Schlafs weckt er mich, damit ich vor Tagesanbruch weiterziehe. Seine Vorgesetzten sollen von seiner Gastfreundschaft nichts erfahren.

Ein Lastwagenfahrer zeigt mir eine Straße, die auf meiner Karte noch nicht eingezeichnet ist. Aber am späten Nachmittag gibt es ein Missverständnis. An einem großen Straßenkontrollposten verstehe ich »weiterfahren«, stattdessen soll ich anhalten. Der Uniformträger macht seinem Unmut mit lautem Pfeifentrillern Luft und ich stoppe, bevor er mit seinen schrillen Pfiffen meine Reifen zum Platzen bringt. Aus Trotz bleibe ich auf dem Motorrad sitzen und lasse ihn bis zu mir laufen. Zur Strafe muss ich zum Protokoll mitkommen. »Mit Motorrad?« frage ich. »Nein, zu Fuß.« Also setze ich meinen Helm ab und ein freundliches Lächeln auf. Im Büro will der Chef meine Papiere sehen und lädt mich dann auf eine Tasse Tee ein. Ich bekomme leckere Pfannkuchen und unterhalte mich mit den beiden Damen, die vermutlich für die gute Verpflegung verantwortlich sind, bis ein Kollege hereinkommt und mich bittet, mein Motorrad zu retten.

Der Wind hat derart aufgefrischt, dass einer der Beamten zur Sicherheit bereits neben meiner Maschine steht. Selbstverständlich würde er sie auch gerne in den schützenden Windschatten des Betongebäudes fahren. Aber er sieht auch ein, dass ich das lieber selber mache. Danach flüchte ich mich schnell wieder zu meiner heißen Tasse Tee und bedanke mich im Stillen bei dem Beamten, der mich gestoppt hat. Bei diesem Wetter möchte ich nicht auf offener Strecke unterwegs sein. Die Landschaft ist karg und hätte keinerlei Unterschlupf geboten. Nach dem Unwetter bekomme ich noch einen eingeschweißten Kuchen mit auf den Weg nach Elista. Dort leben kleine Menschen mit Schlitzaugen, hatte mir die Beamtin Olga erzählt.

Die Tankstelle hat ein geschwungenes Dach wie die Häuser in Asien. Aber ich darf das Gebäude nicht fotografieren, teilt mir eine harsche Lautsprecherstimme mit, die mich durch ihren Tonfall innehalten lässt. Ein Autofahrer übersetzt den Wortschwall mit einer eindeutigen Geste in Richtung Kamera. Derart willkommen geheißen, fahre ich weiter zu einem buddhistischen Tempel. Dort begegne ich einem Mönch auf seinem Rundgang, den ein knurrender Hund begleitet. Aber den Tempel darf ich fotografieren, und den Mönch mit Hund auch. Irgendetwas an der Stadt gefällt mir nicht. Habe ich den falschen Tag erwischt? Außerhalb von Elista steht ein weiterer Milizposten. Auch dieses Gebäude darf ich nicht fotografieren, aber ich bekomme Tee und werde eingeladen, dort mein Zelt aufzustellen.

Gebetstrommeln am buddhistischen Tempel in Elista

Elista ist die Hauptstadt der autonomen Republik Kalmückien und der Offizier des Kontrollpunktes erzählt mir die Geschichte ihrer Bewohner: Sie sind Buddhisten mongolischer Abstammung und Zar Peter hat eine wichtige Rolle in ihrer Geschichte gespielt. Den Rest seiner Worte kann ich nur mit viel Phantasie übersetzen. Es geht um Krieg und Vertreibung, Rückkehr in die Heimat und den Aufbau eines eigenen Staates – und ich bin frustriert, dass ich keinen Babelfisch habe, der mir die Sprachen der Welt übersetzt.

Ein perfektes Asphaltband durchschneidet die Landschaft

Der nächste Tag beschenkt mich mit blauem Himmel und Steppe, so weit das Auge reicht. Pferde und Rinder laufen frei herum, aber die Grabsteine stehen eingezäunt am Straßenrand. Ein bekannter Duft hüllt mich ein: Die Steppe ist voller Thymian. Ich setze mich ins Kräuterbeet und mache Brotzeit. Dann fahre ich weiter, bis die nächsten Wolken kommen, flüchte in ein kleines Café und will dort Tagebuch schreiben. Allerdings komme ich nicht so recht weiter, denn einige Männer trinken dort Tee und fragen mich dies und das. Auf meinen Reisen kommt sie immer wieder, die Frage nach meinem Mann, und ich beantworte sie auch in diesem Café mit einem Fingerzeig auf mein Motorrad. Die Kellnerin lacht. Sie ist genauso alt wie ich und sagt gut gelaunt: »Mein Mann ist mein Café!«

Auf der weiteren Fahrt begegnen mir ein paar Kamele. Ich mag die verschmitzten Trampeltiere, die lustige Glubschaugen haben und immer irgendwie grinsen. Aber dann sehe ich rechts von mir Sandhügel. Oh je! Dünen sind nicht meine Stärke und mit der Einzylinder-Enduro fühle ich mich abseits der Straße auch nach rund fünftausend Kilometern Asphalt noch nicht richtig wohl. Aber meine Sorge ist unbegründet. Ein perfektes Asphaltband durchschneidet die Landschaft. Abwechslung bieten auf der über zweihundert Kilometer langen Strecke ein nahezu vollständig ausgetrockneter Salzsee auf der einen und eine Überschwemmung auf der anderen Straßenseite. Was für Launen die Natur doch manchmal hat ...

Im Gebiet des Wolga-Deltas sind viele Wiesen überschwemmt. Aber an Fahrfotos ist in dieser Gegend nicht zu denken. Der Wind ist viel zu böig um das Stativ aufzustellen. Außerdem hat der Akku meiner digitalen Spiegelreflexkamera vorhin seine letzten Ampere ausgehaucht und ist gerade in die Bordsteckdose des Motorrades eingestöpselt. Akkus zu laden muss ich noch besser in meinen Alltag integrieren. In den Cafés beispielsweise. Oder am Milizposten. Aber nicht bei den Polizisten in Astrachan. Der Beamte erzählt mir von vier Motorradfahrern, die wohl vor kurzem bei ihm waren, und fragt im gleichen Atemzug nach einem kleinen Geschenk. »Ein Geschenk?« frage ich lachend zurück, strecke ihm meine Hand hin und fordere ihn auf: »Schenk Du mir etwas!« Da muss er selbst lachen und winkt mich weiter.

Über die neue Wolgabrücke fahre ich ins Zentrum der Stadt am Kaspischen Meer. Ich habe vergessen, meinen Reiseführer zu

Rate zu ziehen und weiß gar nicht, wohin mit mir. Warum ich ausgerechnet vor dem kleinen Laden halte, der Obst und Gemüse am Straßenrand präsentiert, weiß ich selbst nicht. Meine Vorräte reichen noch. Aber ich trinke einen Schluck Wasser und will gerade nach der Reisebibel kramen, als mich ein junger Mann anspricht, ob er mir helfen könne? Eine Übernachtung in Astrachan sei sehr teuer, sagt er mir: »Fahr lieber zu Micha, das ist ein Biker mit langen Haaren. Ein lustiger Kerl und ganz bestimmt kein Bandit.«

Ich folge der Wegbeschreibung über eine kleine Brücke, beim gelben Haus links und dann rechts durch das Tor im Zaun. An der Ecke steht ein Wohnwagen, in dem ein Mann Kaffee ausschenkt. Ich frage nach Micha, dem Biker. Einer der Gäste hat ebenfalls die vier aufgepackten Motorräder auf ihrem Weg nach Kasachstan gesehen. Aber Micha kennt niemand. Eine Mutter, die mit ihrem Kind des Weges kommt, wird gefragt. Sie kennt Micha. Aber seine Tür ist verschlossen. Da schlendern zwei junge Männer heran und einer von ihnen hat die Lösung, er schreit ganz einfach: »Micha!« Die Tür geht auf, wir schieben mein Motorrad in den Hof und gehen in die Werkstatt. Dort steht ein Computer und mit Hilfe eines Übersetzungsprogramms stellen wir uns gegenseitig vor.

Micha redet wie ein Wasserfall, mit dem Computer, dem Telefon und mir. Dann kommt ein Kollege von ihm, seine Freundin Sweta, und später werden es immer mehr. Mein Übernachtungsproblem ist schnell gelöst: Ich darf in der leer stehenden Wohnung von Swetas Freunden schlafen. Vorher aber machen wir noch eine kleine Nachtexkursion. Acht Motorräder sind es inzwischen, und fast alle doppelt besetzt. Wir besuchen die Wolga, den Teich der Schwäne, den Kreml und den Leninplatz. Zurück in der Werkstatt zeigt mir Micha ein Bild von seinem

Freund in Wolgagrad. Auf dem Foto sehe ich Alex mit seiner African Twin in der Garage stehen, in der ich selbst vor vier Jahren zu Besuch war, auf meiner Fahrt quer durch Russland, der sogenannten Taiga Tour. Während ich in Gedanken meinen Erinnerungen nachhänge sagt Micha: »Dort war auch einmal eine Motorradfahrerin aus Deutschland zu Besuch, die nach Wladiwostok gefahren ist.« Grinsend nicke ich und deute auf mich: »Das war ich.«

Sofort holt Micha sein Telefon heraus und ruft Alex an. Der weiß gar nicht, dass ich wieder auf Tour bin. Die Vorbereitungen waren so kurzfristig und meine Zeit ist zu knapp, um ihn zu besuchen. Aber nun freue ich mich, mit Alex zu sprechen. Sein Englisch ist viel besser geworden und ich sage Grüße an seine Frau Elena, an Vitalij und alle anderen. Dann gehen wir zu Bett, in Wolgagrad und Astrachan. Hatte ich mir wirklich Sorgen gemacht, auf dieser Reise wäre Russland weniger gastfreundlich, locker und humorvoll als beim letzten Mal?

Am nächsten Tag gehe ich mit Micha und seinem Freund Crazy Biker zu Wolodja. Der hat einen Computerladen, wo ich meine E-Mails lesen kann. Wirklich wichtig ist eigentlich nur, wo Jim ist. Der Amerikaner fährt mit seinem Gespann von Europa aus quer durch Russland zur chinesisch-mongolischen Grenze und ich darf ihn nicht verpassen. Er ist mein Schlüssel nach China.

Aber noch habe ich die Nase vorn und nehme mir die Zeit für einen Stadtbummel. Mittags essen wir in einem usbekischen Lokal und verabreden uns dort spontan mit einigen anderen zum abendlichen Lagerfeuer an der Wolga. Vorher begleitet mich Micha noch in die Kunstgalerie Kustodiev. Wir lassen die Skulpturen links liegen und wenden uns den Bildern zu. Die alten Meister malten fast ausschließlich Landschaften der Krim, und so sehe ich die Halbinsel auch bei strahlendem Sonnenschein. Am frühen Abend treffen wir uns mit Sweta, die seit einem Monat einen grasgrünen Lada ihr Eigen nennt. Sie fährt eigentlich ganz gut, lässt aber Micha ans Steuer, dessen Motorrad ein anderer zum Lagerplatz hinaus fährt.

Das verstehe wer will, aber ich kann mich immerhin in Ruhe mit Sweta unterhalten. Sie ist fünfundzwanzig Jahre alt, hat Kühlgeräte-Technik studiert und arbeitet nun beim Zoll, weil sie dort mehr verdient. Dreißig Tage Urlaub und Arbeitszeiten von neun bis achtzehn Uhr sind eigentlich dasselbe wie bei uns. Allerdings vergesse ich, sie nach ihrem Lohn zu fragen, denn wir haben inzwischen eine noble Datscha-Siedlung durchquert und kommen an einen unbesiedelten Seitenarm der Wolga. Dort wartet Wolodja schon mit seiner Frau Natascha und Max, einem Handy-Spezialisten, der sehr gut Englisch spricht.

Die Drei haben bereits ein Lagerfeuer angezündet. Natascha zerschneidet gerade einen großen Fisch in topfgerechte Stücke und kocht sie dann mit Kartoffeln und Zwiebeln auf dem offenen Feuer. Sweta und ich putzen den Salat: Gurken, Tomaten und Frühlingszwiebeln. Zum Dank bekommen wir von den Männern die Wodkaflasche gereicht, von der jeder einen Schluck nimmt. Beim Essen frage ich Max, was für ein Fisch das ist. Der habe einen seltsamen Namen, meint er: »Obwohl das Fleisch weiß ist, nennt man ihn Roten Fisch.« Dabei wirft er mir einen vorsichtigen Blick zu. Bei mir rattert es im Denkgetriebe: »Du meinst ...« Max unterbricht mich: »Diesen Fisch bekommst du nicht an der Ladentheke«, formuliert er elegant um das unangenehme Wort »illegal« herum.

Der Stör steht unter Naturschutz, aber der Schwarzhandel mit dem Fisch und seinem Kaviar blüht, und Max vermutet ganz richtig, dass ich das nicht gut finde. Er lächelt mich etwas unsicher an. Nein, ich mache keinen Aufstand. Der Fisch ist bereits tot, das lässt sich nicht mehr ändern. Aber ich erzähle Max, dass ich zuhause Vegetarierin bin, weil ich den Tierschutz sehr ernst nehme. Stillschweigend reicht er mir einen Grashalm, den ich ihm gut gelaunt an den Kopf werfe ... es gibt Abende, an denen man die Welt nicht retten kann.

Als ich am nächsten Morgen von einem Bad in der Wolga zurückkehre, sammeln die anderen bereits die Abfälle ein. Abgesehen von der kleinen Feuerstelle und den Reifenspuren im Gras, erinnert nichts mehr an unseren gemeinsamen Abend. Aber es wird spät, bis Michas Motorrad anspringt, wir im Stau die Stadt erreichen und ich loskomme. Sweta und Micha, Max und Crazy Biker begleiten mich zu einer Tankstelle, wo sich zwei Bekannte von Max zu uns gesellen. »Mafia«, flüstert er mir zu. Max repariert Handys und kennt sie alle, die Polizisten, die Biker und die Mafiosi, und er sagt: »Es macht mir Spaß, mit jedem in seiner Sprache zu sprechen.« Dabei finde ich es sehr nett, dass er Crazy Biker immer zurückruft, wenn dieser sich mit dem Handy meldet: »Er hat sich erst vor kurzem ein Motorrad gekauft und hat nun für lange Zeit ganz wenig Geld«, erklärt mir Max.

An der letzten Wolga-Fähre vor der Grenze wird ein kasachischer Händler beauftragt, mich zu begleiten. Dann heißt es Abschied nehmen, von meinen neuen Freunden und von Russland. Eigentlich geht diese Reise nach China, durch die Ukraine, Kasachstan und die Mongolei. Russland war nur die Brücke, um von der Ukraine nach Kasachstan zu kommen. Trotzdem war es schön, das Land, und vor allem seine Menschen, wieder zu sehen.

Kasachstan

Zwischen der russischen und der kasachstanischen Grenze verkehrt eine weitere Fähre. Während wir übersetzen steigt der Händler aus seinem Auto, nimmt meine Hand und sagt etwas zu mir. Es dauert ziemlich lang, bis ich begreife, dass er mich auf Kasachisch in seiner Heimat willkommen heißt. Umso mehr freue ich mich über diese freundliche Geste.

Abschiede fallen mir immer schwer und ich brauche meist ein bisschen Zeit, um mich wieder für Neues zu öffnen. Und nach der Grenze habe ich dazu kilometerweit Gelegenheit. Jenseits des Wolga-Deltas ist das Land wieder trocken und leer. Einzelne Lehmhütten ducken sich vor den Wüstenwinden in den heißen Sand. Die Erde ist rot, das Gras gelb, und der Himmel unbarmherzig blau. Kein Wölkchen verdeckt die Sonne. Kein Strauch spendet Schatten. Die Straße ist ein Gemisch aus Teerflicken und Schlaglöchern. Habe ich genug Wasser dabei? Ja. Wasserbeutel und Benzintanks sind gefüllt, beruhige ich mich selbst.

Nach den fröhlichen Tagen mit den russischen Bikern ist mir die Einsamkeit ein bisschen fremd. Außerdem bin ich noch in der Nähe der Grenze. Also frage ich im ersten Dorf nach einem Zimmer. Das ist jedoch so schäbig, dass ich lieber darauf verzichte. Rund 30 Kilometer weiter finde ich ein Rasthaus, vor dem bereits einige Lastwagen parken. Dort baue ich mein Zelt auf, bestelle eine herzhafte Suppe und wechsle die üblichen Worte mit den Kraftfahrern, woher ich komme und wohin ich fahre.

»Die Straße?« beantwortet einer meine Frage nach dem Weg in die nächste Stadt: »Bis Atyrau ist sie gut. Aber von dort weiter bis nach Aktöbe gibt es keine Straße, nur Löcher.« Die Männer verabschieden sich bald. Sie müssen morgen früh raus. Ich schreibe noch mein Tagebuch, bevor ich zur Kasse gehe. »Die Rechnung ist schon bezahlt«, sagt die Bedienung mürrisch. Oh je, die Dame wollte wohl schon seit langem zu Bett gehen. Aber der Wachmann ist noch munter und fragt mich drei Mal, ob ich wirklich ganz alleine in meinem Zelt schlafen will. Nachdem ich zunehmend genervt die Frage zum dritten Mal mit »Ja« beantworte, gibt er auf und ich krieche in meinen Schlafsack.

Von Atyrau bis Aktöbe gibt es keine Straße, sondern nur Schlaglöcher.

Morgens habe ich Durchfall. Mein Magen muss sich erst an das Wasser in Kasachstan gewöhnen. Glücklicherweise ist das gut belüftete, hölzerne Plumpsklo auf wundersame Weise mückenfrei. Ein Lastwagenfahrer bietet mir Tee an und schenkt mir einen Apfel. Dazu kaufe ich mir noch eine Flasche Wasser und breche dann auf. Ich bin müde, mein Magengrimmen ist phasenweise etwas unangenehm, und die Straße über weite Strecken ebenfalls. Eine Pause und zweihundert Kilometer später parke ich das Motorrad in Atyrau vor einem monumentalen Reiterstandbild, in einem modernen Stadtviertel mit neuzeitlichen Hochhäusern - ein modernes Märchen aus 1001 Nacht?

Die Bank hat geschlossen, der Bankautomat will nicht so wie ich will und der Wachmann darf mich nicht auf die Toilette gehen lassen, weil jede Bewegung mit Kameras aufgezeichnet wird. Die Segnungen der modernen Technik! ... Ich setze mich um die Ecke unter ein Gerüst. Als ich ein Foto von der großen Skulptur des Nationalhelden auf dem großen Platz mache, spricht mich eine Frau mit überdimensionaler Sonnenbrille an. Auf Deutsch. »Wie bitte?« frage ich verblüfft. Die Frau stellt sich als Soja vor und erzählt, dass sie in Ostdeutschland studiert und zwei Jahre lang in Magdeburg gelebt hat. Später erfahre ich, dass ihr Mann bei einem Heimaturlaub starb und sie daraufhin mit ihren Kindern zurück nach Kasachstan zog.

Die Frau mit der positiven Ausstrahlung ist gerade auf dem Weg in das Dorf, aus dem sie stammt. Aber wir könnten uns in ein bis zwei Stunden treffen und ich könne bei ihr wohnen, bietet sie mir an. Das finde ich perfekt, weil ich mit meinem Tagebuch immer noch hinterher hinke. Ob sie mir ein kleines Café zeigen kann, um dort zu warten? Sie steigt in einen dunklen Mercedes, der von einem Mann chauffiert wird und ich folge ihnen zu einem Restaurant. Soja spricht mit der Dame an der Rezeption und bis ich das Motorrad geparkt und den Helm abgenommen habe, ist bereits alles arrangiert. Ich werde in ein klimatisiertes Zimmer geführt und Soja verabschiedet sich mit einem freundlichen »Bis später!«

Ich bin in einem Hotel, staubig, verschwitzt und müde. Und genau in dieser Reihenfolge sorge ich für Abhilfe: Ich dusche, schalte die Klimaanlage an und lege mich dann eine Stunde auf das Bett. Anschließend mache ich eine kleine Entdeckungsreise durch das Hotel. Die Zimmer haben westlichen Standard der Mittelklasse und die Preise entsprechen diesem Niveau. Für einen Espresso an der Bar bezahle ich zwei Euro fünfzig. Während ich ihn trinke, informiere ich mich in meinem Reiseführer über die Stadt Atyrau. Aus den zwei Stunden werden sechs und ich bin mir nicht sicher, ob ich Soja jemals wiedersehe. Bei diesem Gedanken klopft es an meiner Tür und die Kasachin steht mit einem Freund und einer Freundin davor. Mit einem klimatisierten Toyota zeigen sie mir die Erdölstadt am Kaspischen Meer.

Im Norden der Stadt gibt es noch kleine Häuschen mit schiefen Wänden, ohne Wasser und sanitäre Anschlüsse. Im Stadtteil davor stehen Plattenbauten mit Sowjet-Charme und im Süden gibt es ein Viertel, das von deportierten Russlanddeutschen errichtet wurde. Die Häuser sind in einem beachtlich guten Zustand und werden inzwischen von verschiedenen Nationalitäten bewohnt. Dazwischen liegt das Zentrum aus Banken und Bars, Hotels und Casinos, und im Westen der Stadt, auf der Fahrt zum Flughafen, zeigen mir meine Fremdenführer moderne Wohnbunker, deren Quadratmeter zwischen dreihundert und tausend US-Dollar kosten. Die kasachstanische Kazgas und sämtliche Global Player der Erdölindustrie haben sich mit ihren Mitarbeitern in der Stadt angesiedelt. Das bringt Geld, und treibt die Preise in die Höhe.

Wir gehen in einem gut besuchten kasachischen Restaurant zum Essen. Und das heißt, wir essen Schaschlik: Huhn, Rind und Fisch, in Stücken aufgespießt und über offenem Feuer gegrillt. Meine Begleiter sind alle drei Kasachen, aber sie sprechen Russisch miteinander. Davon verstehe ich nicht viel, aber ich mag Soja. Die Witwe hat drei Firmen, zwei Töchter, drei Enkel, ein fröhliches Lachen und ein herzliches Wesen. Am nächsten Morgen schenkt sie mir zum Abschied ein paar Ohrringe sowie eine Anstecknadel von der Partei, der Dariga Nasarbajew vorsteht, die Tochter des kasachstanischen Präsidenten. Dann fahre ich auf tadellosem Asphalt über die Uralbrücke hinüber nach Asien und denke mir: »Das soll die schlechteste Straße Kasachstans sein?«

In Makat wird der Verkehr umgeleitet. Ich folge einer Familie in ihrem Auto und komme auf eine Piste mit tiefem Eisenbahn-Schotter, aber ohne Gleise. Ich weiß nicht, warum sich die F 650 so anstellt. Aber mir schlägt es fast den Lenker aus der Hand. Vielleicht würde es helfen, etwas Gas zu geben. Aber der Verkehr ist zu dicht. Nach ein paar Kilometern bin ich wieder alleine unterwegs und habe sandige Erde mit Spurrillen und Schlaglöchern unter den Reifen. Stellenweise gibt es reine Sandpassagen und später kommen schmale Asphaltränder zwischen den Schlaglöchern dazu. Die tun den Reifen gar nicht gut, und ich weiß nun, was der Lastwagenfahrer meinte, als er sagte, es gäbe auf dieser Strecke keine Straße.

Kurz vor Sonnenuntergang erreiche ich ein kleines Café. Bevor ich etwas sagen kann, schickt mich der Hausherr zu einem Sattelschlepper, neben dem zwei Männer stehen. »Die sprechen Englisch«, sagt er mir. Der eine kommt aus Russland, der andere ist Kasache aus Almaty, erfahre ich von ihnen. Sie arbeiten rund achtzig Kilometer westlich von hier. »Logging«, sagt der eine, und ich drehe mich verdutzt um. Steppe, so weit das Auge reicht. »Logging wood - Holzfäller?« frage ich verdutzt zurück. Der Almatyner fängt an zu lachen: »Erdöl!«, sagt er prustend: »Wir suchen nach Erdöl.« Da erkennt auch der Russe die Doppeldeutigkeit des Wortes und sagt mit weit ausholender Geste: »Seit vierzehn Jahren bin ich in Kasachstan. Schau, wie fleißig ich war.« Gerne würde ich mit den beiden Männern weiterplaudern, aber sie müssen zu ihrem Camp zurück und ich gehe zurück zu dem kleinen Café..

Die Familie versammelt sich gerade vor dem Metalltank, den sie zu einem Gasthaus ausgebaut haben. Ich darf mich dazu setzen und probiere die Geste, von der ich gehört habe: den Kopf beugen und beide Hände vor das Gesicht legen. Dann mit dem Wort »Omin« die Hände nach unten gleiten lassen und den Kopf heben. Der Wirt lächelt, bestätigt meine Geste, und bietet mir Tee an. Im Licht der Abendsonne blicken wir auf das Land hinaus. »Das kann kein Fernseher bieten«, sage ich, und der Vater nickt. Es geht mir gut, und mein Gastgeber erklärt: »Deutschland ist sehr klein. Das Herz der Kasachen jedoch ist weit, so weit wie ihr Land.«

»Omin« mit dem Wort, einer kleinen Verbeugung und den Händen vor dem Gesicht, bedanke ich mich am nächsten Morgen für die Gastfreundschaft und verabschiede mich von der Familie. Das Café steht auf halber Strecke zwischen Atyrau und Aktöbe, aber die Straße scheint besser zu werden. Oder gewöhne ich mich langsam an das Fahrverhalten des Einzylinders? Dennoch wird es rund hundert Kilometer vor Aktöbe richtig gefährlich. Die Straße ist frisch geteert und der Verkehr nimmt zu. Viele Autofahrer gebärden sich wie Kamikaze-Piloten, die ihr eigenes und das Leben der anderen gefährden. Ich passiere ein marodes Dorf, an dessen Ende die Erklärung für seine Armut steht: Eine stillgelegte Fabrik hat vermutlich den halben Ort in die Arbeitslosigkeit entlassen.

In Aktöbe gibt es für mich nicht viel zu tun. Ich will lediglich im Internet nachschauen, wo Jim sich befindet. Dafür steuere ich das Zentrum an, frage an einer Tankstelle und treffe dort eine deutschstämmige Familie, die mir den Weg zeigt. Ich unterhalte mich mit der Tochter auf Englisch, weil weder sie noch ihre Eltern Deutsch sprechen, und mir wird klar, warum ich immer betonen muss, dass ich Deutsche aus Deutschland bin. Andererseits frage ich mich, warum sich Menschen einer Nationalität zugehörig fühlen, die sie nicht kennen und deren Sprache sie nicht sprechen? Vermutlich werden sie von den Einheimischen immer noch ausgegrenzt. Wer nicht dazu gehören darf, muss sich ein anderes Zuhause suchen. Auch wenn dieses andere Zuhause eine Scheinwelt ist, die mit der Realität vermutlich nur wenig gemein hat.

Per E-Mail erfahre ich, dass Jim immer noch hinter mir ist. Dennoch verlasse ich Aktöbe gleich wieder und fahre auf der nagelneuen Straße noch etwa hundertfünfzig Kilometer weit. Vierhundert Kilometer schlechte Straße sollen immer noch vor mir liegen. Morgen. Heute suche ich eine Pension. Ich möchte gerne wieder einmal duschen. Von außen sehe ich bereits, dass im Gastraum einige betrunkene Männer sind. Dennoch fahre ich in den Hof hinein. »Das ist kein guter Ort für Dich«, spricht mich ein Mann an. »Ja«, pflichte ich ihm bei: »Aber wo kann ich sonst übernachten?« Er kratzt sich am Kopf, bespricht sich mit einem Kollegen, und sagt mir dann, ich solle ihm folgen, steigt in ein Auto und fährt zu einem Baumaschinen-Parkplatz hinter einer Kaserne. Dort steht ein Kranwagen, in dem ich übernachten kann. Die Soldaten werden auf mich und das Motorrad aufpassen, und Morgen früh kann ich in der Gastiniza duschen.

Ich habe eine Schwäche für skurrile Schlafplätze und mache es mir in dem Kranwagen gemütlich. Dazu besprühe ich die komplette Inneneinrichtung mit einem vermutlich hochgiftigen Mückenspray, das ich in der Ukraine gekauft habe. Dann breite ich mein Halstuch über der Kopfstütze aus, lege mich auf den umgeklappten Sitz und decke mich mit meiner Motorradjacke zu. Für den Schlafsack ist es viel zu warm. Kurz nach Sonnenaufgang holt mich der Fahrer des Kranwagens ab. Er hat die Nacht bei seiner Frau in Aktöbe verbracht, erzählt er mir. Wir fahren zur Gastiniza, wo er sich mit drei anderen ein kleines Zimmer mit Stockbetten teilt. Einer der Kollegen liegt auf seinem Bett und liest, die anderen beiden sind nicht da. Ich dusche geschwind, denn mein Gastgeber muss in die Arbeit, und auf mich wartet die große weite Welt.

Tatsächlich wird es noch einmal löchrig, erdig und sandig, mit und ohne Spurrillen. Ich kämpfe mich durch den heißen Tag und bin am Abend froh, in einem Café eine Suppe zu bekommen. Zunächst gibt es keinen Strom und mir gefällt es, im Schein einer Petroleumlampe auf einem weichen Teppich sitzend zu essen. Aber dann schaltet der Wirt das Stromaggregat ein und schraubt die Glühbirne in die Fassung. Fortan tollen drei Kinder um mich herum während aus dem Fernseher ein Horrorfilm herausschreit. Ich flüchte in mein Zelt. Dort ist es vergleichsweise ruhig und ich habe frische Luft.

Am nächsten Tag wird die Straße bald besser. Dafür steigt die Temperatur und macht mir das Leben schwer. In Aralsk werde ich wütend, als die Bank nach einer Stunde warten doch keine Barabhebung von meiner Kreditkarte machen kann und die Internetverbindung ebenfalls nicht funktioniert. So geht das nicht! Ich muss meine erhitzten Nerven kühlen. Am Stadtrand stehe eine deutsche Firma, sagt mir ein Mann. Bisher habe ich immer den Kontakt zu den Einheimischen bevorzugt. Aber fünfzig Grad Celsius im Schatten sind scheinbar zu viel für mich. Auf den endlosen Etappen in der kasachischen Steppe kreisen meine Gedanken unaufhörlich um den Zeitpunkt, zu dem ich Jim in der Mongolei treffen muss, um nach China reisen zu können. Die Eile auf der einen Seite und gleichzeitig die Ungewissheit, wie viel Zeit mir bleibt, auf der anderen Seite. Das belastet mich. Hätte ich die mir bereits bekannte, kürzere Strecke durch Russland fahren sollen? Für solche Überlegungen ist es nun zu spät. Die Entscheidung ist bereits gefallen, und die schlimmste Strecke liegt hoffentlich hinter mir. Also gönne ich mir einen Aufenthalt im Expat-Sanatorium. Waldemar, der Deutsche, ist in der Stadt, erfahre ich von seinem Übersetzer, der Englisch spricht. Aber ich darf in seinem klimatisierten Büro warten. Normalerweise ist mir ein schattiges Plätzchen lieber. Aber dieses Mal ist alles anders.

Die niedrigen Temperaturen und ein Liter Wasser richten mich wieder so weit auf, dass ich beinahe vergesse, warum ich da bin. In dem Moment fordert mich der junge Dolmetscher auf, mitzukommen. Auf dem Weg über den Hof entschuldigt er sich, dass die Arbeiter so lange gegessen haben, und führt mich in die Kantine. Dort bekomme ich eine Suppe, Buchweizen und Tee. Als ich meinem Gastgeber nachschenke, mache ich die Schale nur halbvoll, und er freut sich, dass ich die Sitte des Landes beachte. Tatsächlich lässt sich die Schale viel besser halten, wenn sie nur halb gefüllt ist. Allerdings muss man permanent nachschenken. Aber das macht nichts, weil das in Kasachstan normalerweise die Frauen tun ...

Waldemar kommt aus der Stadt zurück. Er ist Lette, lebt seit sechs Jahren in Deutschland und hat davon zwei Jahre in Kasachstan verbracht. Seine Firma baut die Wasserversorgungsleitungen und die Kanalisation in Aralsk, und die Saudis bezahlen es, erfahre ich. In Zanakazaly, hundertdreißig Kilometer weiter, leben Peter und Lorenz, zwei Deutsche, die ein ähnliches Projekt betreuten. Waldemar ruft Peter an, der mich einlädt, bei ihnen zu übernachten. Im Schatten hat es immer noch 45 Grad. Aber mit dem Ziel vor Augen komme ich gut voran, finde das Camp und freue mich trotz der Wasserproblematik über eine Dusche.

Ich war bereits mehrmals in trockenen Ländern und der Wert sauberen Wassers ist mir auch in Deutschland stets bewusst. Aber tausendsechshundert Kilometer durch die kasachische Wüste spornen mich erneut an, jeden Tropfen Wert zu schätzen. Der herrliche Geschmack frischen Wassers ist kaum zu überbieten. In Kasachstan aber muss man in den Städten das kostbare Nass in Flaschen kaufen. Das Leitungswasser ist nur abgekocht genießbar, denn die Leitungen sind marode und viele Orte haben keine Kanalisation. Zunehmende Besiedelung und steigender Verbrauch von Chemikalien verschmutzen das Grundwasser so stark, dass man es auch abgekocht nur bedingt trinken kann.

Aus diesem Grund sind Peter und Lorenz seit zwei Wochen in Zanakazaly. Sie bauen gerade ihr Büro auf, in dem sie die Kanalisation der Stadt planen und dann den Bau organisieren wollen. Dafür müssen bürokratische und finanzielle Hürden sowie technische und kulturelle Schwierigkeiten umschifft werden. Während der Georgier Lorenz eher die Pessimistenseite vertritt, ist der Ostdeutsche Peter voller Optimismus und freut sich über die Herausforderung. Damit sollte das Projekt von allen Seiten abgesichert sein, denke ich mir.

Lorenz fährt am nächsten Tag mit dem Auto nach Kyzylorda und ich schließe mich mit dem Motorrad an. Wir passieren Baikonur, den Weltraumbahnhof mit dessen Hilfe die Russen immer wieder eindrucksvoll ihre technische Kompetenz in der Raumfahrt beweisen: 1957 mit dem ersten künstlichen Satelliten Sputnik sowie dem ersten Lebewesen im Weltraum, der Hündin Laika. Drei Jahre später kehrten die Hunde Strelka und Belka als erste Lebewesen wieder heil aus dem Weltraum zurück. Juri Gagarin war 1961 der erste Mensch im Weltraum. Ihm folgte 1963 Walentina Tereschkowa als erste Frau. Das erste ferngesteuerte Fahrzeug, Lunochod 1, bewegte sich 1970 auf dem Mond und ein Jahr später startete unter dem Namen Saljut 1 die erste Raumstation ins Universum. Ihr folgte 1986 die erste ständig bemannte Raumstation Mir, die nach fünfzehn erfolgreichen Jahren geplant zum Absturz gebracht wurde.

Inzwischen wird die Infrastruktur für das Universum von der internationalen Staatengemeinschaft genutzt. Nur ich darf nicht hinein und muss mich mit einem Foto vom Straßenrand aus begnügen. Dafür machen wir am Denkmal von Khorkhyt Ata eine kleine Pause. Der kasachische Philosoph, Erzähler und Erfinder aus dem neunten Jahrhundert ist bei vielen Turkvölkern beliebt. Im Jahr 1980 wurde ihm zu Ehren ein futuristisch anmutendes Monument errichtet. Ein Kenner der kasachischen Volksmusik nannte die Steppen Kasachstans einmal ein Meer der Musik, und das Mausoleum Khorkhyt Atas ragt wie eine Insel in strahlendem Weiß aus der Ebene heraus.

Die Legende erzählt, dass Khorkhyt Ata im Alter von zwanzig Jahren erfuhr, dass er nur noch zwanzig weitere Jahre leben dürfe. Daher machte er sich mit seinem Kamel auf den Weg, die Unsterblichkeit zu suchen. Weil er sie nirgends fand, kehrte er nach Hause zurück, opferte sein Kamel und bespannte mit dessen Haut ein Musikinstrument, die Korbyz. Solange er die Korbyz spielte, konnte der Tod ihn nicht holen. Erst als er einschlief, biss ihn eine giftige Natter und er starb. Unsterblich ist er dennoch: Vier Betonsäulen in der Form der Korbyz fangen den Wind der Steppe ein, der in ihrem Inneren Metallröhren zum klingen bringt. Fünfzig Grad im Schatten sind dem Wind jedoch ebenfalls zu viel und ich muss mir, wie ein echter Kasache, mein Liedchen selbst singen.

In Kyzylorda tanke ich an einer Zapfsäule, die offensichtlich aus Deutschland stammt. Ein Liter Sprit kostet sechzig D-Mark, sagt die Anzeige. Dagegen sind die Europreise zuhause regelrecht human, finde ich, und freue mich, den Preis in kasachstanischen Tenge bezahlen zu dürfen. Das sind dann umgerechnet nur sechsunddreißig Cent. Beim Mittagessen in einem Restaurant erfahre ich, dass neben dem Preis meist das Gewicht der angebotenen Gerichte auf der Speisekarte steht, und ich bin mir beinahe sicher, dass ich bereits mehrmals das Gewicht in Tenge bezahlt habe. Aber so ist das im Leben, manchmal gewinnt man, und manchmal verliert man.

Um weitere Missverständnisse zu vermeiden, begleitet mich Lorenz zum Markt. Ich brauche Turnschuhe, weil ich meine Joggingschuhe an einem Zeltplatz vergessen habe. Leider finde ich keine guten Schuhe in meiner Größe. Also müssen es billige Latschen sein. Dafür kassiert die Verkäuferin immer noch stolze neun Euro, mit denen sie schwungvoll auf die noch vor ihr stehenden Schuhe klopft. »Damit segnet sie die anderen Schuhe, damit diese ebenfalls bald verkauft werden«, erklärt Lorenz und bringt mich danach zur richtigen Straße für meine Weiterfahrt. Wir verabschieden uns und ich kämpfe mich alleine weiter durch die Hitze bis in die Stadt Turkistan.

Am Eingang zum Stadtzentrum reihen sich ebenerdige Häuser mit geschnitzten Falttüren aneinander und ich bekomme Lust, dort eine Schale Tee zu trinken. Stattdessen aber frage ich mich zur Moschee von Hodza Achmet Jassawie durch, um das Abendlicht für Fotos zu nutzen. Timur Lenk (1336-1405) befahl den Bau des muslimischen Heiligtums gegen Ende des vierzehnten Jahrhunderts, als er gerade die Goldene Horde besiegt hatte. Entsprechend prachtvoll wölbt sich die vierundvierzig Meter hohe Kuppel über dem Grab des Propheten, der spirituelle Vereinigung mit Gott durch Meditation, Duldsamkeit und Askese predigte. Hodza Achmet Jassawie brachte dem einfachen Volk die muslimische Lehre in der Volkssprache Tschagataj nahe. Dafür wurde er bereits zu Lebzeiten heilig gesprochen und starb hoch verehrt im Jahr 1166.

Die Moschee von Hodza Achmet Jassawie bei Sonnenuntergang

Timur Lenk starb 1405, noch bevor die Moschee fertig war. Daher wurde die Front erst im sechzehnten Jahrhundert unter Khan Abdulla II errichtet. Er folgte Timurs Plänen, verzichtete aber auf die Mosaiken, und die geplanten Seitenwände des Portals fehlen bis heute. Stattdessen wurde die Südostseite mit Schießscharten versehen, die dem Gebäude ein eher weltliches Aussehen geben. Zunächst fällt mein Blick jedoch im Abendlicht vom Nordwesten auf die riesige Kuppel. Die blauen Kacheln glänzen im rötlichen Licht der Abendsonne und ich würde mich gerne hinsetzen und staunen.

Aber mein Motorrad erregt große Aufmerksamkeit. Also beantworte ich freundlich alle Fragen. Immerhin bin ich in fremden Ländern nicht nur Reisende, sondern auch Gast. Im Gegenzug erkundige ich mich nach einer Pension. Ein junger Mann, der gerade erst dazu gekommen ist, sagt: »Du kannst im Haus meiner Familie wohnen.« Einheimische haben mich im Laufe eines Gesprächs schon öfter eingeladen. Aber ich habe mit Mohammed noch gar nicht gesprochen. Er stellt sich erst im Zusammenhang mit seiner Einladung vor und erwidert dann auf meinen sprachlosen Blick: »Ich wohne nicht weit von hier, folge mir«, dreht sich um und geht die Straße hinauf. Die Umstehenden scheinen Mohammed nicht zu kennen. Sie sind ebenso ratlos wie ich selbst, und haben keinen besseren Vorschlag. Also sehe ich mir an, wo der junge Mann lebt. Wenn es mir nicht gefällt, kann ich mir immer noch etwas anderes suchen.

Fünfhundert Meter gerade aus und dann zweihundert Meter links. Mohammed verschwindet durch eine Tür neben einem großen, cremefarbenen Blechtor, öffnet dieses von innen und winkt mich herein. Neben ihm steht ein weiterer junger Mann und winkt ebenfalls. Ich zögere: »Wer wohnt in diesem Haus?« frage ich. »Meine Familie«, lautet die Antwort. »Sind deine Eltern einverstanden, wenn ich bei Euch übernachte?« frage ich weiter. Inzwischen bin ich abgestiegen. Das Motorrad möchte ich erst dann im Hof parken, wenn ich sicher bin, dort auch zu übernachten. In dem Moment kommt Mohammeds Mama mit vierjährigen Zwillingen um die Ecke des Hauses, lächelt mich an und nickt. Spontan schiebe ich das Motorrad in den Hof, der daraufhin fest verriegelt wird.

Auf dem sandigen Boden im Garten hinter dem Haus wächst nicht viel. Geradeaus befindet sich die Toilette, ein großer Raum mit einem Loch im Boden und zwei bunten Bildern von blühenden Wiesen an der Wand. Daneben ist das kleine Zimmer des Untermieters, ein Student vom Land. Er spricht ebenfalls kein Englisch. Aber nach kurzer Zeit kommt eine junge Englischlehrerin, die mir ein Loch in den Bauch fragt, über mich, meine Reise und mein Land. Seltsamerweise habe ich das Gefühl, dass sie gar nicht übersetzt, was ich von meinem Leben, meiner Familie und meiner Heimat erzähle. Nur wie alt ich bin, gibt sie weiter. Vielleicht bin ich für die jungen Männer danach nicht mehr interessant?

Doch. Mohammed möchte gerne in Deutschland arbeiten und fragt mich, wie er das machen kann. Ich sage ihm, dass er nur dann eine Arbeitsgenehmigung bekommt, wenn er eine Arbeit machen kann, die kein Deutscher macht. Außerdem wäre es gut, wenn er Deutsch, mindestens aber Englisch sprechen würde. Mein jugendlicher Gastgeber blickt mich enttäuscht an. Gibt es keine andere Möglichkeit? »Natürlich«, sage ich, »du kannst versuchen, illegal in Deutschland zu arbeiten. Allerdings weiß ich selbst nicht, wie man das macht.« »Wie viel kann ich in Deutschland verdienen?« übersetzt die Englischlehrerin Mohammeds nächste Frage. Ich habe leider keine Ahnung, werde aber so bedrängt, dass ich irgendwann fünf Euro pro Stunde aus dem Ärmel schüttle.

Die Umstehenden holen tief Luft. Das ist viel Geld in Kasachstan. Sehr viel Geld. »Aber«, fahre ich fort: »für ein einzelnes Zimmer in meiner Heimatstadt München musst du jeden Monat rund vierhundert Euro bezahlen, und ein Brot kostet in Deutschland mehr als einen Euro.« Langsam entweicht die Luft wieder aus den Lungen meiner Zuhörer. »So viel?« Eine wilde Diskussion entsteht, deren Inhalt ich nicht verstehe. Aber ich unterbreche sie trotzdem, indem ich noch hinzufüge: »Und als Illegaler kannst du nicht zum Arzt gehen, deine Familie ist weit weg und du hast keine Freunde.«

Das ist kein positives Bild, das ich von meiner Heimat zeichne. Aber Mohammeds Mama nickt zufrieden, und Mohammed wird sich das wohl noch einmal überlegen. Das Paradies hat er sich anders vorgestellt. Aber er schluckt seine Enttäuschung hinunter und wir essen alle gemeinsam zu Abend. Im Haus gibt es ein orientalisches Wohnzimmer mit Teppichen am Boden und an den Wänden und ich stelle amüsiert fest, das gute Geschirr steht dort, ebenso wie in Deutschland, unbenutzt im Schrank. Wir essen draußen. Das große, überdachte Metallgestell im Hof wird jedoch nur noch zum Schlafen genutzt. Zum Essen sitzen wir an einem Tisch. Es gibt drei Stühle und ein Bettgestell aus Metall, das als Bank dient.

Ein würziger Eintopf mit Fladenbrot stillt unseren Hunger. Als Dessert bekommt jeder eine Tasse Tee. Dann verabschieden sich alle in verschiedene Richtungen und Mohammed begleitet mich noch einmal zur Moschee. In der Nacht wird sie mit Halogenstrahlern beleuchtet. In dieser Helligkeit sind am Himmel keine Sterne mehr zu sehen und mir kommt die Szene so künstlich vor, als wäre ich in einem Museum. Wir gehen um die Moschee herum, Mohammed möchte unbedingt Bilder machen. Er arbeitet in einem Fotogeschäft, und borgt sich dort eine Kamera. Ein Kollege, den wir an der Moschee treffen, lichtet uns ab, während wir ordentlich stramm stehen. Natürlich bitte ich den Mann, mit meiner digitalen Spiegelreflexkamera ebenfalls ein paar Bilder zu machen, die ich Mohammed später per E-Mail zuschicke.

Auf einen Ausflug in die Disco verzichte ich. »Zu müde«, muss ich nicht nur mir selbst eingestehen. Mein Tagesrhythmus befindet sich im Frühaufsteher-Modus, weil ich die kühlen Vormittagsstunden zum Fahren nutze. Morgens stehe ich mit der Mutter auf. Ich habe mit ihr, dem Vater und den beiden kleinen

Zwillingen auf dem Metallgestell im Garten geschlafen. Mohammed wurde kurzerhand beim Untermieter einquartiert. Mit einer Tasse Tee und etwas Kuchen im Bauch mache ich mich wieder auf den Weg. Am Ortsausgang steht das Monument einer Kamelkarawane und ich möchte gerne ein paar Fotos machen. Aber die Sonne versteckt sich just in diesem Moment hinter ein paar Wolken. Der Planet dort oben kann es mir wirklich nicht Recht machen, denn kurze Zeit später jammere ich schon wieder über die Hitze im gleißenden Sonnenlicht.

Hinter Schymkent, der Hauptstadt von Kasachstans südlichster Provinz, ändert sich die Landschaft. Bauern bestellen Felder und es wird bewässert, was der Schnee auf den Bergen hergibt. Gegen Mittag sehe ich einen glänzenden Samowar unter ein paar knorrigen Bäumen stehen. Ich halte an und bitte die junge Frau bei dem Wasserkocher um ein Foto. Sie zögert, ruft ihren Kolleginnen und Kollegen auf dem Feld etwas zu, und nickt dann mit dem Kopf. Während ich noch überlege, wie ich den messingfarbenen, glänzenden Wasserkocher inmitten der Natur am besten in Szene setze, kommen die Feldarbeiter heran und fordern mich auf, die Jause mit ihnen zu teilen: Nudeln, Tee und Bonbons. Gerne geselle ich mich zu der fröhlichen Runde. Als ich mich wieder verabschiede, werde ich eingeladen, auf meiner Rückreise dort hinten, im dritten Haus, zu übernachten.

Inzwischen reihen sich am Horizont verschneite Berge aneinander. Sie begrenzen die endlos erscheinende, hitzeflirrende Ebene und kühlen mich rein optisch schon ein paar Grad ab. In der Berglandschaft ist die Luft dann tatsächlich etwas erträglicher. Aber bei Taraz führt die Straße wieder hinunter in die sengende Hitze der Ebene.

Außerhalb der Stadt halte ich an der Gedenkstätte für Aischa Bibi, der Tochter des Herrschers von Samarkand. Die junge

Frau liebte den Herrscher der Gebiete von Westturkestan – gegen den Willen ihres Vaters. Mit Hilfe der Mutter floh sie aus dem Elternhaus und reiste zu ihrem heimlichen Verlobten. Doch kurz vor ihrer Ankunft wurde sie von einer giftigen Schlange gebissen und konnte den herbeigerufenen Geliebten nur noch mit einem schwachen Kopfnicken ehelichen, bevor sie starb: Aischa Bibi - die vermählte Aischa. Ihr Gemahl wurde hundert Jahre alt, war ein weiser und gerechter Herrscher, und ehelichte nie eine andere Frau.

Ein Symbol der ewigen Liebe: Die Gedenkstätte für Aischa Bibi

Am Sarkophag der Aischa betet ein junges Paar mit einem muslimischen Geistlichen. Unterdessen hält am Parkplatz die Wagenkolonne einer Hochzeitsgesellschaft. Das Brautpaar in westlicher Kleidung lässt sich vor dem Mausoleum ablichten, dann fährt die Gesellschaft weiter, zum nächsten Foto am nächsten Denkmal. Im Schatten von ein paar Bäumen sitzen ein paar

Frauen und Männer, die Souvenirs verkaufen, mit einem Taxifahrer und einem Wachmann zusammen. Sie laden mich ein, mit ihnen Tee zu trinken. Ich hänge meine Jacke an einen Baum und mache es mir in dessen Schatten gemütlich. Es gibt Baursaki, in Öl frittierte Teigfladen. Sie schmecken köstlich. Aber ich kann sie natürlich nicht alle essen. Zum Trost gibt mir der Wachmann einen ganzen Stapel davon mit auf den Weg.

Die Sonne sinkt, die Konturen der Landschaft werden weicher und die erdigen Farben bekommen einen samtenen Schimmer. Eine strahlend weiße Jurte ragt aus der Ebene heraus. Davor kehrt eine Frau die Stufen und von hinten kommt ihr Sohn auf einem Kamel heran geritten. Ein Traumbild für Steppenromantiker. Tatsächlich steht die Jurte auf einem Betonsockel und ist ein Touristencafé und ich sitze staubig und verschwitzt in der Steppe und beobachte das Alpenglühen auf den Gletschern der kirgisischen Berge. Der höchste Gipfel heißt Pik Zapatnyy Alamedin und ist knapp fünftausend Meter hoch.

Es wird bald dunkel. Höchste Zeit, einen Schlafplatz zu finden. Der Südwesten Kasachstans ist relativ dicht besiedelt und ich folge einem Lastwagen aus Russland. Doch der aufgewirbelte Sand reflektiert mein Scheinwerferlicht und macht mich fast blind. Also lasse ich mich zurückfallen, hole den Lastwagen aber bald wieder ein. Den langen Sattelschlepper zu überholen, das traue ich mich nicht. Denn in den kühlen Stunden der Nacht erwacht der Straßenverkehr zum Leben und ich möchte dort nicht sterben. Eine kitschig rosafarbene Gastiniza erscheint mir wie ein rettender Hafen.

Ich bezahle ein einzelnes Bett in einem Vierer-Zimmer, das ich für mich alleine habe. Zum Duschen führt mich eine Frau im Hof an langen Containerreihen vorbei zu einem Raum, in dem zwei Reihen Duschköpfe an der Wand montiert sind. Auf dem

Boden sitzen überall Heuschrecken. Egal wohin man blickt - oder tritt. So war das also damals, im Alten Testament. Vermutlich noch schlimmer. Aber eine Idee davon bekomme ich doch – und eine Dusche! Morgens entdecke ich in der Gastiniza eine Waschmaschine und darf darin meinen Motorradanzug waschen. Während er trocknet, sehe ich mich auf dem Markt um, dessen Stände sich in den Containern befinden. Noch stehen einige leer. Aber das ändert sich bald, wird mir versichert, denn die nagelneue Anlage steht an der Kreuzung zweier viel befahrener Straßen.

Nach diesem eher gemütlichen Vormittag plane ich, am Nachmittag schnell noch die zweihundert Kilometer nach Almaty zurückzulegen. Aber die gute Straße, die ich nahe der ehemaligen Hauptstadt Kasachstans erwarte, wird gerade erst gebaut. Zum Dreck des Baustellenverkehrs kommen der Staub der Schotterstraße, die rußenden Lastwagenkolonnen und die rasenden Autofahrer aus der nahen Stadt dazu. Kein Spaß. Aber an der Stelle, wo der Asphalt wieder beginnt, gibt es eine Quelle und ich spüle den Staub von Gesicht, Helm und Brille. Ein alter Mann mit einem noch viel älteren Auto sagt mir, bis Almaty seien es noch vierzig Kilometer und rund drei Stunden Fahrt. Wahrscheinlich glaubt er, ich sei mit meiner BMW auch nicht schneller als er mit seiner Rostlaube ... und er hat Recht. Der Verkehr vor den Toren der Stadt gleicht einem Ferienstau auf deutschen Autobahnen, mit voll besetztem Seitenstreifen und ohne Rettungsgasse.

Die Straßennamen in der Stadt unterscheiden sich von denen in meinem Reiseführer. Also frage ich mich zur Straße mit dem Museum durch, finde aber kein Museum. Immerhin soll am Ende der Straße ein Internetcafé sein. Nach fünf Mal fragen und drei Mal wenden bin ich da. Eine moderne Einrichtung mit freundlicher Bedienung, aber die Verbindung zum Internet ist sehr langsam und bricht dauernd zusammen. Mein deutscher E-Mail-Server scheint das Problem zu sein, denn die anderen Besucher surfen ohne Schwierigkeiten. Immerhin schaffe ich es, Jim zu schreiben, dass ich bald in der Mongolei sein werde. Als ich beim Motorrad den Helm aufsetze, fällt mir auf, dass ich meine selbst tönende Sonnenbrille mit den geschliffenen Gläsern auf der Toilette liegengelassen habe. Ich gehe zurück, aber die Brille ist weg. Ohne große Erwartung frage ich im Café und bekomme sie tatsächlich zurück. Man sollte die Hoffnung nicht so schnell aufgeben.

Anschließend beteilige ich mich wieder am Stadtverkehr und suche die Himmelfahrtskathedrale. Beim Bau der sechsundfünfzig Meter hohen Holzkirche wurde kein einziger Metallnagel verwendet, steht in meinem Reiseführer. Neugierig kurve ich durch die Stadt und erreiche schließlich den Park, in dem die Kirche stehen soll. Ein uniformierter junger Mann möchte Geld dafür, dass er mir den Weg durch den Park zeigt. Ich lehne dankend ab. Daraufhin zeigt er mir den Weg ohne Bezahlung. Einigermaßen enttäuscht stehe ich bald darauf vor einer gelb gestrichenen Kirche, deren Holzkonstruktion unter einer Putzschicht verborgen ist. Aber die Akustik im Inneren ist gut. Das leise Quietschen meiner Motocross Stiefel hallt in lauten Tönen von den Wänden wieder. Ich quietsche ein bisschen umher, setze mich für einen Moment auf eine Bank und verlasse dann fluchtartig die Stadt.

Jim ist inzwischen an der russisch-mongolischen Grenze und ich habe nicht mehr viel Zeit, ihn einzuholen. Auf der kürzesten Strecke muss ich noch über tausend Kilometer bis zur kasachstanisch-russischen Grenze zurücklegen. Im russischen Altai liegen dann nochmals mehr als tausend Kilometer vor mir, bis ich die Grenze zur Mongolei erreiche. Ich tröste mich damit, dass man immer eine Sehenswürdigkeit auslassen sollte, damit man einen Grund hat, wieder zu kommen. Für mich trifft das leider fast auf ganz Kasachstan zu. Abgesehen von der endlos langen Straße, die ich für meine Begriffe wirklich mehr als umfassend besichtigt habe.

Vaterland heißt dieses Restaurant in Kasachstan

Vaterland – entziffere ich im Vorüberfahren. Moment. Das war weder russisch noch kasachisch. Ich drehe um. Lese die Schrift noch einmal, halte an, steige ab und gehe in das Restaurant. »Vaterland?« frage ich die Bedienung. Sie schüttelt den Kopf und holt die Chefin, Olga, die Deutsch spricht. Während ich das beste Schnitzel mit Pommes in ganz Kasachstan esse, erzählt Olga mir von ihren Eltern, die im Zweiten Weltkrieg von der Wolga nach Kasachstan deportiert wurden. Sie haben ihr das akzentfreie Deutsch gelernt. Inzwischen ist sie selbst Mutter zweier erwachsener Kinder. Ob sie gerne nach Deutschland auswandern möchte, frage ich. »Nein«, schüttelt Olga den Kopf: »dort habe ich doch keine Freunde, die sind doch alle hier.« Diese Freunde waren sehr wertvoll, als ihr Mann starb und sie die Kinder alleine großziehen musste. »Aber warum Vaterland?« frage ich sie nach dem Namen des Cafés. »Dieses Restaurant ernährt meine Familie, es ist mein Vaterland.«

Zwei Mal übernachte ich noch in Kasachstan, dann kehre ich nach Russland zurück. Der Grenzübertritt geht einfach und schnell. Für die russische Fahrzeug-Zwangsversicherung lasse ich mir wiederum eine Quittung geben, und bekomme wiederum den zu viel bezahlten Betrag zurückerstattet. Zehntausend Kilometer liegen inzwischen hinter mir, davon alleine fünftausend in Kasachstan, und die gebrauchten Pneus, mit denen ich losgefahren bin, sind nun ziemlich abgefahren. Auf dem Gepäckträger des Motorrades fahre ich einen Satz neuer Reifen spazieren. Weil ich jedoch ungern selbst montiere, suche ich mir in der nächsten Kleinstadt einen kräftigen Mann, der das dank seiner Montiermaschine flott erledigt.

Die Stadt Barnaul umrunde ich und biege dann auf die Straße in Richtung mongolische Grenze ab. Bis zum Seminskij-Pass bin ich auf dieser Strecke vor vier Jahren schon einmal gefahren und möchte gerne den Tierarzt und seine Familie besuchen, deren Gast ich damals war. Aber die Gegend hat sich stark verändert. Der Altai ist das Naherholungsgebiet der rund dreihundert Kilometer nördlich gelegenen Stadt Novosibirsk. Überall sind Hotels, Cafés und Tankstellen wie Pilze aus dem Boden geschossen und ich erkenne fast nichts mehr wieder. Nachdem ich einige Seitenstraßen ausprobiert habe, gebe ich auf und fahre weiter zum Seminskij-Pass. Das verlassene Haus, in dem ich damals mit einigen Russen übernachtet hatte, wird gerade umgebaut. Aber die Passhöhe erkenne ich sofort wieder.

Die grünen Wälder und Wiesen des Altai sind Balsam für meine Augen, allerdings fehlt ihnen die Exotik. Sehnsüchtig blicke ich zur viereinhalbtausend Meter hohen Belucha, nahe der kasachstanischen Grenze. So weit oben war ich noch nie. Aber ich muss nicht verzagen. Die Straße klettert auch in Richtung Mongolei immer höher hinauf. Die Vegetation wird immer karger und bald zeigen mir nackte Felsen am Straßenrand ihr graues Antlitz. Nicht hart oder schroff, sondern gutmütig und sanft. Das Gebirge erinnert mich an weise, grauhaarige Greise.

Die Luft ist klar und gibt der Landschaft ein ungewohnt dreidimensionales Aussehen, das ich nach der langen Fahrt durch die staubige Ebene begeistert in mir aufnehme. Ich werde immer langsamer, kann mich nicht sattsehen, und halte schließlich an, um ein Fahrfoto zu machen. Dazu befestige ich die Infrarot-Fernbedienung auf dem Motorrad, klemme die Kamera auf das Stativ, stecke den Infrarot-Empfänger in den Blitzschuh oben auf der Kamera und schalte ihn ein, suche mir einen passenden Bildausschnitt, setze den Helm auf, ziehe die Handschuhe an, setze die Brille auf, wende das Motorrad und fahre dann auf die Kamera zu. Aber die rote Kontrolllampe leuchtet nicht auf. Ich halte an, prüfe Sender, Empfänger und Kamera und stelle fest, dass die Kamera sich inzwischen selbstständig in den Stromsparmodus verabschiedet hat. Also schalte ich diese Funktion im Menü aus, suche wieder den passenden Bildausschnitt, setze den Helm auf, ziehe die Handschuhe an, setze die Brille auf , wende das Motorrad, fahre noch einmal auf die Kamera zu und drücke auf den Knopf des Senders – nichts.

Umdrehen, anhalten, den Sender vom Motorrad abmontieren. Dann gehe ich mit dem Auslöser ganz nah an die Kamera und drücke auf den Knopf - nichts. Also wechsle ich die Akkus im

Sender – nichts. Dann wechsle ich die Akkus im Empfänger. Klick. Hurra! Bildausschnitt suchen, Helm aufsetzen, Handschuhe anziehen, Brille aufsetzen, Motorrad wenden, auf die Kamera zufahren – nichts. Sobald ich neben dem Motorrad stehe, funktioniert alles bestens. Aber wenn ich fahre, bekomme ich keine einzige Aufnahme. Die Sonne beobachtet meine erfolglosen Versuche und heizt dabei die Felsen und mich selbst immer stärker auf. Ich merke, dass ich fahrig werde. Unkonzentriert. Ausgetrocknet. Das ist gefährlich. Ich trinke das lauwarme Wasser aus den Flaschen in meinen Alukoffern. Aber ich bin schon zu lange in der Sonne herumgestanden. Also packe ich zusammen und fahre weiter, ohne Foto.

Um meine Konzentration aufrecht zu erhalten, rechne ich Entfernungen aus, addiere die Kilometer und subtrahiere die Minuten, bis ich in die nächste Ortschaft komme. Dort halte ich an einem kleinen Geschäft, kaufe eine Flasche Wasser und trinke sie noch an der Kasse stehend leer. Dann kaufe ich noch eine Flasche und setze mich damit auf einen Stuhl neben dem Ventilator. Erst, als ich wieder so weit hergestellt bin, dass es mir Spaß macht, mit den Kindern zu spielen, ihnen die Quietschhupe an meinem Motorrad zu zeigen und die Kleineren hoch zu heben, damit sie diese drücken können. Erst dann fahre ich weiter, übernachte noch einmal und erreiche dann am späten Vormittag die mongolische Grenze.

Mongolei

Mit dem letzten russischen Schlagbaum endet die geteerte Straße. Nach zwanzig Kilometern Piste hoppele ich mit meinem Motorrad durch die Spurrillen einiger Baustellenfahrzeuge zu der Baracke der mongolischen Passkontrolle. Der Neubau muss noch ein bisschen wachsen, bevor er bezugsfertig ist und das mongolische Selbstbewusstsein fördert. Ich persönlich finde den Holzbau viel uriger, mit einer hölzernen Theke und Milchglas zwischen Beamten und Reisenden. Nachdem ich meinen Pass abgegeben habe, muss ich warten. Lange warten, bis eine junge Frau kommt, deren Englisch auch nicht besser ist als mein Russisch. Mit ihrer Hilfe fülle ich die russischsprachige Zollerklärung aus. Dann darf ich einreisen. Der gute Wille zählt fürs Werk, tröste ich mich über die neunzig Minuten unnötige Wartezeit hinweg. Ich bin in der Mongolei.

Ein fescher Kasache, der einen kleinen grauen Minibus fährt, hält mich auf. Ich solle nicht nach Tsaaganuur fahren, sondern mit ihm rechts auf einen kleinen Feldweg abbiegen. Zunächst traue ich der ganzen Sache nicht, lasse mich dann aber von zwei weiteren Autos überzeugen, die an der Stelle ebenfalls die große Piste verlassen. Bald müssen wir einen kleinen Fluss durchqueren. Zwanzig Zentimeter, deutet mein selbsternannter Reiseleiter, sei das Wasser tief, und bietet an, das Motorrad zu fahren. Lieber nicht, denke ich bei mir, lehne dankend ab und durchfahre die Furt selbst. Dann wird es sandig, und die beiden Reifenspuren vervielfachen sich zu einer mehrspurigen Autobahn, die gemeinsam mit dem Tal immer breiter wird.

Inzwischen komme ich mit der BMW gut zurecht, brauche aber eine ganze Weile, bis ich mich an die Straßenbauvorschriften der Nomaden gewöhne. Die lauten in etwa so: Wenn wir in diesem Tal bleiben, stimmt die Himmelsrichtung und wir kommen irgendwann in die Nähe des Ortes, zu dem wir wollen. Als seßhafte Nicht-Nomadin aus einem dicht besiedelten, kapitalistischen Land komme ich mir dort jedoch vor wie an den Kassen eines Supermarktes, wo die Schlange nebenan immer schneller ist. Eine Weile fahre ich mehr zickzack als gerade aus, bis ich mich, wie im Supermarkt, dazu durchringe, in der einen Spur zu bleiben. Und mein Reiseleiter wartet geduldig, als wüsste er, wie schwer mir die Entscheidung fällt.

Zwei Autos kreuzen unseren Weg, bis wir nach sechzig Kilometern Ölgij erreichen, die Hauptstadt von Bajan Ölgij, der westlichsten Provinz der Mongolei. In der Stadt gibt es mehrere Banken. Und das ist gut so, denn die erste Bank gibt mir kein Geld. Auch bei der zweiten Bank dauert es noch eine Stunde, bis der Strom wieder eingeschaltet wird. Dann aber bekomme ich mit meiner Kreditkarte mongolische Tugrik. Da ich ungern zu viel Bargeld dabei habe, rechne ich mit meinem Begleiter aus, wieviel Geld ich für Sprit bis in die mongolische Hauptstadt, nach Ulaanbaatar, brauche. Wir kommen auf vierzig Euro für tausendsechshundert Kilometer, das sind zur Zeit knapp fünfundfünfzigtausend Tugrik.

Aber zunächst habe ich noch genug Sprit und verabschiede mich von dem fürsorglichen Minibusfahrer. Am Stadtrand stehen einige Jurten und ich halte an, um Fotos zu machen. Da kommen zwei junge Männer heran und laden mich ein, zu Nudelsuppe und Tee im Kochhäuschen neben ihrer Jurte. Muhit, dessen Familie die Jurte gehört, studiert in Moskau. Sein Verhalten wirkt auf mich wie das eines sehr verzogenen Sohnes reicher Eltern, der keine Ahnung hat, wie arrogant er auf andere wirkt, obwohl er ein freundlicher Kerl ist. Wir unterhalten uns auf Russisch. Sein Freund, der kasachischer Abstammung ist, spricht selbst kein Russisch, hört aber konzentriert zu.

Nach dem Abendessen fährt Muhits Freund mit einem russischen Zweitaktmotorrad der Marke Isch in die Stadt und Muhit nimmt ganz offensichtlich allen Mut zusammen und fragt mich, ob wir Sex haben könnten? »Hör mal«, frage ich zurück: »Gibt es hier keine jungen Mädchen in deinem Alter, die dir gefallen? Ich könnte deine Mutter sein.« – »Doch«, nickt Muhit: »Aber ich möchte gerne wissen, wie eine deutsche Frau küsst.« Ich verkneife mir ein Grinsen und erkläre: »Das ist alles dummes Gerede. Die Nationalität ist nicht wichtig. Wichtig ist, dass du das Mädchen liebst. Nur dann ist küssen wirklich schön.« – »Ja«, sagt Muhit mit leuchtenden Augen: »dann ist es schön.« Und sein Blick sagt mir, dass er gerade an ein Mädchen denkt, das viel besser küsst als ich.

Es ist spät geworden und ich übernachte in der Jurte der Jungen, auf einem Stapel weicher Teppiche. Am nächsten Morgen breche ich sehr früh auf. Bis zur nächsten Provinzhauptstadt, nach Khovd, sind es nur knapp zweihundert Kilometer. Aber die Straße gibt alles: Sand, Steine, Erde und Schlamm. Am Morgen fahre ich auf einer breiten Trasse los, dann führt mich ein Feldweg in die Berge. Zwei Fahrzeuge kommen mir entgegen und ich halte beide an, um nach dem Weg zu fragen. Sie bestätigen jeweils die Richtung und im zweiten Kleinbus spricht der Beifahrer Russisch und sagt mir, dass die Straße schlecht sei, weil es geregnet habe. Tatsächlich sind es nur drei Schlammlöcher, die ich mit etwas Schwung ganz einfach durchquere. Dazwischen liegen einige felsige Passagen, die den Weg ziemlich holprig machen. Als ich wieder unten im Tal bin, begegne ich zwei russischen Lastwagenfahrern und kann mir beim besten Willen nicht vorstellen, wie sie über den Pass kommen wollen. Der erste schenkt mir saure Gurken und der zweite unterhält sich eine Weile mit mir: »In Deutschland gibt es so gute Straßen. Warum fährst du hier?« – ich überlege ein bisschen, aber mir fällt kein vernünftiger Grund ein. »Wahrscheinlich bin ich ein bisschen dumm?« frage ich zurück. »Ja«, grinst er: »Gute Straßen sind nicht so interessant, gell?«

Kurz vor Khovd ist die Straße wieder geteert. Ein echtes Komfortplus für die Bewohner des Ortes, die dadurch nur noch halb so viel Sand herumfliegen haben. Und in Khovd gibt es ein paar Tante-Emma-Läden, ein echtes Komfortplus für mich: In einem für mongolische Verhältnisse noblen Feinkostladen kaufe ich russische Schokolade und frage einen anderen Kunden nach dem Weg. »Diese Richtung«, sagt er und deutet mit seinem Arm in Richtung Südosten. Dort erkenne ich einen Sendemast. Dass eine ganze Ortschaft mit rechtwinkligen Straßen dazwischen liegt, scheint einen echten Nomaden nicht zu stören. Nur degenerierte Freizeit-Nomaden wie ich haben so seltsame Gedanken wie Rechts-Links-Geradeaus.

Auf der Suche nach einer Tankstelle mit achtundneunzig Oktan Sprit komme ich in den Genuss einer Stadtrundfahrt. Die erste Tanke hat nur sechsundsiebziger Sprit. Die zweite auch. Die Dritte hat immerhin achtzig Oktan zu bieten, und theoretisch auch sechsundneunzig. Praktisch aber muss ich geradeaus, die erste rechts und dort zur NIC-Tankstelle. Tatsächlich sehe ich schon bald ein Schild. Aber keine Tankstelle. Erst ein gutes Stück außerhalb des Ortes erkenne ich Zapfsäulen und krame zum ersten Mal meinen Sprachführer heraus. »Vielleicht fünfzehn Liter. Ich weiß nicht«, kann ich damit sagen, denn ich muss im voraus bezahlen. Und die Dame an der Kasse versteht mich. Es werden zweiundzwanzig Liter, die jeweils neunhundert Tugrik kosten. Das ist mehr als auf dem Schild unten an der Straße steht, bilde ich mir ein. Aber zunächst bezahle ich den geforderten Preis, kaufe dann in der Stadt Trinkwasser und kehre zu der Dame zurück, mit einem Zettel, auf dem ich den Preis unten am Schild abgeschrieben habe, siebenhundertneunzig stehen dort.

Die Dame gibt sich viel Mühe mit mir und letztlich einigen wir uns darauf, dass der Preis vor drei Tagen geändert wurde. Ich bekomme kein Geld zurück. Aber mein Erfolgserlebnis besteht darin, dass ich eine derart komplizierte Unterhaltung auf Mongolisch führen konnte. Voller Elan brause ich auf der beeindruckend sorgfältig geteerten Straße aus der Stadt heraus. Doch halt, die Kilometer sollte ich noch kontrollieren. Ich wende, fahre zurück zum Straßenschild und stelle fest, dass ich falsch bin. In dem Moment fällt mir auch wieder der Sendemast ein. Ich schelte mich ein blindes Huhn, suche den Sendemast und finde auf Anhieb die richtige Straße. Ganz schön clever, diese Nomaden. Mit Rechts-Links-Geradeaus wäre ich in diesem Fall nicht weit gekommen. Zur Vorsicht frage ich noch einmal, und freue mich dann, dass sich auch in dieser Richtung ein schwarzes Asphaltband den Berg hinauf zieht. Auch bergab begleitet mich die glatte Bahn. Eine Brücke noch, dann bin ich wieder auf unbefestigten Nomadenpfaden.

Nach einiger Zeit überlege ich mir, eine Pause zu machen, werde langsamer, wechsle die Spur, und falle um. Ohne Reservereifen ist das Motorrad ein gutes Stück leichter geworden, aber es dauert trotzdem ein Weilchen, bis ich es wieder in der Senkrechten habe. Auf meinem rechten Unterarm bildet sich ein blauer Fleck, dort, wo ich ihn als Hebel gegen die Fußrastenstrebe abgestützt habe. Nun brauche ich wirklich eine Pause. Ein Blick auf die Karte zeigt mir ganz in der Nähe den Khar-Us Nuur, einen großen See nördlich der Straße. Das ist bestimmt ein toller Übernachtungsplatz, denke ich mir und fahre weiter.

Dummerweise hatten Myriaden von Mücken genau dieselbe Idee und umschwirren mich, noch bevor ich das Wasser in der Sonne blinken sehe. Am Ufer stehen drei Häuschen. Dort wohnen Menschen. Aber ich schließe das Visier und gebe Gas. Die mongolische Mücken-Epidemie ist viel schlimmer als die Heuschreckenplage in Kasachstan.

Als es dunkel wird, muss ich dennoch anhalten, absteigen und das Zelt aufbauen. Die Mücken summen vor Freude im Chor, denn der Zufluss des Sees begleitet die Straße und die Mücken begleiten mich. Auch das auffrischende Lüftchen nach Sonnenuntergang hilft nichts. Die Mücken suchen sich einfach einen Windschatten, beispielsweise hinter meinem Rücken, und stechen mich dort. Ich möchte wirklich niemanden auf schlechte Gedanken bringen, frage mich aber, ob Mücken schon einmal als Folterinstrument eingesetzt wurden? Anstatt unter romantischem Sternenhimmel schlafe ich im stickigen Zelt, beim Gesang der Stechbiester.

Bloß weg hier, ist mein erster Gedanke beim Aufstehen. Dank monatelanger Erfahrung im Zeltabbauen bin ich flugs wieder unterwegs. Aber nicht lange. Das Motorrad fährt plötzlich etwas schwammig und ein Blick auf die Reifen entlarvt den vorderen als Übeltäter. »So tief ist der Sand nicht, dass es lohnt, Luft abzulassen«, schimpfe ich und krame die Pumpe aus dem Koffer. Das Loch scheint nicht allzu groß zu sein und das nächste Dorf ist nicht mehr weit. Dort ist es bestimmt gemütlicher, einen Reifen zu flicken, als draußen im schattenlosen Nirgendwo.

Ein kleiner Junge verputzt gerade ein Haus und ich halte an, um ein Foto zu machen. Aber der Papa ist gegen das Bild und schickt mich schimpfend fort. Dafür winkt mir ein Isch-Fahrer, ihm zu folgen. Er hat den inzwischen wieder ziemlich platten Reifen gesehen und bringt mich zum Hauptplatz des Dorfes.

Dort reparieren gerade zwei Männer den Brunnen, und einige engagierte Bürger stehen hilfsbereit dabei. Da sie beim Schweißen nicht benötigt werden, wenden sie sich meinem Problem zu und sind fasziniert von den Flicken, die ich dabei habe. Gemeinsam geht die Arbeit nicht wirklich schneller, aber speziell bei der Reifenmontage spare ich dank helfender Hände viel Kraft. Als wir fertig sind funktioniert auch der Brunnen wieder und ich fülle meine Wasservorräte auf.

Um sicher zu gehen, dass die Luft tatsächlich im Reifen bleibt, setze ich mich erst einmal in den Schatten und plaudere mit einem der Helfer, der russisch spricht. Aimag nennen die Mongolen eine obere Verwaltungseinheit beziehungsweise eine große Stadt. Und in diesem Aimag leben dreihundertfünfzig Menschen. Selbstverständlich gibt es noch untere Verwaltungseinheiten, also kleinere Orte, die Sum genannt werden. Aber dieses Aimag ist ein regionales Zentrum, in dessen Umgebung immerhin sechstausend Nomaden leben, erfahre ich. Allerdings bin ich mir bei den Nullen nicht ganz sicher. Auf Preisschildern lassen Mongolen manchmal eine Null weg, während sie bei den Kilometern ab und zu eine dazu schreiben. In der Summe eines langen Nomadenlebens macht das vermutlich auch keinen großen Unterschied, und auch ich bemühe mich, das nicht so eng zu sehen.

Auf der weiteren Fahrt genieße ich von Mücken unbehelligt die Landschaft um mich herum. Kleinere Seen leuchten tiefblau in der ansonsten trockenen Gegend. Das Schilfgras an ihren Ufern zaubert lebendig-grüne Farbkleckse in die öd-graue Landschaft. Der viertausendneunzig Meter hohe Sulav Uul grüßt mit einer strahlend-weißen Schneehaube in das Tal hinunter. Weiter im Osten ragen einzelne Gipfel immer noch knapp dreitausendachthundert Meter auf. Aber die Berge zeigen sich mir nicht in ihrer vollen Größe, denn die Straße verläuft bereits auf knapp zweitausend Metern Höhe, verrät mir die Landkarte. Mein Glück wird vollkommen, als ich einen mückenfreien Schlafplatz finde. Etwas seltsam erscheint es mir schon, in Sichtweite der Hauptverkehrsstraße zu zelten. Aber es gibt nichts, um mich zu verbergen und ich selbst sehe nur einen grauen Minibus am anderen Ende des Spurenbündels vorbei brausen. Ansonsten habe ich die ganze Weite für mich alleine.

Die nächste Stadt, die ich erreiche, heißt Altai und gefällt mir sehr gut. Sie ist kompakt zusammengebaut, gut ausgeschildert und mit bunt gekleideten Menschen gefüllt. Ich tanke und fahre dann zum Internetcafé. Als ich über die Schwelle trete, sehe ich einen Weißen vor einem der Bildschirme sitzen. Er dreht sich um, steht auf und begrüßt mich: »Bist du Doris?« Vor mir steht Jim, der mein Motorrad nach China hineinbringen kann. Der Amerikaner ist noch in der Stadt, weil er meint, nicht mehr genug Bargeld zu haben. Aber die Bank ist geschlossen, denn in Altai wird das berühmte mongolische Naadam-Festival gefeiert.

Jim zeigt mir sein Hotel. Dort lerne ich den Mongolen Tilek kennen, der fließend Englisch spricht. Zu dritt gehen wir ins Zentrum und essen in einer der dort aufgestellten Jurten. Tilek übersetzt, was es gibt: gefüllte Teigtaschen. Immerhin schwimmen sie in einer würzigen Suppe. Das ist mehr, als die oftmals nur gedämpften Teigtaschen von sich behaupten können. Die babyfaustgroßen Kugeln sind fast immer mit irgendeinem Fleischteig gefüllt. Zur Feier des Tages ist es dieses Mal Hammelfleisch, mit Kartoffeln und gelben Rüben.

Beim Essen erzählt mir Jim von seiner Reise. Der Amerikaner hatte sein BMW-Gespann von den USA nach Deutschland verschifft, war mit Freunden auf der Isle of Man und ist anschließend alleine durch Russland und in die Mongolei gefahren. Alleine in einem Land zu reisen, dessen Sprache er nicht spricht, ist allerdings nicht ganz nach Jims Geschmack. Deshalb hat er, als er in Khovd den Englisch sprechenden Tilek traf, diesen spontan eingeladen mit ihm zu fahren. Dafür hat Jim ihm ein Ural-Gespann gekauft und wird seine Reise nach Ulaanbaatar und zurück bezahlen. Tilek ist sechsundzwanzig Jahre alt und gehört zur kasachischen Minderheit, die vier Prozent der mongolischen Bevölkerung ausmacht. Er hat in der Türkei studiert und ist Muslim. Dennoch raucht er und trinkt Alkohol. Auf dieser Reise hat ihm Jim den Alkohol jedoch strikt verboten und Tilek hält sich daran.

Als ich nach dem Essen meinen Foto-Tankrucksack vom Boden zwischen meinen Füßen aufhebe, sehe ich, dass der Reißverschluss der Seitentasche geöffnet ist. Tuch und Wollfilz, die über das Jurtendach und die Wände aus Scherengitter gespannt wurden, sind ringsum etwa dreißig Zentimeter weit hochgebunden, damit frische Luft in das Zelt kommt. Genau diesen Umstand hat vermutlich ein kleiner Dieb genutzt, um sich zu bedienen. Zwei belichtete Filme mit Bildern aus dem Altaigebirge sind weg. Ich bin geschockt. Das ist das erst Mal, dass mir auf Reisen etwas gestohlen wird und es dauert eine Weile, bis ich diese Tatsache verdaut habe. Immerhin ist die Kamera noch da, freue ich mich dann. Schade nur, dass es bei diesem Gaunerstück keinen Gewinner gibt. Denn der kleine Halunke hat sicherlich keine Freude an den Bildern. Vermutlich wird er sogar geschimpft, weil er wertloses Zeug geklaut hat.

Die Pferderennen des Naadam-Festivals waren bereits am Vormittag und das Ringkampf-Stadion ist längst ausverkauft. Aber die Preisverleihung der Pferderennen sehen wir uns an. Alle Plätze im Stadion sind dicht besetzt und die Zeremonie ist ein farbenprächtiges Durcheinander mit viel Gedränge, lautem

Jubel und jeder Menge Staub, weil die Sieger jeder Klasse eine Ehrenrunde drehen. »Eriin Gurwan Naadam« lautet der vollständige Name des Festivals. Wörtlich übersetzt heißt das: »Die drei männlichen Spiele«. Aber das war einmal. Heutzutage treten auch Mädchen bei den Pferderennen an und Frauen spannen den Bogen und schießen Pfeile auf das am Boden stehende Ziel. Nur beim Ringen fehlt die holde Weiblichkeit, denn die Männer sind nicht bereit, den Kampfanzug zu ändern. Man sagt, die Jacke sei vorne geschlossen gewesen, bis eine Frau unerkannt alle namhaften Gegner geschlagen hat. Seit dem wird die Jacke vorne offen getragen.

Auf diesem mongolischen Markt sind die Stände so hoch, dass man auf dem Pferd sitzend einkaufen kann

Die Tradition des Festivals reicht mindestens bis in die Zeit der Alttürken, vielleicht sogar bis zu den Hunnen zurück. Dschingis Khan hat die Wettkämpfe genutzt, um seine Truppen zu schulen und sie während langer Lagerzeiten bei Laune zu halten. Heutzutage spielen buddhistische Mönche bei den Wettkämpfen eine wichtige Rolle und für die Kinder haben die Pferderennen eine ganz besondere Bedeutung. Denn alle Mongolen können reiten und die Teilnahme am Naadam ist ein wichtiges Ereignis auf dem Weg zum Erwachsenwerden.

Der Amerikaner Jim fährt mit seinem BMW Gespann nach China

Am Abend schreiben Jim und ich Tagebuch, Tilek sieht fern. Er gehört zu den Menschen, die auf Ruhe-Modus schalten können. Sobald etwas passiert, ist er voll dabei. Aber in der übrigen Zeit setzt er sich hin, fährt seinen Blutdruck herunter und ist überrascht, wenn der Tag vorüber ist. Diese Fähigkeit kann er am nächsten Vormittag voll ausleben. Wir warten über drei Stunden auf den Bankdirektor. Jim möchte unbedingt ein paar Dollar wechseln und man merkt, dass er bereits seit vielen Jahren in China lebt. Er hat eine Engelsgeduld, hält hartnäckig an seinem Vorhaben fest und hat am Ende tatsächlich Erfolg. Zur Mittagsstunde brechen wir auf: Drei Nationalitäten, zwei Gespanne und mein Rotbäckchen.

Allerdings macht Jims Gespann Zicken. Es läuft. Aber nicht richtig. Ich bin mit dem Zweiventil-Boxermotor tausende Kilometer gefahren und meine beiden ersten Motorräder hatten ebenfalls Unterbrecherzündungen. Aber Jim bastelt lieber selbst, daher beschränke ich mich darauf, ihm ab und zu einen Schluck Wasser oder einen Keks anzubieten, und bleibe beim Fahren hinter ihm, falls er doch noch eine größere Panne hat.

Tilek sitzt zum ersten Mal in seinem Leben auf einem Motorrad. Die Route ist ideal für Gespann-Anfänger: Kurven sind selten und bei Richtungsänderungen ist die genaue Linie in der weiten Ebene nicht zwingend vorgeschrieben. Aber wir fahren den ganzen Tag. Das strengt an. Doch der kasachische Mongole hält tapfer durch, ohne zu Murren.

Ich habe das zuverlässigste Motorrad mit der größten Reichweite, die längste Fahrpraxis und die umfangreichste Reiseerfahrung. Derartig objektive Gesichtspunkte spielen bei individuellen Entscheidungen jedoch bekanntlich eher untergeordnete Rollen. Jim ist ein »Macher«, hat in China für verschiedene ausländische Firmen den Start organisiert und ist gewohnt, Entscheidungen alleine zu treffen. Damit sind Konflikte praktisch vorprogrammiert. Denn auch ich habe als Alleinreisende meine eigenen Methoden entwickelt mit Problemen umzugehen. Aber ich will nach China, und dazu brauche ich Jim. Daher versuche ich meinen Teil zu einem guten Verlauf der gemeinsamen Reise beizutragen.

Aber meine guten Vorsätze stoßen an ihre Grenzen, als die Fahrspur, der wir schon ziemlich lange gefolgt sind, plötzlich endet und Jim völlig planlos agiert. Am Beginn der Piste hatte

Tilek einen Einheimischen nach dem Weg gefragt. Auf meinem Motorrad sitzend beobachtete ich die Gesten und schloss daraus, dass wir über zwei Anhöhen fahren und im folgenden Tal Richtung Osten fahren müssen. Aber Tilek bog bereits auf dem ersten Hügel nach rechts ab und Jim folgte ihm. Ich hupte und deutete auf die nächste Anhöhe, aber Jim schüttelte nur den Kopf und folgte Tilek.

Nach einer wirren Irrfahrt kreuz und quer über die Ebene kommt Jim nun etwas ratlos zu der Stelle zurück, wo Tilek und ich stehen geblieben sind, nämlich in Sichtweite der Fahrspur, die uns in diese trockene Senke gebracht hat. Ich erzähle von meiner Beobachtung am Anfang der Piste und schließe daraus, dass wir in Richtung Norden fahren müssen. Tilek und ich haben bereits eine Spur in diese Richtung gefunden. Aber die Männer glauben, ganz weit drüben im Osten eine andere Spur zu erkennen. Also einigen wir uns darauf, fünf Kilometer weit auf einen markanten Gipfel zuzufahren. Sollten wir dort nichts finden, kehren wir zurück zu der Fahrspur, die Tilek und ich bereits gefunden haben.

Jim fährt voraus, Tilek folgt ihm und ich bilde das Schlusslicht. Nach knapp zwei Kilometern dreht Jim plötzlich ohne Absprache nach Norden ab. Ich bin so wütend, dass ich unter meinem Helm laut schreie. Vor Wut kochend bleibe ich stehen. Es dauert eine Weile, bis die Männer ebenfalls stehen bleiben. Ich gebe nach und fahre hin, in dem Bewusstsein, dass auch ich nun die Piste aus den Augen verliere, auf der wir hierher gekommen sind.

Jim versteht weder, warum ich sauer bin, noch ist er bereit, mir zuzuhören. Wir sind zu dritt unterwegs und sollten derartige Entscheidungen meiner Ansicht nach zu Dritt fällen. Vor allem deshalb, weil jeder von uns sehr unterschiedliche Erfahrungen und Vorkenntnisse einbringen kann. Immerhin einigen wir uns auf die Spur, die nach Norden führt. Als wir eine erkennbar öfter befahrene Spur kreuzen, bleibe ich wiederum stehen. Tilek kommt als erster zurück. Er habe auch schon überlegt ob wir diesen Weg nehmen sollten. »Der helle Punkt dort drüben, das ist eine Jurte«, versichert er mir. Ich sehe nicht einmal einen hellen Punkt, möchte aber den stärker ausgefahrenen Spuren in Richtung Osten folgen. Als Jim zurückkommt, willigt er in unseren Plan ein.

Nach einigen Kilometern erreichen wir tatsächlich eine Jurte und erfahren, dass wir richtig sind, auf dem Weg nach Bayankhongor. Inzwischen ist es Abend geworden und Tilek fragt, ob wir neben der Jurte zelten dürfen. Zu meiner Überraschung lassen die Eltern uns mit ihren drei Kinder allein in ihrer Jurte. Der drei Jahre alte Sohn schläft auf dem Teppich am Boden und die beiden Mädchen, fünf und sieben Jahre alt, bewirten uns mit Airag, einer leicht vergorenen Stutenmilch. Aber wir bleiben nicht lange. Jim und Tilek teilen sich das Zelt des Amerikaners. Ich baue mein eigenes Schlafzimmer auf.

In der Früh krieche als erste aus meinem Zelt und freue mich, am morgendlichen Ritual einer Nomadin teilzuhaben. Sie wäscht die Töpfe und Schüsseln des Abendessens und zündet den Herd an, der vor dem Zelt steht. Die Kamelfladen brennen gut und bald kocht das Teewasser. Milch und eine Handvoll Salzkristalle geben dem Getränk seine Nährwerte und den typischen, für Europäer eher gewöhnungsbedürftigen Geschmack. Ich bekomme eine Schale davon und freue mich über etwas Warmes in meinem Magen.

Nachdem wir alles aufgepackt haben, wollen die Männer durchstarten. Ich rege an, dass wir uns vielleicht noch verabschieden könnten. Das erweist sich als gute Idee, denn der Hausherr sieht bei der Gelegenheit, dass der linke Zylinder der

Ural locker ist. Außerdem schiebt er Jims BMW an, die nicht anspringen mag. Langsam würde es mich doch interessieren, was Jim dauernd an dem Motorrad herumschraubt. Im nächsten Dorf fahren die Männer an der Tankstelle vorbei zu einem Restaurant, um zu frühstücken und dann zu tanken. Wir setzen eindeutig unterschiedliche Prioritäten, stelle ich wieder einmal fest. Als Mitglieder einer zusammen gewürfelten Gruppe müssen wir uns mit dieser Tatsache abfinden. Leider findet unsere Kompromissbildung nicht im gegenseitigen Einverständnis statt. Das finde ich schade, denn Jim ist ein herzensguter Mensch, hat viel Humor und lässt sich nicht so schnell unterkriegen. Alles Eigenschaften, die ich sehr schätze. Lediglich seine Teamfähigkeit bemängle ich, und ärgere mich manchmal mehr und manchmal weniger darüber.

Beim Essen rege ich an, immer auf Sichtweite zu fahren. Das heißt, der Vorausfahrende hält an, wenn er den hinter sich fahrenden nicht mehr im Spiegel sieht. Natürlich passt niemand auf mich auf, wenn ich alleine unterwegs bin. Aber wenn ich schon mit anderen unterwegs bin, dann will ich auch die Vorteile einer Gruppe nutzen. Kaum haben wir das besprochen, ist Tilek weg. Ich bleibe hinter Jim, um ihn nicht auch noch zu verlieren. Wir hupen und warten, und fahren irgendwann weiter. Bald treffen wir Tilek wieder, der zumindest ein schlechtes Gewissen an den Tag legt. Am Nachmittag kommen wir zu einer Anhöhe, die Jims BMW nur mit Tileks und meinen Schiebekräften erklimmt. Bis wir beide ebenfalls die Aussicht genießen können, ist Jim bereits nicht mehr zu sehen. Hatten wir nicht ausgemacht ... Egal. Wir suchen den Boden nach Spuren ab und machen uns einen Spaß daraus, Jim zu verfolgen. Bald finden wir ihn. Ich fahre hinter Tilek, weil er weniger Erfahrung und das anfälligere Motorrad hat. Daher bin ich noch ein gutes Stück von den beiden entfernt, als ich die Ölspur am Boden sehe. Schei....benkleister! Ich hätte mir denken können, dass Jim nicht freiwillig wartet.

Die dunkle Linie am Boden endet wenige Meter vor dem Gespann. Jim winkt mir, nicht zu nahe heranzufahren. Er hat die Ölablassschraube verloren und will den Boden rund um das Motorrad absuchen. »Da ist sie nicht«, sage ich, wende mein Motorrad, und hole die Schraube. Sie liegt erwartungsgemäß am Anfang der Ölspur und wir haben Glück: zwei Liter Öl und der Boxermotor schubst seine Kolben wieder durch die Zylinder. Aber Jim hat nun die Nase gestrichen voll und will bis Bayanhongor durchfahren. Auch in der Dunkelheit. Ich kann ihn zwar verstehen, mache aber nicht mit. Sobald die Sonne untergeht, werde ich mein Lager aufschlagen. Nachts auf der Piste, das ist mir zu gefährlich. Außerdem bringt es meiner Meinung nach nichts, denn am nächsten Tag bin ich doppelt müde und habe nichts von der Landschaft gesehen.

Tilek bleibt bei mir und wir zuckeln gemütlich weiter. Da blockiert sein Vorderrad. Er hatte mittags das Reserverad eingebaut, weil beim Originalrad ein paar Speichen gebrochen waren. Dabei muss ihm ein Fehler unterlaufen sein. Als wir die Trommel öffnen blockiert eine Beilagscheibe einen Bremsbacken. Tilek ist müde und will die Bremse einfach aushängen. Ich weigere mich aber, das Rad ohne Bremse einzubauen. Natürlich muss man in der Weite der Steppe nicht allzu oft bremsen. Aber die Hinterradbremse verzögert faktisch gar nicht und wir sind gerade in einer hügeligen Gegend. Ganz ohne Bremse will ich Tilek nicht mit einer schweren Ural bergab fahren lassen.

Ich versuche gerade, die Teile in der richtigen Reihenfolge zusammen zu stecken, als ein Minibus neben uns hält. Die gesamte Besatzung steigt aus und besieht sich das Malheur. Tilek zieht sich zurück und lässt mich mit der Meute allein. Die Män-

Das Ural-Gespann von Tilek muss unterwegs repariert werden

ner nehmen mir die Teile fachmännisch aus der Hand und drehen sie selbst eher ratlos in ihren Händen hin und her. Da zu viele Köche den Brei verderben und ich mich an der Diskussion mangels Sprachkenntnis sowieso nicht beteiligen kann, beschränke ich mich aufs Zuschauen. Und siehe da, einer findet die richtige Zusammenstellung, wir bauen das Rad ein und alles ist gut.

Auf der weiteren Fahrt kommen wir an zwei tiefe Sandpassagen. Ich stürze in der ersten und freue mich sehr, dass Tilek seine Lektion gelernt hat, immer wieder in den Rückspiegel schaut, umdreht und mithilft, das Motorrad wieder aufzuheben. Bei Sonnenuntergang bauen wir mein Zelt auf und ich koche uns einen Tee und Nudeln zum Abendessen. Währenddessen erzähle ich Tilek ein bisschen aus meinem Reiseleben, dann frage ich ihn aus. Er sei Muslim, trinke jedoch Alkohol und rauche, wundere ich mich. Aber er versuche ein besserer Mensch zu werden, und damit sei er ein guter Muslim, erklärt mir Tilek lächelnd.

Dann erzählt er mir von seiner Frau, die er aus Liebe geheiratet hat, ohne die sonst übliche Vermittlung der Eltern. Inzwischen haben die beiden zwei Söhne, ein und drei Jahre alt. Aber seine Frau wird verstehen, dass er das Zelt mit mir teilt, wenn er ihr die Situation erklärt, versichert mir Tilek. Er könnte natürlich auch draußen schlafen. Aber nachts kühlt es mächtig ab und er hat nur eine Decke. Nach kurzer Zeit öffne ich jedoch den Zelteingang neben mir weil Tilek, wohl ernährungsbedingt, einen strengen Körpergeruch hat, der stark an Hammel erinnert.

Morgens fahren wir ohne Frühstück los. Aber an der ersten Jurte lädt Tilek uns bei den Bewohnern ein. »Das ist völlig normal«, beruhigt er mein schlechtes Gewissen. Vor der Jurte stehen ein Stromgenerator und eine Satellitenschüssel, drinnen der dazugehörige Fernseher. Ansonsten ist die Einrichtung sehr traditionell. Der Herd steht im Zentrum, die Männerseite ist links und die Frauenseite rechts. Gegenüber der Tür steht der Familienaltar. Als Gäste setzen wir uns hinten links auf kleine Holzhocker und bekommen Tee und gesüßten Gurt. Der an der Sonne getrocknete Quark schmeckt sehr gut und ich bekomme sogar ein Tütchen voll geschenkt. Außerdem fülle ich meine Wassersäcke am Brunnen auf. Alles geht schnell und unkompliziert, weil Tilek mongolisch spricht. Aber ich stelle ernüchtert fest, dass mein Kontakt zu unseren Gastgebern nur noch aus »zweiter Hand« ist. Ohne Dolmetscher erfahre ich durch Gesten natürlich viel weniger Fakten, dennoch scheinen mir die Begegnungen intensiver und persönlicher.

Als wir an einen Ort kommen, der eventuell Sprit hat, schlage ich vor, weiterzufahren. Tilek sagt, er komme mit einer Tankfüllung zweihundert Kilometer weit. Von der letzten Tankstelle bis zum nächsten Ort sind es nur hundertsiebzig Kilometer, das sollte er also schaffen, notfalls habe ich genug Sprit in den roten Backen meiner BMW. Allerdings kommen wir danach an zwei Abzweigungen, an denen Tilek jeweils entscheidet, welchen Weg wir nehmen und weiterfährt, ohne sich mit mir abzusprechen. Wir fahren tatsächlich eine Abkürzung und kommen dann wieder auf die richtige Piste, aber ich ärgere mich trotzdem. Tilek kennt sich in dieser Gegend ebenso wenig aus wie ich und könnte mir zumindest die Chance geben, eine andere Meinung zu haben.

Offensichtlich sind meine Nerven nicht mehr die Besten. Ich halte Tilek auf und lasse meinem Frust der vergangenen Tage freien Lauf. Das ist nicht fair, und es tut mir in dem Moment leid, als der wütende Wortschwall heraußen ist. Aber das ist zu spät. Tilek fährt ohne ein Wort davon. Ich bleibe noch ein Weilchen stehen, ärgere mich über mich selbst und fahre dann erst weiter. Da steht die Ural und Tilek liegt ein Stück davon entfernt in der Sonne. Ich halte an und entschuldige mich. Aber Tilek ist unversöhnlich. Zu allem Überfluss ist ihm auch noch der Sprit ausgegangen und von mir will er selbstverständlich keinen. »Fahr, und sag Jim Bescheid«, sagt er. Ich lasse mir Zeit, meine Motorrad-Klamotten wieder anzuziehen und sage noch ein paar Mal, dass mir mein Wutausbruch leid tut. Vergebens. Also fahre ich weiter.

Nach vierzehn Kilometern erreiche ich die Stadt Arvayheer, treffe Jim an der ersten Kreuzung und erzähle ihm, was vorgefallen ist. Der Amerikaner bleibt ganz entspannt. »Der kommt schon«, meint er: »Lass uns erst einmal essen.« Weil mich das schlechte Gewissen plagt, biete ich Jim meine BMW an, um Tilek Sprit zu bringen. In der Zwischenzeit dusche ich in dem Hotel, in dem

Jim übernachtet hat. Als ich frisch gewaschen ins Licht der Sonne trete, kommt mir Tilek grinsend entgegen. Und nachdem er selbst auch geduscht hat, entschuldigt er sich sogar dafür, dass er so bockig war. Als wir später an einem Hügel abwarten, ob Jims BMW die Steigung aus eigener Kraft schafft, kommt Tilek nochmals auf unseren Streit zurück: »Wärest du ein Mann, hätte ich dich niedergeschlagen«, sagt er zerknirscht. »Wie gut, dass ich eine Frau bin«, freue ich mich.

Wir trennen uns bald wieder, weil die Männer dieses Mal gemeinsam in die Nacht hineinfahren wollen. Ich lasse sie gerne ziehen. Bizarre Felsen säumen den Weg durch das kleine Tal, in dem ich nun alleine bin. Ich biege ab, verstecke mich hinter einer Gesteinsformation und genieße es, wieder meinem eigenen Rhythmus zu folgen. Am nächsten Tag halte ich in der Stadt Arvayheer Ausschau nach den beiden Gespannen. Aber ich finde sie nicht. Jim wollte bereits um sieben Uhr früh losfahren, und das haben sie wohl tatsächlich gemacht. Ich kaufe mir etwas zu Essen und ziehe dann weiter.

Ulaanbaatar

Ohne Jim und Tilek zu begegnen, fahre ich bis Ulaanbaatar und komme kurz vor Sonnenuntergang dort an. Als ich zwei Wohnmobile mit deutschen Kennzeichen sehe, halte ich an und frage, wo sie übernachten. Schließlich brauchen sie ebenfalls einen sicheren Parkplatz für ihre rollenden Häuschen. Sie sind gerade auf dem Weg zu einem Nationalpark außerhalb der Stadt, erfahre ich. Aber sie borgen mir ihren mongolischen Reiseleiter, der mir Ghanas Guesthouse zeigt. Die preiswerte Unterkunft im Jurtenviertel zwischen Innenstadt und Gandan Tempel hat einen sicheren Parkplatz für mein Motorrad, das über Nacht neben einer Honda African Twin aus dem Ostallgäu und einer BMW R100 GS aus Linz steht.

Von der Dachterrasse des kleinen Hauses aus hätte ich einen guten Blick auf die Skyline der Stadt. Aber ich gehe lieber mit Georg, dem Hondafahrer, ins Stadtzentrum. Unterwegs treffen wir einen Holländer, der mit einer R 1100 GS unterwegs ist. Die Männer wollen Pizza essen. Mongolische Pizza? In der Mongolei esse ich lieber gefüllte Teigtaschen, dann weiß ich, wo ich bin. Aber ich beuge mich der Mehrheit und werde auch satt.

Am nächsten Tag rufe ich vom Postamt aus Jims Handy an und erfahre, dass die Männer erst eine Stunde nach mir in Arvayheer losgefahren sind. Auf dem Weg hatten beide Gespanne technische Probleme und sie sind erst seit heute Morgen um fünf Uhr in Ulaanbaatar. Wir verabreden uns zum Abendessen und ich gebe Sjaak per E-Mail Bescheid. Der Niederländer hat in Ulaanbaatar auf uns gewartet, weil er ebenfalls nach China will. Wir haben uns vor sieben Jahren in Afrika kennengelernt, und wieder aus den Augen verloren. Erst in der Mongolei habe ich von Jim erfahren, dass Sjaak wieder unterwegs ist.

Ich verbringe den Tag mit Einkaufen. Zwei Musik-CDs und mehrere Postkarten sind die Ausbeute meines Bummels durch den größten Supermarkt der Stadt. Außerdem ratsche ich gemütlich mit den anderen Reisenden im Hostel und wasche mich, das Motorrad und meine Kleidung. Am Abend treffe ich vor dem großen Supermarkt zuerst Sjaak, den ich als Mr. Fireblade kenne, denn in Afrika war er mit einer Honda CBR 900 unterwegs. Inzwischen ist er auf eine Yamaha R1 umgestiegen. »Sie ist viel besser für solche Touren geeignet«, versichert er mir ernsthaft. Dabei ist weder die eine, noch die andere Straßen-Rennmaschine für eine Fahrt rund um den Globus gebaut. Dafür gibt es Enduros. Trotzdem – oder gerade deshalb? - hege ich gewisse Sympathien für den verrückten Weltreisenden, der auf dieser Tour bereits seit knapp fünf Jahren unterwegs ist.

Kurze Zeit später gesellen sich Tommy und Rosa zu uns. Sjaak kennt die beiden Deutschen, die am Anfang ihrer ersten langen Reise sind. Sie erinnern mich mit ihrer Begeisterung an meine ersten Reisen. Inzwischen ist für mich im Leben auf der Straße einiges zur Routine geworden. Das hat den Vorteil, dass ich mehr Zeit habe für die Länder, die ich bereise, für die Menschen, denen ich begegne, und für deren Kultur, die mir fremd ist. Deshalb finde ich es auch gut, dass mich meine ersten Reisen in westliche Industrieländer, USA und Australien, geführt haben. Mit der Erfahrung, so glaube ich, konnte ich Afrika, Russland und nun der Mongolei viel offener und aufgeschlossener begegnen. Und so hat jede Lebensphase ihren eigenen Reiz, finde ich.

Als Jim kommt, gehen wir in einen noblen Biergarten. Das ist eigentlich nicht mein Ding. Aber das ist selbstverständlich ebenfalls ein Teil der Mongolei. Denn die Reichen und Schönen in Ulaanbaatar gehen nicht in die kleinen Teigtaschen-Restaurants. Dumm nur, dass die Globalisierung vor den oberen Zehntausend nicht halt macht und die Stimmung in einem mongolischen Biergarten mit seinen zahlreichen westlichen Gästen nicht wesentlich anders ist als in einem Pizzeria-Biergarten in Bayern. Aber ich will nicht meckern. Das Bier ist gut, gebraut nach dem Deutschen Reinheitsgebot.

Jim möchte sich nach seinen Nachtetappen noch einen Tag lang ausruhen. Sjaak wartet bereits seit vier Wochen auf uns und möchte los, das spüre ich. Aber er sagt nichts. Und ich bin ganz froh, dass ich noch Zeit habe, mich ein wenig in Ulaanbaatar umzusehen. Ein gravierender Unterschied zwischen der mongolischen Metropole und traditionellen deutschen Städten ist, dass in Ulaanbaatar die Hochhäuser im Zentrum stehen, während in den Armenvierteln am Stadtrand flache Jurten aufgebaut sind. Mehr als ein Drittel der mongolischen Bevölkerung lebt rund um den Regierungssitz. Das heißt, gut eine Million Menschen leben in der mongolischen Hauptstadt auf über viertausendsiebenhundert Quadratkilometern Fläche. In Köln drängen sich knapp eine Million Einwohner auf rund vierhundertfünf Quadratkilometern.

Gemeinsam mit Georg, der mit seinem Motorrad auf dem Weg nach Australien ist, besichtige ich an meinem freien Tag das Gandan Kloster. Am Eingang wird von Ausländern ein kleines Entgelt in mongolischer Währung erhoben, dazu gibt es die englische Erklärung, dass dieses Geld für den Erhalt des Tempels verwendet wird. Einheimische, die im Tempel beten wollen, müssen nichts bezahlen. Die Regelung gefällt mir. Dass ich zusätzlich fünf US-Dollar für die Erlaubnis zum Fotografieren bezahlen soll, das ist meines Erachtens jedoch ein privates Wunschdenken des Kassiers. Ich entdecke nirgends einen entsprechenden Hinweis und bezahle die Summe auch nicht. Die sechsundzwanig Meter hohe Janraisig-Statue kann ich mit vertretbarem Aufwand sowieso nicht wirklich schön im Bild festhalten. Sie ist zu dicht ummauert. Das hat die Sowjets jedoch nicht daran gehindert, die originale, echt vergoldete Figur im Jahr 1938 zu demontieren und einzuschmelzen. Erst fünfzig Jahre später gelang es mit internationalen Spendengeldern in Höhe von fünf Millionen US-Dollar eine neue Statue zu errichten. Nicht nur die Summe beeindruckt. Auch der Anblick des Buddhas bewegt. Die Luft um ihn herum scheint zu vibrieren.

Am nächsten Morgen weckt mich der Nachtwächter des Hostels um sechs Uhr früh. Ich habe keine Ahnung, woher der Mann weiß, wann ich los will. Aber ich freu mich über seinen freundlichen Morgengruß, dusche, bekomme eine Tasse Kaffee und treffe mich dann mit Jim und Sjaak. Die Straße in der Stadt ist ziemlich reparaturbedürftig. Aber außerhalb brausen wir ganze einhundertsechzig Kilometer weit über nagelneuen Asphalt. Na ja. Jims altes BMW Gespann braust. Ich bummle mit meinem Rotbäckchen hinterher und Sjaak schleicht mit seiner Yamaha R1 über die Straße.

Jim bleibt seiner Gewohnheit treu, bei jedem Stopp an seinem Gespann zu schrauben, und Sjaak muss seiner R1 nach einem Monat Stillstand ebenfalls wieder ein bisschen auf die Sprünge helfen. Ansonsten verläuft der Tag eher unspektakulär, bis es kurz vor Schluss anfängt zu regnen. Sechzig Kilometer sind es noch bis zu dem Ort, in dem wir übernachten wollen. Jim winkt uns weiterzufahren und zieht seine Regenkombi an. Dann überholt er uns schlammverspritzend auf seinen drei Rädern. Sjaak steht mit beiden Beinen fest auf der Erde, wenn er auf seiner R1 sitzt. Außerdem ist er ein besserer Fahrer als ich, und ich verliere ihn bald aus den Augen.

Mir ist sehr wohl bewusst, dass wir beide von der Sorge angetrieben werden, dass die Straße immer stärker aufweicht. Jim ist bereits vorbeigezogen und ich möchte mein schweres Motorrad auf dem rutschigen Untergrund nicht alleine aufheben müssen. Also fahre ich extrem vorsichtig. Als der Regen nachlässt, wartet Sjaak auf mich. Gemeinsam durchpflügen wir die restlichen zwanzig Kilometer Schlamm und sind uns einig: Jim hat keine Ahnung, wie unangenehm es ist, auf zwei Rädern durch diese Soße zu fahren.

Quartiersuche, Essen, Schlafen. Das Fleisch war schlecht. Ich merke es um Mitternacht und übergebe mich. Allerdings finde ich niemanden, der mir eine Cola aus dem abgesperrten Kühlschrank geben könnte. Also lege ich mich ohne diese bewährte Medizin wieder hin. Die Nacht ist nicht sehr erholsam. Schwach und zittrig stehe ich auf. Den Anderen fehlt nichts. Sjaak hatte fast nichts gegessen und Jim hat sein Verdauungssystem vermutlich in China abgehärtet. Ich nippe zum Frühstück an einer Cola und packe zwei weitere Flaschen ein. Die getrunkene Cola entsorge ich bald wieder am Wegesrand, gebe aber nicht auf, sondern trinke beim nächsten Stopp wieder ein paar Schluck. Und die bleiben glücklicherweise drin. Aber die fehlende Nachtruhe zehrt an meinen Kräften und ich lege mich auf den Steppenboden und schlafe eine Viertelstunde. Sjaak pflückt derweil für sein Motorrad einen kleinen Blumenstrauß. Die Steppenbewohner freuen sich über die lang ersehnte Regenzeit. Überall sprießt zartes Grün aus dem Boden und kleine Blüten nutzen die Gunst der feuchten Jahreszeit, um ihre Samen zu verteilen.

Nach der kurzen Pause geht es mir viel besser und wir holen Jim bald wieder ein. Dieses Mal beginnt der Regen siebzig Kilometer außerhalb der Stadt. Sjaak bleibt von Anfang an bei mir und alles geht gut. Als wir in die Stadt kommen hat Jim bereits ein Hotel gefunden: Zimmer mit Dusche und WC. Allerdings ist er der Einzige, der warmes Wasser hat. Sjaak und ich waschen uns kalt, berichten wir einander am nächsten Morgen. Trotzdem starten wir alle blitzblank zur letzten Etappe und hoffen, noch am selben Tag nach China einzureisen.

Aber vor die Grenze hat der Wettergott noch einige Schlammlöcher platziert. Sjaak zirkelt seine hoch aufgepackte R1 als erster durch den Matsch und rät mir anschließend per Handzeichen, ihm entweder zu folgen, oder lieber eine andere Spur zu wählen. Das klappt ganz gut. Jeder von uns fällt einmal um und ich bin insgesamt recht stolz auf mich. Schlamm ist nicht meine Spezialdisziplin.

Jim hat zwei Handikaps: das Gewicht seines Gepäcks und die niedrig montierten Kotflügel, unter denen sich immer wieder Morast ansammelt und die Räder blockiert. Außerdem versinkt er ein Mal so effektvoll, dass Sjaak seine Filmkamera auspackt, um die Rettungsaktion auf der Speicherkarte festzuhalten. Zu Dritt bekommen wir die Fuhre bald wieder flott, meistern als Team auch alle anderen Schwierigkeiten der Strecke und erreichen bald den ersten Kontrollposten vor der Grenze. Jim zeigt seine Papiere und wir werden alle drei durchgewunken. Am zweiten Schlagbaum steht niemand und die dritte Schranke ist bereits die Grenze nach China. Geschafft.

Beinahe. Denn die Mongolen wollen uns nicht ausreisen lassen. Sjaak und ich hatten vorher bereits gegrübelt, wie unser Grenzübertritt wohl vonstatten gehen würde, da an diesem Ort nur Chinesen und Mongolen in das jeweils andere Land hinüber dürfen. Aber Jim strahlt Zuversicht aus. Alles wird gut, wenn wir erst bei den Chinesen sind. Also fängt Sjaak an zu verhandeln und ich passe auf die Motorräder auf während Jim die Verwandten seiner chinesischen Frau anruft. Sie erwarten uns auf der anderen Seite und schaffen es sogar, mit einem chinesischen

Grenzfahrzeug herüberzukommen um uns Essen zu bringen: drei Gläser voll getrockneten Fisch sowie Kekse und Cola.

Jim spricht Chinesisch und unterhält sich mit seinem Schwager und den chinesischen Grenzbeamten. Ich beobachte die Sprechenden und habe den Eindruck, die Staatsdiener wollen uns nicht wirklich in ihrem Land haben. Sjaak hat ebenfalls ein ungutes Gefühl. Aber Jim übersetzt: »Herzlich willkommen in China!« Vermutlich verstehen Sjaak und ich die Gebärden der Asiaten nicht. Die Mongolen machen jedoch ihren Standpunkt allgemein verständlich klar: Sie lassen uns nicht ausreisen.

Die Verwandten von Jims chinesischer Ehefrau besuchen uns auf der mongolischen Seite der Grenze

Sjaak und Jim sind sich einig. Sie wollen über die grüne Grenze. Ich würde gerne noch eine Weile mein Glück in Verhandlungen suchen. Aber wenn ich alleine zurückbleibe, habe ich keine Chance, nach China einzureisen, und nach all der Vorbereitung und den vielen Kilometern bin ich noch nicht bereit, das China-Projekt aufzugeben. Ich nicke die Entscheidung der anderen ab. Etwas anderes wird auch nicht erwartet, und tief in mir drin sagt mir etwas, dass diese Entscheidung völlig bedeutungslos ist. Warum? Das weiß ich auch nicht.

Wir ziehen uns von der Grenze zurück. Ich habe so etwas noch nie gemacht und hoffe auf die Erfahrung von Sjaak, der schon etwas länger unterwegs ist. Er holt Klebeband aus seinem Koffer, um das Rücklicht meiner F 650 abzukleben. Denn ich kann mit einem nachträglich eingebauten Schalter zwar das Abblendlicht ausschalten, aber nicht das LED-Rücklicht. Meine Überlegungen bezogen sich damals rein auf den Stromverbrauch. Doch nun wollen wir nicht gesehen werden, und dabei stört sogar die helle Instrumentenbeleuchtung der BMW. Also wird sie ebenfalls abgeklebt.

Inzwischen ist es dunkel. Kein Mond. Nur Sterne. Ich folge Sjaaks Silhouette. Die Bewegungen seines Motorrades geben mir Informationen über die Struktur des Bodens. Nach kurzer Zeit sehen wir in der Ferne die Lichter eines Wachturms. Die Männer halten an und beratschlagen miteinander. Wir drehen nach Westen ab, fahren zwei Kilometer weit und orientieren uns dann wieder Richtung Süden, bis uns ein Zaun den Weg versperrt. Der Maschendraht ist keine Herausforderung für den Drahtschneider eines guten Taschenmesserwerkzeugs, aber in Sichtweite steht eine Jurte. Von dort kommen Soldaten herüber gelaufen und laden uns ein. Sjaak hat inzwischen hastig die Klebestreifen von meinem Motorrad gerissen. Er hat wirklich mehr Erfahrung. Ich habe nicht daran gedacht, dass sie uns verdächtig machen.

An der Jurte sind noch mehr Soldaten, und sie fordern uns auf, drei Kilometer am Zaun entlang in Richtung Grenzstation zu fahren. Umringt von Militärs gibt es darüber nichts zu diskutieren, obwohl wir selbstverständlich bei unserer Geschichte von der Suche nach einem Zeltplatz bleiben. Es hilft nichts, wir müssen zurück in Richtung Grenzstation. Unterwegs kommt uns ein Lastwagen mit weiteren Soldaten entgegen, und sie haben den Kommandanten des Wachturms dabei. Der fuchtelt aufgebracht mit einer Kalaschnikow herum und befiehlt uns, im Schritttempo weiterzufahren. Auf halbem Weg blockiert Jims Vorderrad. Der Zug gerät ins Stocken und es herrscht große Aufregung. Alle reden durcheinander. Da lädt der Kommandant laut schreiend sein Gewehr durch und zielt auf Jim - plötzlich sind alle still. Jim hebt langsam die Arme.

Ich rufe dem Kommandanten auf Russisch zu, dass das Motorrad kaputt ist, steige von meiner BMW ab, gehe zum Vorderrad des Gespanns und zeige, dass es sich nicht dreht. Da reden alle wieder durcheinander, und die Situation beruhigt sich. Wir dürfen das Vorderrad vom Schlamm befreien, der sich unter dem Schutzblech angesammelt hat, und fahren dann weiter. Am Wachturm, den wir von der Ferne gesehen hatten, müssen wir uns auf eine schmale Holzbank setzen. Der Kommandant steht vor uns und präsentiert mehrmals stolz sein Gewehr. Er riecht stark nach Alkohol und ich mache mir ernsthafte Sorgen, dass er stolpert und versehentlich schießt. Den Lauf des Gewehrs richtet er immer wieder abwechselnd auf einen von uns Dreien.

Zunächst ist noch die Rede davon, dass wir alle erschossen werden. Aber das gibt sich bald. Wir bekommen Tee und Sjaak zeigt seine Fotos aus aller Welt. Dann bietet uns der Kommandant einen Schnaps an. Jim trinkt generell nicht und ich kombiniere Alkohol und Motorradfahren nur ungern. Also opfert sich Sjaak und stößt mit dem Kommandanten an. Kurze Zeit später kommt der Chef des Kommandanten und schließlich noch dessen Vorgesetzter. Alle sehen sich die Fotos von Sjaak an. Anschließend bauen wir mit ein paar Soldaten Jims Vorderrad aus und befreien den Kotflügel gründlich vom Schlamm. Danach sollen wir einem kleinen Bus folgen der uns zehn Kilometer von der Grenze entfernt zu den Jurten hinter dem ersten Kontrollpunkt bringen wird, wo wir zelten sollen.

Jim folgt dem Bus. Sjaak und ich nehmen versehentlich eine falsche Spur, müssen umdrehen, bleiben etwas zurück und halten nach einem Kilometer an. Tatsächlich hat es wenig Sinn, in der Dunkelheit auf dem schlammigen Boden zehn Kilometer zurück zu legen. Vor allem aber haben wir keinerlei Interesse daran. Wir wollen lieber in der Nähe der Grenze bleiben. Als Jim mit zwei Soldaten zu Fuß zurückkommt, sitze ich erschöpft auf dem Boden und erkläre auf Russisch, dass ich nicht mehr kann. Sjaak legt mir im Lauf des Gesprächs tröstend den Arm um die Schultern – und das Eis ist gebrochen. Wir dürfen dort zelten, wo der Bus und Jims Gespann geparkt sind. In Sichtweite der chinesischen Grenze.

Am nächsten Morgen versuchen wir wiederum unser Glück am Schlagbaum. Sjaaks Visum läuft ab, lautet dieses Mal die Strategie. Die Beamten sind inzwischen sehr freundlich. Wir dürfen unsere Motorräder innerhalb des abgezäunten Areals parken und sitzen zeitweise sogar im Torwächterhäuschen. Die Grenzer telefonieren mit ihren Vorgesetzten in der Stadt und am Nachmittag kommt die erlösende Botschaft: Wir dürfen ausreisen. Jim springt vor Freude in die Luft. Sjaak lächelt, und ich zeige den Mongolen meine Dankbarkeit. Natürlich bin ich ebenfalls aufgeregt, verschiebe aber jegliche Euphorie auf den Moment, in dem ich tatsächlich in China bin.

Passkontrolle. Zoll. Der letzte Schlagbaum. Der letzte Gruß. Zweihundert Meter. Das chinesische Grenzgebäude. Alle lächeln. Einer macht Fotos. Wir gehen hinein und geben unsere

Mongolische Soldaten beschützen die Grenze nach China

Pässe ab. Jim plaudert mit den Beamten. Nach einigen Minuten kommt der Uniformierte mit den Reisedokumenten zurück. Wir dürfen nicht einreisen. Wir müssen zurück in die Mongolei.

Jim sitzt kreidebleich neben seinem Gespann. Die Freude ist aus seinem Gesicht geglitten. Er ruft seine Verwandten an. Sie sind mit dem Auto auf dem Weg. Sie sind unsere letzte Hoffnung. Eine Stunde brauchen sie noch, und wir versuchen Zeit zu gewinnen. Sjaak zeigt seine Fotos. Ich gehe auf die Toilette. Es hilft nichts. Die Chinesen werden sauer. Wir müssen zurück.

Das Mitleid der Mongolen ist echt. Und es tut gut. Will ich wirklich nach China? In meinem Kopf drehen sich die Gedanken: Warum haben sie uns so freundlich lächelnd empfangen. Warum haben sie gestern behauptet, wir wären willkommen? Was ist schief gegangen? Auf der chinesischen Seite sehen wir das Auto von Jims Schwager. Die beiden telefonieren. Aber dieses

Mal genehmigen die Chinesen nicht einmal eine Lebensmittellieferung. Stattdessen dürfen wir in der Kaserne der mongolischen Grenzsoldaten übernachten und bekommen dort ein mongolisches Abendessen. Mit meinen rudimentären Russischkenntnissen komme ich nicht weit. Aber die Gesten sind eindeutig. Zu oft wurden die Mongolen wohl schon vom großen Nachbarn brüskiert, um nicht eine gewisse Solidarität mit uns zu spüren. Dass Jim einem der Beamten bei der Ausreise seine gesamte mongolische Barschaft - in etwa den Jahresverdienst eines höheren Beamten - in die Hand gedrückt hatte, trägt sicherlich ebenfalls einiges zur Gastfreundschaft bei.

Was nun? Jim steigt auf die Schaukel des Kinderspielplatzes. Dort hat er Handyempfang und kann mit seinen Verwandten telefonieren. Dabei weiß er selbst nicht, ob er glauben soll, was ihm gesagt wird: Der Offizier, der unseren Grenzübertritt organisieren sollte, liegt im Krankenhaus und auf seinen Stellvertreter hat die Familie nicht den notwendigen Einfluss, um unsere Einreise zu organisieren. Deshalb sollen wir am nächsten Tag mit einem Militärkonvoi zurück in die Stadt fahren und von dort mit einem Lastwagen nach Zamyn-Üüd, die mongolische Stadt am einzigen internationalen Grenzübergang zwischen der Mongolei und China. Jim telefoniert mit Herbert, unserem gemeinsamen Bekannten in Běijīng, der den Kontakt zwischen uns hergestellt hatte. Der verspricht, dass er sich nach einer anderen Möglichkeit für uns umhören wird. Ich schreibe gerade mein Tagebuch als Sjaak mit neuen Nachrichten kommt: Die chinesischen Grenzbeamten haben in Běijīng angerufen und wir sind nun gesuchte Terroristen in China.

Sjaak und ich erfahren nur scheibchenweise, dass eine Menge Geld fließt, das wir beide vollkommen anders verteilt hätten. Aber wir erfahren erst davon, als bereits alles im Gange ist. Die tatsächlichen Vorgänge erschließen sich uns erst im Lauf der Zeit. Inwieweit Jim informiert ist, kann ich nicht sagen. Chinesisch ist eine sehr komplizierte Sprache und eindeutiger Informationsaustausch ist sogar unter Chinesen oft problematisch. Deshalb laufen die Gespräche zum Teil über Jims Englisch sprechende Ehefrau in Běijīng. Und das alles im Stehen, auf der Kinderschaukel.

Jim und Sjaak wollen mit dem LKW nach Zamyn-Üüd

Die Idee mit dem Lastwagen geht meines Erachtens auf Jim zurück, der keinen Meter mehr auf mongolischen Pisten fahren will. Zunächst planen Sjaak und ich auf eigener Achse zu fahren, aber als der Lastwagen vor dem Hotel steht, schwenkt Sjaak um. Auf der Ladefläche ist genug Platz und ich kann seiner Logik »warum hinterher fahren« natürlich nachvollziehen. Warum ich trotzdem lieber selbst fahren würde, kann ich ehrlich gesagt auch nicht erklären. Aber ich weiß, dass ich nicht alleine hinterher fahren kann, weil ich mit dem Motorrad länger brauche als der Lastwagen, der die Nacht durchfahren wird. Sjaak weiß das auch, klopft mir auf die Schulter und fordert mich grinsen auf: »Fahr doch auch mit!«

Also laden wir alle drei Maschinen auf. Dann machen Sjaak und ich es uns auf der Ladefläche zwischen den Motorrädern bequem. Jim fährt im Führerhaus mit. Anfangs gibt es einige Diskussionen mit dem Fahrer, weil er die Piste verlässt um einen Freund zu besuchen, und später müssen wir ihn immer wieder bremsen, weil er zu schnell fährt. Die Motorräder sind zwar verzurrt, aber die Schaukelei eines Lastwagens der querfeldein fährt, halten die Spanngurte nicht aus. Sjaak und ich müssen immer wieder Klopfzeichen geben, bevor größere Schäden entstehen.

Tagsüber sitzen wir auf den Motorrädern und genießen den Fahrtwind. Nachts quetschen wir uns am Boden zwischen die Motorräder und versuchen zu Schlafen. Am späten Nachmittag des nächsten Tages erreichen wir Zamyn-Üüd, laden die Motorräder am Stadtrand ab und verabschieden uns von dem Lastwagenfahrer, der insgesamt recht nett war, auch wenn er unsere Sorge um die Motorräder nicht ganz verstanden hat.

In Zamin-Üüd gibt es einen nagelneuen Bahnhof, einen großen Platz mit Tischtennisplatten, ein kleines Internetcafé und ein passables Hotel. Dort quartieren wir uns ein, duschen, gehen essen und entstauben unsere Kehlen mit einem kühlen Bier. Am nächsten Morgen treffen wir uns zur Krisensitzung. Option Nummer eins ist Herbert, der mich schon nach Korea gelockt hat und nun in China arbeitet. Natürlich hat er jede Menge Beziehungen, kann aber nichts versprechen. Vor allem nicht, dass wir ohne chinesischen Begleiter fahren dürfen. Außerdem hört sich die ganze Chose ziemlich kostspielig an und fällt daher aus.

Möglichkeit Nummer zwei ist ein Kontakt von Sjaak zu einem Chinesen, den er in Amerika kennengelernt hat. Leider ist die Telefonnummer falsch und wir können die richtige Adresse nicht ermitteln. Also bleibt nur noch die dritte Alternative: Die Motorräder auf einem LKW nach China hineinzuschmuggeln. Das soll funktionieren, haben andere Reisende im Internet berichtet. Jim hat für sein Motorrad eine chinesische Zulassung und für sich selbst einen chinesischen Führerschein. Er will den Grenzübertritt ganz regulär probieren. Wenn das klappt, kann er unsere Motorräder auf der chinesischen Seite in Empfang nehmen.

Ich fahre schon die ganze Zeit mein Handy spazieren, obwohl der deutsche Vertag stillgelegt ist. Wenn ich ein Paket nach Hause schicke, muss ich in der Zollerklärung den Inhalt beschreiben, daher habe ich mich bisher nicht getraut, das Mobiltelefon nach Hause zu schicken. Nun erweist sich das als Glücksfall. Wir kaufen eine mongolische Sim-Karte und können damit ganz einfach mit Jim in Kontakt bleiben. Am späten Nachmittag kommt der erlösende Anruf: Jim ist in China!

Leider ist die Sache mit dem Lastwagen doch nicht so einfach. Jim hat in China überhaupt kein Glück und als Sjaak und ich endlich einen Mann finden, der das Risiko auf sich nehmen will, treffen wir auf dem Weg zu seinem Haus einen hohen Zollbeamten der Stadt. Damit ist die Schmuggelaktion unmöglich geworden. Stattdessen bietet uns der Zollbeamte seine Hilfe an. Leider klappt sein Plan ebenfalls nicht. Und so stirbt eine Hoffnung nach der anderen. Sjaak muss dringend aus der Mongolei ausreisen. Sein Visum ist bereits seit vier Tagen abgelaufen. Und weil ich alleine sowieso nicht die Nerven dazu habe, mein Motorrad nach China hineinzuschmuggeln, fahren wir gemeinsam an die Grenze. Wir wissen, dass wir nicht nach China hineinkommen. Aber wir sind so weit gefahren, wir müssen es zumindest versuchen.

Die Chinesen willigen nicht einmal ein, unsere Motorräder unter Zollverschluss zu nehmen, damit wir selbst einreisen können. Sie schicken uns umgehend zurück.

Wiederum nehmen uns die Mongolen freundlich auf, stornieren unsere Ausreisestempel und verlängern Sjaaks Visum um einige Tage. Wir geben Jim Bescheid und verabschieden ihn nach Běijīng. Er kann auf der chinesischen Seite der Grenze nichts mehr für uns tun.

Der Bürgermeister von Zamyn-Üüd spricht Deutsch. Er versucht am folgenden Tag, uns zu helfen. Ein Zollcontainer nach Běijīng würde tausend US-Dollar kosten, bringen wir mit seiner Hilfe in Erfahrung. Aber dann sind die Motorräder immer noch nicht wirklich in China. Sjaak und ich wälzen das Problem hin und her, wägen alle Möglichkeiten und beschließen zuletzt, gemeinsam nach Ulaanbaatar zurück zu fahren. Sjaak will von dort mit dem Zug nach China reisen, während ich mir die Mongolei ansehen möchte, bevor ich mein Motorrad über den Winter in der mongolischen Hauptstadt abstelle. Vielleicht ergibt sich nächstes Jahr eine Möglichkeit, nach China einzureisen. Und wenn nicht, dann habe ich zumindest die Mongolei gesehen, denke ich mir.

Sjaak hat ein GPS und navigiert gerne damit. Dabei ist die Orientierung ganz einfach. Die Hochspannungsleitung markiert den direkten Weg nach Ulaanbaatar, wo Sjaak sein Motorrad bei einem Amerikaner unterstellt und in den Zug nach Běijīng steigt. Ich quartiere mich noch einmal in Ghanas Guesthouse ein, schlafe mich aus, mache Pläne für meine Reise durch die Mongolei, ratsche mit den anderen Reisenden und besichtige das Kunstmuseum und den Winterpalast des Bogd Khaan.

Wieder alleine

Eingedeckt mit guten Tipps für die Fahrt und ernsten Warnungen vor der Vogelgrippe am Khovs-Gol See, breche ich nach ein paar Tagen wieder auf, zu einer weiteren Runde durch die Mongolei. Die Teerstraße in Richtung Westen bringt mich zum Khustai Nationalpark. Dort wurden in den neunziger Jahren Takhis ausgewildert. Der letzte frei lebende Hengst dieser Ur-Pferde war 1969 in der Gobi gesehen worden. Aber es gibt in verschiedenen Zoos noch einige Exemplare dieser Rasse und mit Hilfe dieser Tiere hat man mehrere Herden gezüchtet, die man im Khustai Nationalpark sowie in der südlichen Gobi wieder ausgewildert hat. Am Eingang des Parks steht eine Jurte mit Informationen über die Rösser, die einen Brustwirbel und zwei Chromosomen mehr haben als unsere Hauspferde.

Normalerweise darf ich weder mit dem Motorrad noch ohne Führer in den Nationalpark hineinfahren. Darüber hinaus tagt dort gerade ein wissenschaftlicher Kongress über Wildesel und der Park ist deshalb für alle Touristen komplett geschlossen. Aber eine Mitarbeiterin der Parkverwaltung meint, ich solle mich trotzdem am Schlagbaum melden. Dort lehne ich es ab, einen Führer als Passagier auf meinem Motorrad mitzunehmen und darf deshalb alleine bis zu dem elf Kilometer entfernten blauen Haus fahren. Dort erzählt mir ein mongolischer Biologe, dass es inzwischen sechzehn Herden gibt. Er nennt sie Harems, eine durchaus passende Beschreibung für einen Hengst und seine Stuten. Im Alter von drei bis vier Jahren werden die Fohlen aus der Herde verstoßen. Die Weibchen finden einen anderen Harem und die Männchen schließen sich in einer Junggesellen-Herde zusammen. Wenn sie etwa fünf bis sieben Jahren alt sind, versuchen sie einen eigenen Harem aufzubauen. Dazu stehlen sie einige Stuten zusammen, oder sie verstoßen einen älteren Hengst aus seiner Gruppe. Die alten Herren leben dann meist alleine und schließen sich den Junggesellen nur tageweise an, erfahre ich.

Tagsüber seien die Tiere in den Bergen, erzählt mir der Experte. Abends kämen sie jedoch zum Trinken ins Tal, und dann könne man sie gut beobachten. Zuletzt zeigt mir der Park-Ranger auf der Landkarte ein Tal und sagt: »Wenn du sehr langsam gehst, kannst du bis auf fünfzig Meter an die Pferde herankommen.« Ich fahre los und mache am Ende des Tals Brotzeit, dann lese ich meinen Reiseführer, laufe herum und mache ein paar Fotos. Ich setze mich hin, lege mich hin und stelle mich hin. Aber ich sehe keine Pferde.

Als die Dämmerung hereinbricht gebe ich auf und fahre zurück. In der Mitte des Tals sitzt eine Handvoll Wissenschaftler im Gras. Auch sie haben noch keine Pferde gesehen und wollen zurückfahren. Ich ziehe erst noch Jacke, Helm und Handschuhe an und folge ihnen dann. Nach wenigen Metern sehe ich ihr geparktes Auto – und dann die Pferde. Hastig stelle ich das Motorrad ab, reiße die Kamera aus dem Tankrucksack und renne los. Als ich näher komme, drossle ich das Tempo, und bald auch meine Körpergröße. Im Entenwatschelgang nähere ich mich den hellbraunen Huftieren. Sie haben ein paar junge Fohlen in ihrer Herde und beobachten uns mindestens ebenso gespannt wie wir sie.

Überraschenderweise kommt dann noch ein ganzer Bus mit Touristen, und die einzigartige Stimmung ist plötzlich vorbei. Einer der Forscher meint, sie sollten den Ort lieber schnell verlassen, weil sie anderenfalls dumme Touristenfragen beantworten müssten. Im Stillen überlege ich, dass sie ganz einfach so tun könnten, als wären sie ebenso blöde Touristen wie wir.

Aber auch ich mache mich wieder auf den Weg, denn die Busladung begeisterter Menschen ergießt sich wie eine Flutwelle in Richtung Pferde und ich möchte nicht mitgeschwemmt werden. An meinem Motorrad spricht mich ein Parkwächter an. Scheinbar haben sie ihren Fehler bemerkt und machen sich nun Sorgen, dass ich heimlich im Park übernachten und die Ruhe der Pferde stören könnte. »Ich werde den Park verlassen«, verspreche ich. Dass ich mit dem Motorrad auf den Wegen bleibe ist für mich ebenso selbstverständlich, wie die Regel, nichts liegen lassen und nichts mitnehmen, damit auch andere Menschen die selbe Freude an der Natur erleben dürfen, wie ich selbst.

Dschingis Khan machte Kharakhorin zur Hauptstadt seines mongolischen Reiches. Und viele Mongolen, aber auch internationale Touristen pilgern dort hin. Am Ortseingang kassiert ein Schrankenwärter fünfhundert Tugrik von mir. Das ist unüblich, da Motorräder normalerweise freie Fahrt haben. Aber ich bin in der Touristenhochburg der Mongolei, und dort ist sicherlich einiges anders. Im Ort frage ich ein junges Paar nach einem Hostel. Aber die beiden verstehen mich nicht. Ein paar ältere Männer, die in der Nähe stehen, winken eine Frau heran, die Englisch spricht. Sie heißt Tuja und lädt mich sofort ein, bei ihr zu übernachten.

Ihr Mann hat einen Autoservice und einen Schrottplatz. Und sie selbst sammelt Plastikflaschen, die sie nach Ulaanbaatar verkauft. Von dort aus werden sie zum recyceln nach China gebracht. Tujas Sohn arbeitet als Bogenschütze in einem Touristen-Camp und ihre Tochter ist mit den Schafen bei der Oma draußen auf dem Land. All das erfahre ich, während Tuja in Windeseile ihre Jurte putzt. Dann gehen wir einkaufen, aber ich darf nichts bezahlen. Zu Abend essen wir Kartoffeleintopf mit Hammel sowie Käse von der Oma. Der Käse schmeckt für mich ein bisschen seltsam, weil die Mongolen ihren Milch-Tee salzen, aber ihren Käse nicht.

Tuja auf dem Wertstoffhof ihrer Familie

Ein Neffe aus Ulaanbaatar ist zu Besuch und übernachtet mit Tujas Sohn im Ziegelhaus der Familie. Als sie gegangen sind und Tujas Mann schläft, stellt Tuja einen deutschen Fernsehsender für mich ein. Leider kommen keine Nachrichten, sondern das Portrait eines Pferdezüchters. Das passt zwar thematisch zur Mongolei, aber ich unterhalte mich lieber mit Tuja. Eigentlich ist sie Englischlehrerin. Aber mit dem Sammeln von Plastikflaschen verdient sie mehr, sagt sie.

Nun geht sie also nicht mehr zu den Kindern in die Schule, sondern die Kinder kommen zu ihr und bringen ihr Flaschen, statt Vokabeln. Und sie gibt ihnen Geld, statt Wissen. Sie selbst hat in Russland studiert und überrascht mich mit dem vollständigen

Namen und der Adresse ihrer Studienkollegin aus Ostdeutschland. Die beiden hatten sich an der Uni angefreundet und sie bittet mich, die Frau für sie ausfindig zu machen. Ich verspreche, mein Möglichstes zu tun und schreibe mir den Namen und die Adresse auf, weil mein Gedächtnis nicht ganz so gut ist.

Am nächsten Morgen packe ich alles zusammen, und stelle kurz vor der Abreise fest, dass meine Handschuhe fehlen. Sie lagen im Helm und als wir einkaufen gingen, fragte ich Tuja, ob ich ihn in die Jurte legen solle. Aber sie meinte, der Hund passe auf. Hätte ich meine sieben Sinne beieinander gehabt, dann wäre mir klar gewesen, dass ein Hund, der mich nicht beißt, auch keinen anderen beißt. Aber nun ist es passiert.

Was tun? Ich fahre nicht gerne ohne Schutz für die Hände, weil man sich bei einem Sturz unweigerlich abstützt. Vorsichtshalber habe ich noch ein paar gefütterte Handschuhe dabei, die für den Sommer in der Mongolei zu warm sind. Dennoch sollte ich sie benutzen, weil es keinen Sinn macht, den verlorenen Handschuhen nachzuweinen. Es hilft auch nichts, alle Leute zu fragen, die gestern Nachmittag in der Werkstatt waren. Niemand wird sagen: »Oh ja, die habe ich gestohlen.« Aber mein Bauchgefühl sagt mir, dass ich noch bleiben sollte.

Tuja tut mir leid. Es schmerzt sie, dass ihrem Gast etwas gestohlen wurde. Dennoch bitte ich sie, ihren Sohn zu fragen, ob er etwas gesehen hat. Eigentlich geht es mir um den Sohn ihres Bruders, der den ganzen Nachmittag in der Nähe des Motorrades war, und Tuja ist einverstanden. Wir gehen zu ihrem kleinen Häuschen. »Zwei Stockwerke«, sagt Tuja stolz. Die zwei Räume liegen übereinander und sind nicht möbliert. »Im Sommer leben wir alle im Ger auf dem Schrottplatz«, erklärt mir Tuja. Die beiden Jungen, dreizehn und sechzehn Jahre alt, liegen unter einem Mantel am Fußboden und wissen von nichts. Also kehre ich mit Tuja zum Schrottplatz zurück. Aber ein unbestimmtes Gefühl hält mich immer noch fest.

Da kommt Tujas Neffe. Der junge Mann aus Ulaanbaatar, und sagt, ich solle mir den Tempel ansehen und dann wieder kommen. Er werde bis dahin die Handschuhe für mich finden. Ich bleibe jedoch lieber mit Tuja sitzen und wir reden, während er das Gelände absucht und tatsächlich nach einiger Zeit einen Handschuh findet. Tuja jubelt laut auf und ich bin tief erleichtert. Mit den Winterhandschuhen wäre es in der Mongolei doch ziemlich warm geworden. Wir sind uns einig, dass wir die kleine Lügengeschichte durchgehen lassen. Der junge Mann hat einen Fehler gemacht, und macht ihn nun wieder gut. Nach kurzer Zeit hat er auch den anderen Handschuh gefunden. Ich hole zwei BMW Aufkleber aus meinen Aluboxen, einen für Tujas Sohn und den anderen für den Handschuh-Dieb, der wohl sehr erleichtert ist und sich über das kleine Geschenk herzlich freut.

Zum guten Schluss besichtige ich endlich das Monument zu Ehren Dschingis Khans. Es steht auf einem Hügel im Süden der Stadt. Drei Mosaike zeigen die Größe der Mongolei zu verschiedenen Zeiten. Auf dem ersten ist die Fläche des Landes hellblau markiert, die Dschingis im Alter von vierzig Jahren einte, als er Khan der Khane wurde. Auf dem Zweiten erkenne ich in dunklem Grün die Mongolei im Jahr 1227, dem Todesjahr des Staatengründers. Und die dritte Tafel zeigt die größte Ausdehnung des mongolischen Weltreiches, mit China im Osten, dem Baikal und Moskau im Norden, Mitteleuropa im Westen und dem Arabischen Meer im Süden. Das Mosaik zeigt eines der größten Weltreiche, das jemals existierte. Und mittendrin sieht man, in der Farbe des Himmels, das kleine Kernland, die Mongolei.

Vom Hügel aus genieße ich die Aussicht in Richtung Süden, auf das Tal mit dem Fluss Orkhon Gol, der sich verzweigt und den

Boden bewässert. Am Fuß der Berge stehen Jurten und auf den fetten Weiden am Talgrund grasen Pferde, Rinder und Schafe. Im Norden stehen die kleinen Häuser des heutigen Ortes Kharakhorim und im Osten sehe ich die Außenmauern der Tempelanlage Erdene Zuu Khiid aus dem sechzehnten Jahrhundert. Zu Spitzenzeiten lebten dort rund tausend Mönche zusammen. Dann aber wurde die Anlage verlassen und mehrfach demoliert. Zuletzt von den Sowjets, in den dreißiger Jahren. Ein paar Tempel wurden inzwischen wieder aufgebaut. Sie helfen dabei, sich den Glanz der kompletten Anlage vorzustellen. Denn ein Großteil der ummauerten Fläche liegt derzeit noch brach.

Fasziniert betrachte ich die Grabsteine von Abtai Khaan und seinem Enkel Khaan Gombodorj, die mit mongolischen, chinesischen, tibetischen und arabischen Zeichen beschriftet sind. Die Weltoffenheit, Toleranz und Weitsicht der damaligen mongolischen Herrscher fasziniert mich. Kharakhorim diente lediglich vierzig Jahre lang als mongolische Hauptstadt. Aber in dieser Zeit trafen sich dort Vertreter von neun verschiedenen Religionen. Händler aus Ost und West tauschten Waren, die sie auf gesicherten Wegen durch das Land transportiert hatten, und Handwerker aus dem Orient, aus Asien und Europa inspirierten sich gegenseitig mit ihrer Kunst.

Den Nährboden für all das legte Dschingis Khan. Der Mann, der selbst Analphabet war, hat seinem Volk eine Schrift und ein geschriebenes Gesetz gegeben. Der Staatengründer, der oftmals als brutal und unmenschlich beschrieben wird, hatte sicherlich nicht viel im Sinn mit den humanistischen Gedanken, die meine eigene Kultur heutzutage prägen. Aber von dieser Geisteshaltung war auch das europäische Mittelalter weit entfernt, das mit seinen Kreuzzügen, den Hexenverbrennungen, den Foltermethoden und dem Ablasshandel von unseren heutigen Moralvorstellungen ebenfalls weit entfernt war.

Die einzelnen Tempel kosten jeweils gesonderten Eintritt und ich muss lachen, als ich auf einem Schild lese, dass die Gelder dafür verwendet werden, das Leben zu verbessern. Das ist ein löblicher Zweck, den wohl auch Dschingis Khan gutgeheißen hätte. Auf meinem Rundgang treffe ich den deutsch sprechenden Touristenführer von Ghanas Guesthouse und bitte ihn zuhause herzliche Grüße auszurichten. Kurz darauf spricht mich ein anderer Reisender an: »Wir haben uns im Khustai Nationalpark gesehen«, erinnert er sich begeistert und ist ein bisschen enttäuscht, als ich ihn nicht wieder erkenne. Erst draußen, am randvollen Parkplatz, erkenne ich den Bus mit den hohen Fenstern wieder, vor dessen Flut ich geflüchtet war.

Bevor ich Kharakhorim verlasse, halte ich noch an einem kleinen Tempel in der Stadt. Die Tür ist verschlossen, aber ein paar Ziegen strecken ihren Kopf zwischen den Stäben des Gartentors durch. »Ob die Tiere am Segen der vollkommenen Erkenntnis knabbern?« überlege ich amüsiert und drücke den Auslöser meiner Kamera. Als zwei Ziegen jedoch vom rechten Pfad abkommen und versuchen auf mein Motorrad zu klettern, ist für mich Schluss mit Lustig. Ich vertreibe sie, steige selbst auf und fahre zur Piste in das hundertfünfzig Kilometer entfernte Tsetserleg.

Ich habe mich inzwischen an die räumlich sehr großzügige Straßenplanung gewöhnt und entscheide mich für die Spuren auf der linken Seite des Tals, wo ich etwas Schatten finde. Einige Kilometer folge ich einem Bach, dann verlässt er mich und das Tal wird enger. Ich genieße die Fahrt, vermisse jedoch ein wenig die Sicherheit durch Sjaaks GPS. Die Mongolei ist das erste Land, in dem mir die Vorteile der modernen Navigationshilfe überzeugen. Aber es geht auch so.

Als rechts ein Weg in die Berge abzweigt, halte ich an der nächsten Jurte und frage nach Tsetserleg. Offensichtlich haben die Leute schon eine reichliche Portion des alkoholhaltigen Airag getrunken. Deshalb glaube ich dem ausgestreckten Arm nicht sofort. Aber als ich zum dritten Mal nachfrage, werden meine Informanten ernst. Einer holt eine alte Pralinenschachtel, zerreißt den Deckel und zeichnet mir eine Landkarte: über zwei Bergpässe in Richtung Norden, dann über eine Brücke und an einem Fluss entlang. Die Bilder sind gut zu verstehen. Also nehme ich die Karte dankend entgegen und folge den Anweisungen.

Der Weg wird immer schmaler und steigt dann steil an. Ich stehe auf, um meinen Schwerpunkt weiter nach vorn zu verlagern. Das Hinterrad dreht auf dem losen Geröll immer wieder kurz durch, aber wir kommen gut hinauf. Ich hätte gerne einen Höhenmesser. Die Mongolei liegt durchschnittlich auf eintausendfünfhundert Metern über der Meereshöhe und dieser Pass ist definitiv höher, aber noch nicht so hoch wie der Gebirgspass, den ich im Altai überquert habe, denn der Gipfel ist mit Kiefern bewaldet und der Weg führt an einem Ovoo vorbei, der aus Holzstämmen errichtet wurde.

In der Ebene habe ich bereits mehrere dieser heiligen Stätten gesehen. Dort waren es Steinhaufen, die an Wegkreuzungen standen. Reisende legen dort oftmals Opfergaben nieder, beispielsweise buddhistische Gebetsschals, Geld, Räucherstäbchen, Streichholzschachteln oder auch Wodkaflaschen. Der Lastwagenfahrer, der uns und unsere Motorräder nach Zamin-Üüd gebracht hatte, war auf dem Weg drei Mal im Uhrzeigersinn um einen Ovoo herumgefahren und hatte dann eine Opfergabe hinterlassen. Ein Kiptschaken-Khan soll vor einer Schlacht einmal alle geistlichen Führer zu einem gemeinsamen

Gottesdienst zusammengeführt haben, weil er meinte: »Je mehr Götter auf unserer Seite sind, umso besser ist es für uns!« In diesem Sinne gehe ich drei Mal um den Ovoo herum. Dann mache ich mich auf den Weg nach unten.

Ovoos sind heilige Steinhaufen, die zum Gebet einladen

Das ABS habe ich bereits bei der Einreise in die Mongolei dauerhaft ausgeschaltet, indem ich den Sensor am Vorderrad ausgebaut habe. Und das ist gut so. Denn in der schmalen Rinne schiebt das Gewicht der bepackten Maschine kräftig nach unten. Ich sitze ganz hinten, auf meinem Gepäck, bremse vorn und hinten so fest wie möglich und lasse beide Räder immer wieder blockieren. Die Abfahrt ist ein Geduldsspiel, bei dem ich nicht zu schnell werden darf, damit ich mich nicht hinter der nächsten Kurve um einen Baum wickle.

Nach zwei Drittel der Strecke endet der Wald und gibt den Blick frei auf ein breites Tal mit vier strahlend weißen Jurten. Schafe, Ziegen und Yaks grasen auf dem Talgrund und die Abendsonne taucht alles in eine friedliche Stimmung, in die ich förmlich hineinfahre. Unten angekommen, baue ich mein Stativ auf. Eine junge Frau kommt von den Jurten herüber und beobachtet mich neugierig. Wir begrüßen uns mit einem Lächeln, dann fahre ich mit dem Motorrad auf und ab und drücke den Fernauslöser. Viel Zeit bleibt mir nicht, die Berge im Westen strecken bereits ihre Schatten aus.

Nachdem alles wieder verstaut ist, steht die Mongolin immer noch lächelnd neben mir und fordert mich mit einer Handbewegung auf, sie zu ihrem Heim zu begleiten. Also parke ich die BMW neben der ersten Jurte und begrüße die anderen Bewohner der kleinen Siedlung, den Großvater, seinen Sohn und die Tochter mit ihren jeweiligen Ehepartnern und insgesamt vier Enkelkindern. Auf Englisch frage ich, ob mich jemand versteht und ernte freundliches Kopfschütteln. Das Familienoberhaupt streckt sich gemütlich auf dem trockenen Gras aus und fordert uns auf, es ihm gleich zu tun. Versuchsweise spreche ich den Opa auf Russisch an. Aber er lacht, und bedeutet mir, das von den sowjetischen Besatzern aufgezwungene Schulwissen sei längst wieder aus seinem Kopf herausgefallen.

Also stellen wir uns wie Tarzan und Jane gegenseitig vor. Der Silberrücken heißt Ulaanbaatar, das kann ich mir merken. Die anderen Namen sind komplizierter, und genauso schnell wie ich sie Silbe für Silbe nachspreche, habe ich sie wieder vergessen. In guter Erinnerung bleiben mir jedoch die schönen gemeinsamen Stunden. Ich beobachte die Frauen beim Melken. Zuerst darf eines der Jungtiere die Milch am Euter ansaugen. Dann wird es festgebunden und die Frauen melken das Euter fast leer. Sie lassen aber noch genug für das Jungtier, das anschließend wieder zum Zug kommt. Danach zeigt mir die junge Frau ihre eigene Jurte ganz im Norden. Dort lebt sie mit ihrer kleinen Tochter und zwei Tanten. Und heute Nacht werde auch ich dort schlafen. Wo der Vater der Tochter ist? Ich habe das Gefühl, diese Frage sollte ich nicht stellen. Er ist nicht da. So ist es.

Melken ist in der Mongolei traditionell Frauenarbeit.

Zum Abendessen gehen wir an der mittleren Jurte vorbei, in der das Familienoberhaupt mit seinem Sohn, dessen Frau und zwei Kindern lebt. Die dritte Jurte hat einen Holzboden und wird von der Tochter mit Ehemann und Kind bewohnt. An diesem Abend helfen alle Frauen zusammen, machen Nudeln und kochen sie mit Kartoffeln und Fleisch. Im Schein einer Kerze sitzen wir auf den Betten ringsum und essen aus unseren Schüsseln. Das Essen schmeckt halbroh und ich esse gerade so viel, wie die absolute Höflichkeit verlangt.

Auf dem Rückweg zur Frauenjurte bewacht uns der Sternenhimmel. Ich deute meiner Gastgeberin an, dass ich noch auf die Toilette muss. Sie nickt und schickt mich in die Dunkelheit, während sie wartet. Ohne ihre Begleitung würden mich die Hunde angreifen. So aber hält ihre Stimme die Vierbeiner im Zaum. Als wir an ihrem Zelt ankommen, revoltiert mein Magen. Ich muss mich übergeben und die Hunde stürzen sich auf den unerwarteten Nachtisch.

Anschließend hole ich meine Wasserflasche aus dem Motorrad, putze mir die Zähne, und lege mich dann mit wackligen Knien in das nächste Bett, bekomme noch eine Decke und schlafe bald ein. Als ich aufwache ist es bereits neun Uhr. Aber es ist immer noch kalt. Fröstelnd beobachte ich, wie das zweijährige Mädchen splitternackt auf den Topf gesetzt wird. So härtet man ab. Wir haben Mitte August und der Winter wird noch viel kälter. Aber bereits an diesem Morgen sitzen die Fliegen starr vor Kälte an der Decke.

Zum Frühstück essen wir Brot, eine Art Schmand und den aufgewärmten Milch-Tee von gestern. Er stand über Nacht auf dem kalten Herd und beim Einschenken sehe ich kleine schwarze Bröckchen, die aber sofort zum Boden der Schale absinken. Die Decke der Jurte ist immer noch schwarz von den Fliegen, die dort auf die erste Sonnenwärme warten. Mein Tee wird nachgeschenkt, als die Schale noch halb voll ist, denn sie wird nicht leer getrunken. Und bald weiß ich, warum: Am Boden sammeln sich all die Fliegen, die gestern Abend auf der Suche nach einem warmen Platz in der Kanne ertrunken sind. Nach zweimaligem Nachschenken ist der Satz beinahe zwei Zentimeter hoch. Und mir wird sowieso schlecht, wenn ich zu viel Milch trinke. Also packe ich zusammen und verabschiede mich.

Ein Tal weiter haben die Nomadenzelte Solarpanele und Satellitenschüsseln, und kurze Zeit später erreiche ich den nächsten Ort. Dort frage ich ein paar Reiter nach dem Weg. Zuerst liegt Tsetseleg im Westen, dann im Osten. »Nein im Norden«, sagt ein Dritter. Und dabei bleibt es dann. Ich traue der Auskunft jedoch nicht, fahre noch einmal in den Ort zurück und treffe einen Autofahrer, der in die gleiche Richtung muss. Seine Staubfahne weist mir den Weg, in Richtung Norden. Im nächsten Dorf winkt er mich weiter: Immer gerade aus. Ich halte an einem Fluss und wasche Gesicht und Hände. Das Wasser ist kalt und ich denke an meine letzten Gastgeber. Ich möchte diese Nacht nicht missen, aber die kulinarischen Eigenheiten haben mich wirklich an meine Grenzen gebracht.

Im Hotel eines britischen Missionarspaars bestelle ich mir eine Tasse schwarzen Tee, nehme mir ein Zimmer und genieße eine heiße Dusche. Dann gehe ich zum Internetcafé, um zu sehen, wie es Sjaak in China ergeht. Stattdessen aber finde ich drei E-Mails von Herbert. Die letzte ist drei Tage alt. Ich solle mich dringend melden, er habe vielleicht eine Möglichkeit gefunden. Selbstverständlich rufe ich ihn sofort an, aber Herbert ist inzwischen auf dem Weg zu einem Motorradtreffen in Yínchuān. Er kann nichts mehr für mich tun, gibt mir aber die E-Mail Adresse seiner Assistentin Pai. Sie antwortet prompt und verspricht mir, die tatsächlichen Möglichkeiten genauer auszuloten. Ich soll mich noch einen Tag gedulden.

Die Idee ist, dass ich eine Einladung zu dem Motorradtreffen in Yínchuān bekomme, mit der ich das Motorrad nach China einführen kann. Ich fange an zu rechnen: In zwei Tagen bin ich zurück in Ulaanbaatar. Dann brauche ich nochmals zwei Tage bis zur mongolischen Grenze. Von dort sind es fünfzehnhundert Kilometer Teerstraße nach Yínchuān. Das ist zu machen. Theoretisch. Aber praktisch? Das Treffen dauert von Donnerstag bis Sonntag. Und wenn die Einladung nicht reicht, fahre ich vier Tage durch die Mongolei, nur um an der chinesischen Grenze ein weiteres Mal umzudrehen.

Ich bin mir nicht sicher, ob ich mich über den neuen Silberstreifen am Horizont freue. Nach all den erfolglosen Versuchen und dem nervenaufreibenden Hin und Her war ich eigentlich ganz glücklich, das Hier und Jetzt zu genießen, anstatt dauernd zu Hoffen und zu Bangen. Ich wollte zum Khovs-Gol See. Soll ich stattdessen tatsächlich noch einmal zur chinesischen Grenze fahren? Will ich es wirklich noch einmal versuchen? Meine Gedanken drehen sich im Konjunktiv im Kreis und ich versuche die beste Möglichkeit aus der Unabwägbarkeit auszuwählen.

Gedankenverloren gehe ich zurück zum Hotel und trinke noch einen Tee. Dann rufe ich Herbert noch einmal an. Fünfzig zu fünfzig schätzt er die Erfolgsquote und rät mir, seine Mitarbeiterin Pai zu fragen. Also bleibe ich noch einen Tag. Am Montag ruft Pai mich an. Sie kann mir ebenfalls nichts versprechen. Ich soll bleiben wo ich bin, sie will weitere Informationen einholen.

Ich war bereits auf dem Markt und habe das Museum und den Tempel besichtigt. Also setze ich mich in das Café und lese eine drei Wochen alte Tageszeitung. Am Ende der Welt ist die Zeit relativ und die Nachrichten sind neu, zumindest für mich. Am Nachmittag kommt ein Fernsehteam. Sie drehen einen Film über den Angelausflug eines englischen Schauspielers. Das Team ist ziemlich im Stress und belegt das komplette Hotel. Ich muss mein Zimmer räumen, kann aber mein Zelt im Garten aufstellen. Am nächsten Morgen beobachte ich die Filmaufnahmen und lächle mit der mongolischen Rezeptionistin über den Wirbel, den die Fernsehleute machen. Als alles im Kasten ist kauft die Teamleiterin die Kuchentheke leer, um die Leute auf der weiteren Fahrt bei Laune zu halten. Dann übernimmt der mongolische Fahrer wieder das Steuer des Geländewagens, in dem der Schauspieler saß, als die Kamera lief.

Die junge Frau an der Hotelrezeption telefoniert mit Ulaanbaatar und erkundigt sich nach der Zugverbindung zur Grenze. Den Zug am Donnerstag könnte ich noch schaffen. Ich nehme den völlig unverhofften Verkauf eines meiner Fotos an eine Werbeagentur als Wink des Schicksals und beschließe, mit dem Honorar diesen allerletzten Versuch zu finanzieren. Und nachdem ich mich entschieden habe, fahre ich nach Ulaanbaatar anstatt ruhelos in Tsetserleg zu sitzen.

Eine Nacht unter dem mongolischen Sternenzelt, ein paar Begegnungen mit Nomaden, auf Pferden und in Autos, in Jurten und Dörfern, dann bin ich zum dritten Mal in Ulaanbaatar. Mein erstes Ziel ist der Bahnhof. Die chinesischen Zollbeamten am Bahnhof scheinen entgegenkommender zu sein als diejenigen an der Straße. Daher soll ich mit dem Zug nach Erlianhote fahren. Dort werde ich einen Spediteur treffen, der den Papierkram für mich erledigt, falls die Zollbehörde einwilligt. Also brauche ich ein Zugticket für mich und mein Motorrad. Hundertsechzig Kilogramm darf ich mitnehmen. Aber das reicht nicht. Ich schätze das Gewischt des Motorrades auf zweihundertvierzig Kilogramm. Einige Telefonate später habe ich einen Zettel mit einer Adresse. Dort heißt es, ich solle am nächsten Morgen wieder kommen. Also quartiere ich mich ein weiteres Mal in Ghanas Guesthouse ein. Dort kenne ich bereits jeden Mitarbeiter und alle lachen über meine unsterbliche Hoffnung und wünschen mir viel Glück.

Endlich China?

Mit vielen helfenden Händen wird das Motorrad auf eine Waage gehoben: Dreihundertachtzig Kilogramm zeigt sie an, mit mir und dem gesamten Gepäck. Danach werde ich mit der großen Tasche gewogen: Hundertzwanzig Kilogramm. Welchen Anteil ich an der Summe habe, will ich nach dem reichhaltigen Frühstück lieber nicht wissen. Stattdessen laufe ich mir die Kalorien wieder ab, indem ich von Schalter A zu Schalter B geschickt werde. Zuletzt bekomme ich eine Gesamtrechnung von vierzigtausend Tugrik präsentiert, knapp dreißig Euro. Damit ist der Bürokratie genüge getan und ich habe frei bis das Motorrad abends um sechs Uhr verladen wird.

Um sieben Uhr zeigen mir die Männer den Zug, mit dem ich fahre. Der Güterwaggon hat keine Ösen, an denen ich das Motorrad festbinden könnte. Aber an den Fenstern sind dicke Ketten befestigt, an denen Holzläden aufgehängt sind. Ich habe noch nie ein Motorrad für den Transport nach oben verzurrt und bin mir keineswegs sicher, ob die Ketten dem Gewicht der Maschine standhalten. Aber ein bisschen Abenteuer gehört dazu – und mir fällt keine bessere Lösung ein.

Im Zugabteil treffe ich einen jungen Mongolen, der mich auf dem Markt in Tsetserleg gesehen hat. Glücklicherweise nimmt er mir nicht übel, dass ich mich nicht an ihn erinnern kann. Er besucht seine Schwester in China und spricht ein paar Worte Englisch. Außerdem reist ein jungvermähltes Paar mit uns. Die Braut ist Mongolin, der Bräutigam Chinese. Von der Zugbegleiterin bekommt jeder ein Betttuch, ein Handtuch und ein kleines Lunchpaket mit einem halben Liter Wasser, einer Semmel und vakuumverpackter Wurst.

Klong-klong ... klong-klong ... wer je mit der Transsibirischen

Eisenbahn gefahren ist, wird diesen Klang nie mehr vergessen, und ich schlafe mit einem Lächeln auf den Lippen ein.

Am nächsten Tag zerrt die Warterei an meinen Nerven. Zuerst stehen wir einige Stunden in Zamin-Üüd. Und danach sind wir auf der anderen Seite der Grenze, in Erlianhote, ebenfalls stundenlang im Zug eingesperrt. Im unserem Abteil steigen Spannung und Temperatur. Aber wir üben uns in asiatischer Harmonie, füllen die jeweiligen Zollpapiere aus und lächeln uns gegenseitig zu. Als die Türen aufgehen, laufe ich zum Ende des Zugs. Die Ketten haben gehalten und die BMW steht noch. Aber die Stufe zum Bahnsteig ist viel höher als in der Mongolei. Ein Chinese, zierlich im Vergleich zu mir, hebt das bepackte Motorrad hinten hoch, bevor ich anbieten kann, die Alukoffer ab zu montieren. Mit der tatkräftigen Hilfe seiner Kollegen wuchtet er die BMW zuerst auf einen Gepäckwagen, und von dort auf den Boden. Dann übergeben sie mir herzlich lachend das Fahrzeug, damit ich es zum Bahnhofsgebäude schieben kann. Mein Motorrad wird in einem kleinen Lager eingeschlossen und ich mache mich auf die Suche nach Herrn Wu. Er soll mir und meiner BMW durch den Irrgarten der chinesischen Zollbürokratie helfen.

Auf der Straße treffe ich eine Touristengruppe und frage den Fremdenführer auf Englisch, ob er mir den Weg zeigen kann. Er erkundigt sich in einem Restaurant: »An der nächsten Kreuzung auf der linken Seite.« »Sinotrans« steht dort über einer großen Eingangstür. Aber der Portier sagt mir, dass alle Mitarbeiter beim Essen sind. Also setze ich mich am Bahnhof in den Schatten, plaudere ein bisschen mit anderen Reisenden, und warte, bis die Zeit vorüber geht. Um drei Uhr nachmittags treffe ich Herrn Wu und begleite ihn zu einem anderen Bürogebäude, wo ich wiederum warte. Ein Computer steht ungenutzt mitten im Raum und ich fasse irgendwann den Mut und frage, ob ich dort ins Internet darf. Ein Kopfnicken später schreibe ich Pai eine E-Mail, damit sie weiß, wo ich bin. Postwendend erfahre ich, dass sie längst informiert ist und bereits den ganzen Nachmittag über mit Herrn Wu telefoniert. Nun übersetzt sie für mich, dass die Formalitäten erst morgen erledigt werden können.

Inzwischen hat die Bank geschlossen und einen Geldautomaten gibt es nicht. Aber Herr Wu ist so nett, mir dreißig Euro in chinesischer Währung zu borgen. Außerdem hilft er mir, die wichtigsten Dinge aus meinem Gepäck zu holen, das samt Motorrad unter Zollverschluss ist, und besorgt mir zuletzt noch eine Fahrrad-Rikscha, deren Fahrer mich zu einem sehr schönen, preisgünstigen Hotel bringt. Das Bett im Dreier-Zimmer kostet zwanzig Yuan, das sind zwei Euro.

Am Samstag sind wir alle bereit. Pai ist auf ihrem privaten Handy erreichbar und der Bankchef hat sich bereit erklärt, den Schalter für eine Kreditkarten-Barabhebung zu öffnen. Nur die Zollbehörde stellt sich quer. Sie wollen noch einen weiteren Brief aus Yínchuān, übersetzt mir Pai am Telefon. Sie versucht auch gleich, die Organisatoren des Motorradtreffens zu erreichen. Aber nach einigen Stunden bangen Wartens ist klar, vor Montag bekomme ich das Motorrad nicht aus dem Zoll. Meine Sorge, dass ich dann nicht mehr rechtzeitig zu dem Motorradtreffen komme, belastet Pai nicht: »Dort musst Du nicht hinfahren, Herbert ist auch schon wieder zurück in Běijīng.«

Damit erkläre ich den Sonntag zum Waschtag. Mit einer Schüssel, einem Waschbrett, Waschpulver und warmem Wasser sieht die gewaschene Wäsche gleich ganz anders aus. Auch das Seideninlett des Schlafsacks, der Helm, die Handschuhe und die Motorradstiefel bekommen ihre Seife ab. Einen Teil des Tages verbringe ich vor dem Fernseher und zappe von einem Programm zum anderen. Das Land und die Sender begehen wohl irgendeinen Jahrestag der japanischen Invasion. Aus diesem Anlass werden patriotische Filme gezeigt, die zwar mit ihren Bildern selbsterklärend sind, sich aber eher düster auf meine Stimmung niederschlagen. Daher widme ich mich lieber meinem Reiseführer und den Landkarten.

Am Montag fahre ich mit Herrn Wu zur Grenze. Dort steht ein nagelneues Zollgebäude. Herr Wu erledigt dies und das und ich stehe dabei und blicke mit großen Augen um mich. Dort drüben bin ich mit Sjaak gestanden. Wir waren nur hundert Meter und zwei Einladungsschreiben von unserem Ziel entfernt. Vielleicht. Denn auch Herr Wu erreicht heute nichts. Ich kehre ergebnislos in mein Hotel zurück. Als ich am Dienstag früh bei Sinotrans ankomme, erklärt mir Herr Wu, dass die Computer der Zollbehörde nicht arbeiten und wir einen weiteren Tag warten müssen. Am Mittwoch fahren wir wiederum zum Zollgebäude an der Grenze. Dieses Mal begleitet uns ein Beamter zum Bahnhof und inspiziert das Motorrad. Das heißt, er kontrolliert das Kennzeichen. Anschließend fahren wir wieder zurück zum Zollgebäude, wo weitere Papiere gestempelt werden. Morgen könne ich nach Yínchuān, sagt Herr Wu. Wie hoch die Kaution sein wird, kann er mir allerdings noch nicht sagen. »Morgen um Acht«, vertröstet er mich.

Gegen Mittag erfahre ich, dass die Kaution für sechs Monate fünfzehntausend Yuan beträgt. Das sind etwa fünfzehnhundert Euro. Aber was mache ich im Winter in China? Herr Wu ruft Pai an, und ich schildere ihr das Problem, das keines ist, weil die sechs Monate verlängert werden können. Allerdings muss das Motorrad dazu wieder an die Grenze zurück, an der ich eingereist bin, und dort hat es im Winter um die minus vierzig Grad. Aber dieses Problem lösen wir, wenn es so weit ist, beruhigt mich Pai, und ich fahre mit Herrn Wu in der Rikscha zur Bank.

Die Sonne scheint und ich strahle über das ganze Gesicht, bis der Bankangestellte mir sagt, dass er von meiner Kreditkarte kein Geld abheben kann. Ich reiche ihm meine andere Kreditkarte über den Tresen. Aber auch dieser lässt sich kein Bargeld entlocken. Stirnrunzeln. Woran kann das liegen? Herr Wu kehrt in sein Büro zurück und ich warte bis zum Nachmittag. Dann rufe ich meine Bank in Deutschland an. Durch den Zeitunterschied ist es dort früh am Morgen und der ausgeschlafene Bankbeamte findet es sehr amüsant, dass man in China keine Barabhebungen machen kann. Ich teile seinen Humor in diesem Moment jedoch nicht. Stattdessen erkläre ich in kurzen Worten, dass der komplette chinesische Zoll, die Speditionsfirma und die Bank lahm gelegt sind und bitte ihn dann in ausgesucht höflichem Ton um die Telefonnummer des Kreditkartenunternehmens, damit ich die Transaktion verifizieren kann. Da erwacht das Pflichtbewusstsein meines Gesprächspartners und er versichert mir, dass er höchstpersönlich umgehend dafür sorgen wird, dass die Transaktion freigegeben wird.

Ich gebe ihm eine Viertelstunde Zeit, dann laufe ich zurück zum Kassenschalter, warte bange Minuten, und kann endlich aufatmen. Es hat geklappt. Während ich das Geld nachzähle, bemerken die Bankangestellten, dass ich das falsche Formular unterschrieben habe. Ich bekomme ein weiteres Papier zur Unterschrift vorgelegt und habe große Schwierigkeiten in Zeichensprache zu erklären, dass ich das Formular mit meiner ersten Unterschrift zurück haben möchte. Erst dann unterschreibe ich das zweite Exemplar und laufe voll Freude zu Herrn Wu. Inzwischen ist es sechs Uhr. Feierabend. Wir rufen Pai an und sagen ihr, dass das Geld da ist. Dann trennen wir uns und Herr Wu geht frohgemut nach Hause.

Als ich morgens aufwache, laufen mehrere Polizisten über den

Gang des Hotels. Sie kommen aus einem Zimmer schräg gegenüber, das von drei Männern bewohnt wird. Vielleicht ist es ganz gut, dass ich das Motorrad noch nicht habe? Wenn sie mich gleich am ersten Tag aufhalten und aus China ausweisen, dann war alles umsonst.

Wieder gehe ich zu Herrn Wu, begleite ihn in das andere Büro am Bahnhof, zurück zum Hauptgebäude und schließlich zum Bahnhof selbst. Dort stehen zahlreiche Busse und warten auf die Reisenden aus der Mongolei. Sie erinnern mich daran, dass ich selbst vor genau einer Woche in Erlianhote angekommen bin. Damals habe ich keine Zollbeamten im Bahnhof angetroffen. Und dieses Mal ist es genauso. Wir sollen um drei Uhr wieder kommen.

Mittagessen. Däumchen drehen. Zurück zum Büro von Sinotrans. Noch eine Stunde warten. Dann schreibt Herr Wu mir eine Quittung für die Kaution und ich darf meine Schulden bei ihm begleichen. Wieder gehen wir gemeinsam zum Bahnhof, warten noch einmal und begleiten dann einen Beamten in den zweiten Stock. Dort holt dieser einen Stempel aus dem Safe und Herr Wu reckt den Daumen in die Höhe. Ich bezahle sechs Yuan Lagergebühr bei der Zollaufbewahrung und schiebe dann das Motorrad über den Gang, durch die Tür und vier Stufen hinunter. Dort stelle ich Rotbäckchen auf den Seitenständer und verabschiede mich mit einem Handschlag von Herrn Wu. Er dreht sich um und geht, und ich stehe alleine auf dem großen Platz vor dem Bahnhof, drehe den Zündschlüssel, drücke auf den Anlasser, und fahre in Schrittgeschwindigkeit zum Hotel.

Die Mädels am Empfang begrüßen mich mit lautem Hallo. Nun wissen sie, warum ich eine Woche lang in ihrem Hotel herum gesessen bin. Ich parke das Motorrad im Hinterhof, spanne die Kette, schmiere sie und schraube das Nummernschild ab, weil

Herbert meint, ohne Kennzeichen falle ich weniger auf als mit meinem deutschen Nummernschild. Mit der Zeit gewöhne ich mich an den Gedanken, dass mein Motorrad tatsächlich in China ist. Erst dann gehe ich zum Internetcafé und rufe Pai an. Wir lachen und freuen uns gemeinsam. Die Chinesin ist in dieser Woche eine echte Freundin geworden und ich hoffe sehr, dass ich es tatsächlich mit meinem Motorrad bis nach Běijīng schaffe, um sie dort persönlich kennenzulernen.

Herbert erreiche ich telefonisch nicht, und schreibe einstweilen eine Rundmail nach Deutschland. Dort werden meine Familie und Freunde mit mir aufatmen. Als nächstes beschreibe ich Sjaak in einer E-Mail die Details der Einreise. Wir waren die ganze Zeit in Kontakt und er wartet auf mein OK, um sein Motorrad auf dieselbe Weise nach China zu bringen. Dann starte ich nochmals das Internettelefon und rufe Jim an, und endlich geht auch Herbert ans Telefon. Ich solle vorsichtig fahren, gibt er mir mit auf den Weg.

Fünf Uhr ist ganz schön früh. Ich steige grübelnd aus dem Bett. Wenn das mal gut geht. Duschen, Packen, Kaffee trinken und an der Rezeption das im Voraus zuviel bezahlte Geld abholen. Dann kommt der spannende Moment. Ich starte das Motorrad, rolle aus dem Hinterhof hinaus auf die öffentliche Straße und fahre durch die Stadt zur Tankstelle. Alles ist ruhig. Die meisten Bewohner der Stadt schlafen noch. Aufgrund der zahlreichen Ausflüge zum Zoll kenne ich mich inzwischen in Erlianhote ganz gut aus, fahre mit vollem Tank auf die Umgehungsstraße und verlasse die Grenzstadt in Richtung Běijīng.

Niemand hält mich auf. Keiner kontrolliert mich. Nach ein paar Kilometern werde ich etwas ruhiger und sehe mich um. Die Straße ist frisch geteert und das Land in der Inneren Mongolei Chinas sieht eigentlich genauso aus wie in der Mongolischen

Volksrepublik, die die Chinesen als Äußere Mongolei bezeichnen. Lediglich das makellose Asphaltband scheint die raue Gegend zu zivilisieren. Nach den vielen Pistenkilometern in der Mongolei und dem ramponierten Asphalt in Kasachstan ist das ein ungewohnter Anblick für mich. Außerdem halte ich weiterhin nervös Ausschau nach einer Polizeikontrolle. Nur eine Woche warten. Das kann es nicht gewesen sein. Nach all den vergeblichen Versuchen erwarte ich auch dieses Mal einen Haken und versuche meine Freude zu dämpfen, damit die Enttäuschung nicht so groß wird. Aber das gelingt mir nur bedingt. Denn die Freude kriecht ganz leise immer weiter in mir hoch.

Nach zehn Kilometern steht eine Kaserne am linken Straßenrand. Wie schnell darf ich eigentlich fahren, frage ich mich selbst, und kann mir keine Antwort geben. Natürlich nicht zu schnell. Aber auch nicht zu langsam. Ruhig und gelassen, versuche ich mir einzureden. Mein Herz hat jedoch keinen Drehzahlbegrenzer. Es rennt los und hätte einen fürchterlichen Crash, wenn mich die Polizei aus dem Verkehr ziehen würde. Aber wir kommen heile durch den Vormittag. Punkt zwölf Uhr halte ich an einem Ziegelhaus, das wie ein Restaurant aussieht, und tatsächlich bekomme ich dort etwas zu Essen. Es schmeckt gut, ist aber teurer als die Übernachtung in Erlianhote. Anfängerfehler, schelte ich mich selbst. Man sollte immer vorher nach dem Preis fragen. Andererseits habe ich noch keine Ahnung davon, was wo wie viel kosten darf. Ich kenne China ja noch gar nicht.

Die Kilometer auf meinem Tacho und meine Landkarte sagen mir, dass ich der Autobahn westlich von Běijīng bereits ziemlich nahe bin. Mit dem Motorrad darf ich dort nicht fahren, also biege ich auf eine Landstraße in Richtung Osten ab, komme in ein Dorf und bleibe erst einmal stehen: Menschen, Schubkarren, Fahrräder, Rikschas und kleine Lastwagen kreuzen und queren die Straße. Dazwischen liegt Müll und Gemüse, laufen Hühner und Kinder. Im Geist verwandle ich mein Motorrad in einen Handkarren und zuckle in Schrittgeschwindigkeit weiter. Das Chaos teilt sich kurz vor meinem Vorderrad, schwappt um die breiten Alukoffer herum und schließt sich nur wenige Zentimeter hinter mir wieder, während ich um tiefe Löcher, Dreck, Matsch und andere Hindernisse herumkurve. »Fahr vorsichtig«, klingen Herberts Worte in meinen Ohren nach. Jetzt weiß ich, was er gemeint hat.

Am Ende des Ortes empfängt mich das schwarze Asphaltband wieder und führt mich in ein grünes Tal mit Bäumen und Feldern. Ich bin schlagartig in einer anderen Welt, schwinge um sanfte Kurven und atme staubfreie Luft. Herrlich. Schon bin ich im nächsten Ort. Nach chinesischen Maßstäben eine Kleinstadt. Zum vorherigen Chaos kommen Motorräder, Motorrad-Rikschas, Autos, Minibusse, große Busse und Lastwagen dazu. Aber der dichte Verkehr hat auch Vorteile. Ich bin überall umringt von Menschen und frage mich ganz einfach durch, bis ich auf einer Umgehungsstraße lande, die gerade gebaut wird.

Das Reisfeld am Straßenrand ist die Umleitungsfahrbahn und der Sand der Straßenbauer mein Verhängnis. Während ich neben einem Minibus stehe und darauf warte, dass sich der Verkehrsknoten vor mir auflöst, rutscht mein Hinterrad plötzlich mit dem Sand weg in Richtung Reisfeld und ich kann die schwere Fuhre nicht mehr halten. Der Minibusfahrer neben mir startet voller Schreck seinen Motor. Als er jedoch merkt, dass ich nicht schimpfe, sondern lediglich versuche, mein Motorrad wieder aufzuheben, überlegt er es sich anders, steigt aus, und hilft mir. Tatsächlich kann er nichts dafür und ich bin im Gegenteil froh, nicht in sein Fahrzeug gefallen zu sein. Aber ich glaube, das entspricht nicht immer und überall der chinesischen

Rechtsauffassung. Wer hilft, fühlt sich schuldig, habe ich in einem Reiseführer gelesen. Vielleicht stimmt das. Aber mir ist das egal. Ich freue mich über die Unterstützung.

Mit dem Motorrad kann ich, ebenso wie die chinesischen Zweiradfahrer, immer wieder auf die neu gebaute Straße wechseln. Ein paar Schlamm-Sonderprüfungen bleiben mir dennoch nicht erspart. Als die Baustelle endet, erreiche ich Sellerie-Stadt. Der Ort hat natürlich einen chinesischen Namen, den ich aber nicht lesen kann. Ein langer Konvoi geparkter Lastwagen steht am Straßenrand und wird von kleinen Traktor-Anhängern aus mit Staudensellerie beladen. Zehntausend Hände helfen zusammen und das Gemüse erfüllt die Luft mit seinem aromatischen Duft. Also heißt der Ort bei mir Sellerie-Stadt.

Ich bekomme Hunger. Außerdem brauche ich bald einen Schlafplatz. Meine ersten vierhundert Kilometer in China liegen hinter mir und ich biege auf einen Schotterweg zwischen den Feldern ab. Aber mir wird bald klar: Sechs Quadratmeter unbebaute, ebene Fläche für mein Zelt und das Motorrad gibt es dort nicht. Stattdessen beobachte ich Bauern, die in der Dämmerung noch in gebückter Haltung auf ihren Feldern arbeiten. Auf ihrem Tagwerk will ich mein Zelt nicht errichten. Also fahre ich auf der Teerstraße weiter und erreiche ein Naherholungsgebiet von Běijīng. Über die Autobahn sind es von dort aus nur zweihundertdreißig Kilometer bis in die chinesische Hauptstadt.

Zuerst sehe ich ein großes Hotel mit Jurten und Reisebussen, und einen Kilometer weiter finde ich einen Garten mit mehreren kleinen Hütten und zwei Jurten. Ich halte an und frage, ob ich übernachten darf. Vier Studenten aus Běijīng sind dort zu Gast und erklären mir auf Englisch, dass die Jurten belegt sind. Ich könnte ein Zimmer haben, aber ich darf auch mein Zelt aufbauen. Tie, einer der Studenten, hat drei Jahre lang in Irland studiert. Sein Akzent ist gewöhnungsbedürftig, aber sein Englisch fließend und mein Abendessen in fröhlicher Runde gesichert. Langsam tauen auch seine drei Studienkollegen auf und trauen sich, ihr Englisch zu benutzen. Der Wirt erfährt mit ihrer Hilfe meine Geschichte und lädt mich zum Essen ein, und als Dessert gibt es ein Feuerwerk: Willkommen in China!

Am nächsten Morgen bringt mir die Wirtin einen Ständer mit einer Waschschüssel. Grinsend wasche ich mich direkt vor meinem Zelt, mitten auf dem Gelände. Die Studenten wollen ausreiten und für ein Foto schwinge ich mich ebenfalls in den Sattel eines Pferdes. Anschließend freue ich mich jedoch über die Touratech-Sitzbank meiner BMW, die auch in der flachen Version erheblich mehr Komfort bietet als der mongolische Holzsattel. Ich folge der Straße in Richtung Osten. Die nächsten beiden Hinweisschilder sind mit chinesischen Schriftzeichen und lateinischer Umschrift, dem so genannten Pinyin, beschriftet. So komme ich gut voran. Fast langweilig, denke ich mir und verfahre mich prompt. »Zurück und an der Kreuzung rechts«, lautet die Auskunft eines Passanten. »Rechts?« frage ich noch einmal nach: »Rechts.« Lautet die Antwort. Das finde ich seltsam, denn von dort komme ich. Also biege ich links ab. Tatsächlich finde ich nach kurzer Zeit wieder ein Hinweisschild mit Pinyin und stelle fest, dass ich richtig bin.

Die Straße ist nicht so toll. Schotter, aber mit vielen Schlaglöchern. Dafür entschädigt mich die Gegend. Ich fahre auf einer Höhenstraße durch die Berge nördlich von Běijīng. An den Hängen erkenne ich die Spuren ehemaliger Terrassen-Landwirtschaft, die inzwischen von der Natur überwuchert wird. Dann führt mich die Straße hinunter ins Tal, an grauen Felsen vorbei und durch kleine Dörfer hindurch. Und am Ende des Tals hat mich der Asphalt wieder.

In dieser Gegend sind die Berge bis über zweitausend Meter hoch. Der Wind hat inzwischen kräftig aufgefrischt und Nebel ziehen herauf. Die Straße ist wieder ziemlich weit hinaufgestiegen und die Sonne bereits tief hinuntergesunken. Es wird Zeit, eine Unterkunft zu finden. Den ganzen Tag habe ich vergeblich nach einem Zeltplatz Ausschau gehalten. Außerdem würde ich mich gerne duschen, bevor ich nach Běijīng fahre. In so einer Großstadt fällt man doch eher unangenehm auf, wenn man sich drei Tage lang nicht gewaschen hat. An einem Haus, das für meine Begriffe ein Hotel sein müsste, halte ich an. Aber eine Frau schickt mich weiter. Ein paar Meter die Straße hinunter gibt es ein Gasthaus, in dem ich für zehn Yuan, also etwa einen Euro, übernachten könne, sagt sie. Aber dort gibt es kein Badezimmer. Deshalb werden zwei junge Mädchen losgeschickt, mir ein anderes Hotel zu zeigen. Kichernd Arm in Arm schlendern die beiden los. So langsam kann ich jedoch nicht fahren, und warte stattdessen.

Nach ein paar Metern bleiben die Mädchen höflich stehen und warten ebenfalls. Ich winke ihnen, weiter zu gehen. Sie zögern. Ich winke weiter. Immer noch zögernd setzen sie ihren Weg fort und kurz bevor ich sie aus den Augen verliere, starte ich das Motorrad und rolle ihnen mit Standgas hinterher. Nach wenigen Augenblicken habe ich sie wieder eingeholt. Der Weg geht leicht bergauf, aber mir ist dennoch unbegreiflich, wie man so langsam gehen kann. Immerhin bleibt genug Zeit, mir in Erinnerung zu rufen, dass Stress nach Meinung der Chinesen die Lebenszeit verkürzt. Das will ich natürlich nicht. Denn die beiden Mädchen haben ganz offensichtlich noch einiges vor in ihrem Leben.

Der Hof kann nicht abgeschlossen werden. Aber es gibt eine Dusche und zwei Hunde. Ich handle den Preis um die Hälfte nach unten und beziehe mein Zimmer. Die Bettwäsche weckt nicht gerade mein Vertrauen, aber ich kann ja meinen Schlafsack benutzen. Kaum habe ich meine Habseligkeiten ausgebreitet, werde ich ins Bad beordert. Dort hat die Wirtin mir eine Wanne eingelassen. Damit ist das warme Wasser der Solartonne verbraucht. Ich runzle die Stirn, weil ich ungern in meinem eigenen Schmutzwasser sitze. Zudem ist mir das Wasser viel zu warm. Also wasche ich erst einmal meine Haare am Waschbecken. Dann die Füße. Dann teste ich noch einmal die Wanne, und finde es doch sehr entspannend, im warmen Wasser zu liegen. Zum Abschluss gebe ich mir noch eine kalte Dusche, das spült den Schmutz fort und kurbelt den Kreislauf an.

Damit habe ich mir ein reichhaltiges Abendessen verdient, finde ich, und bekomme es auch: leckere, mit Gemüse gefüllte Teigtaschen, dazu eingelegten Rettich und heißes Wasser zum trinken. Anschließend werde ich aufgefordert, mein Motorrad abzuschließen. Das chinesische Moped des Hoteliers steht direkt vor dem Fenster des Zimmers, in dem die ganze Familie wohnt. Ein weiteres Zimmer ist vermutlich ebenfalls zu vermieten, steht aber leer. Ich schiebe mein Motorrad vor das Fenster meines Zimmers und schließe es ab, wohl wissend, dass sogar ein Schwerlastkran mein Motorrad hochheben könnte, ohne mich zu wecken.

Glücklicherweise weiß das niemand außer mir. Außerdem gibt es in diesem Ort vermutlich keinen Schwerlastkran. Jedenfalls ist das Motorrad am nächsten Tag noch da und ich mache mich wieder auf den Weg. Die Straße führt geradewegs nach Běijīng, die meiste Zeit parallel zur Autobahn. Aber das ist mir zu langweilig. Ich biege links ab und fahre wiederum auf einer Schotterstraße an der Südflanke einer Bergkette entlang. Auch dort liegen die höheren, maximal einen Meter breiten Terrassen brach.

Der steile Anstieg lohnt sich wohl aufgrund der geringen Anbaufläche nicht mehr, zumindest nicht in der Nähe der Hauptstadt. In engen Kurven windet sich die Straße ins Tal hinunter und auf der anderen Seite wieder hinauf. Von dem Fluss, der dieses Tal wohl mitgestaltet hat, sehe ich zwar kein Wasser, aber die Pflanzen ringsum wachsen prächtig. Weiter oben ballt sich die Luftfeuchtigkeit jedoch zu Nebelschwaden zusammen. Schemenhaft erkenne ich Gipfel, die weiteren Fahrspaß versprechen.

Aber die Realität holt mich bald wieder ein. Das nächste Dorf ist mit Fernsehantennen und Satellitenschüsseln ausgestattet. Die Bewohner der Ziegelsteinhäuser wollen selbstverständlich nicht auf den Luxus der Zeit verzichten, nur damit ich meinen Vorstellungen von längst vergangenen Tagen nachhängen kann. Und ich gebe ihnen Recht. Immerhin gab es damals auch keine Motorräder und zu Fuß wäre ich nach nunmehr zehn Wochen vermutlich noch nicht einmal in Kasachstan.

An der nächsten Kreuzung frage ich einen Motorradfahrer nach dem Weg. Er gibt sich redlich Mühe, den Lauten die ich von mir gebe, eine Ortschaft in dieser Gegend zuzuordnen. Es will ihm aber nicht gelingen und meine Landkarte mit lateinischen Schriftzeichen kann er nicht lesen. Vielleicht bin ich gar nicht in der Gegend, in der ich mich vermute? Egal, Běijīng kennt der Mann und deutet nach rechts. Die Sonne hat bereits den Zenit des Tages erreicht und ich beschließe, fortan nur noch nach der chinesischen Hauptstadt zu fragen, damit ich nicht zu spät dort ankomme. Nach weiteren dreißig Kilometern Schotter erreiche ich wieder eine Asphaltstraße und im nächsten Dorf ist Markttag. Vier Tische mit Kleidung sind am Ortsrand aufgebaut. Die Frauen sind die ersten, die ihre Daumen nach oben recken. Eine Geschlechtsgenossin auf einem großen Motorrad, das scheint bei ihnen gut anzukommen. Die Männer brauchen etwas länger, bis sie das BMW-Zeichen am Tank entdecken und ebenfalls begeistert die Daumen nach oben strecken. Allzu viel Zeit gebe ich ihnen allerdings nicht, nach Běijīng geht es gerade aus, erfahre ich, und bin schon wieder unterwegs.

Eine große Tafel mit einer bunten Landkarte verleitet mich dazu, stehen zu bleiben. Die Ortsnamen sind jedoch alle mit chinesischen Schriftzeichen geschrieben. Das hilft mir nicht, meinen Standort zu ergründen. Aber die Straßenbauarbeiter in der Nähe wissen, wo Běijīng ist. Manchmal treffe ich Menschen, deren Fähigkeit ich wirklich bewundere, einen Weg ohne Worte zu beschreiben. Als ich um den nächsten Berg herumfahre, ragt plötzlich die Chinesische Mauer vor mir auf.

Die Chinesische Mauer - ein bekanntes Wahrzeichen des Landes

Sie zieht sich auf einem Bergrücken entlang, hinunter ins Tal und am anderen Ufer eines kleinen Sees wieder auf einen Berg hinauf. An diesem Abschnitt der Steinschlange steht ein Gerüst und mir wird plötzlich klar, dass die Chinesen nicht nur in den vergangenen dreitausend Jahren an ihrer Mauer gebaut haben. Sie tun dies immer noch, bis heute. Und Dschingis Khan hatte Recht, als er meinte, eine Mauer sei nur so gut, wie ihre Bewacher. Immer wieder wurden die Tore durch Bestechungsgelder geöffnet und in unserer Zeit haben Tourismus und Marktwirtschaft im Namen der Infrastruktur ein großes Loch für eine Teerstraße in die Mauer gefräst.

Innerhalb der Mauer, im traditionellen Kernland der Han-Chinesen, reihen sich einige Restaurants aneinander und verströmen intensiven Fischgeruch, der vermutlich einige Feinschmecker anlockt. Ich verzichte und fahre weiter, die Straße wird breiter und der Verkehr dichter. Vierzig Kilometer sind es noch bis Běijīng, sagt ein Mann an einer roten Ampel. An der nächsten Kreuzung finde ich bereits einen Wegweiser in Pinyin, der mir genau sagt, wo ich bin. Immer geradeaus komme ich direkt in das Zentrum der chinesischen Hauptstadt. Leider habe ich keine Ahnung, wo sich das Büro von Herbert und Pai befindet. Ich kreuze den fünften Ring und komme bald danach zum vierten Ring rund um die chinesische Metropole.

Dort stehen einige Minibusse, deren Fahrer die Büroadresse nicht kennen. Aber sie rufen Pai an und erkundigen sich nach dem Weg. Eigentlich wollte ich sie überraschen, aber wenn ich zu lange suche geht sie nach Hause und die Überraschung gelingt auch nicht. Ich muss weiter geradeaus, auf den dritten Ring, und dann in Richtung Osten, erfahre ich. In dem Moment hält ein weißer BMW neben mir und ein Chinese fragt mit starkem amerikanischem Akzent durch das geöffnete Fenster: »Bist du Doris?« Ohne meine Antwort abzuwarten, fährt er fort: »Ich bin David, ein Freund von Herbert.« »Du kennst Herberts Büro?« frage ich ungläubig. »Natürlich«, lautet die selbstbewusste Antwort. Ich solle ihm folgen, sagt er mir, aber wir fahren lediglich auf die andere Straßenseite.

Dort stellt mir David seinen Beifahrer vor, Herrn Li Gang. Wie in Bayern, wird auch in China der Nachname zuerst genannt. Bei Herrn Li könne ich wohnen, sagt David, das sei alles bereits mit Herbert besprochen. Ich fühle mich ein bisschen überrumpelt. Natürlich bedanke ich mich, sage dann aber, dass ich auf jeden Fall erst Herbert und Pai guten Tag sagen möchte. Dieses Ansinnen stößt auf einen mir völlig unverständlichen Widerwillen. Aber ich bleibe dabei und nach einiger Zeit holt Herr Li sein Motorrad und bringt mich zu Herberts Büro.

Auf der Fahrt wird mir klar, warum die Männer nicht mit dem Auto voraus fahren wollten. Wir wären stundenlang im Berufsverkehr festgesessen. Aber mit den Motorrädern kommen wir über Fahrradwege, Gehwege und rote Ampeln ganz gut voran. Herr Li führt mich zum Aufzug eines modernen Bürogebäudes. Der Lift spricht Chinesisch und Englisch mit uns. Wir steigen im vierzehnten Stockwerk aus, betreten ein Großraumbüro und gehen um ein paar Ecken herum. Da sehe ich Herbert, und eine junge Frau an der Herr Li grußlos vorüber geht. Sie aber bekommt große Augen, erhebt sich von ihrem Stuhl und sagt: »You must be ...«, weiter kommt sie nicht, denn ich falle ihr freudestrahlend um den Hals und stammle so etwas Ähnliches wie: »Du bist Pai, ich bin Doris – ich bin in Běijīng!«

Běijīng

Pai hat alle Klippen der chinesischen Bürokratie für mich umschifft und meine Moral in Erlianhote aufrechterhalten. Und nun weiß ich auch, wie sie aussieht. Sie ist eine zierliche kleine Frau mit warmen Augen, mittellangen Haaren und einem freundlichen Lächeln. Ich bekomme einen Stuhl und eine Tasse Kaffee und fühle mich willkommen. Herbert hat inzwischen mit Li Gang gesprochen. Nun kommt er aus seinem Büro und streckt mir seine Hand entgegen – aber dann umarmen wir uns doch freundschaftlich. Es ist vier Jahre her, dass wir uns das letzte Mal gesehen haben, auf meiner Taiga Tour, als ich durch Russland gefahren bin, um ihn in Südkorea zu besuchen.

Herr Li Gang geht im Begrüßungsrummel etwas unter und verschwindet daraufhin auf Nimmerwiedersehen. Das tut mir leid. Ich wollte nicht unhöflich sein.

Herbert hat in der Zwischenzeit eine Koreanerin geheiratet, die ich nicht kenne. Sie ist gerade bei ihren Eltern in Korea und möchte nicht, dass ich in dieser Zeit als Gast in ihrem Haus bin. Für einen kurzen Moment weiß ich nicht, wohin mit mir und meinem Motorrad. Da bietet Pai an, dass ich bei ihr wohnen könnte. Es sei klein, und am Wochenende kämen ihre Eltern. Aber für ein paar Nächte wäre es in Ordnung, meint sie. Herbert sagt auf Deutsch, dass Pai mich nur aus Pflichtgefühl einlädt, und ich blicke sie prüfend an: »Bist du dir sicher?« Die Antwort steht in ihren Augen: Die Einladung kommt von Herzen und ich nehme sie freudestrahlend an. Egal, wie klein ihre Wohnung ist, mir ist sie lieber als das beste Hotel der Stadt.

Mit Rotbäckchen folge ich Pai und ihrem kleinen Peugeot in das Universitäts-Viertel im Nordwesten der chinesischen Hauptstadt. Dort stellen wir unsere Fahrzeuge auf dem bewachten

Parkplatz des Appartementblocks ab, in dem Pai lebt. Ich folge ihr in eine gemütliche Zweizimmerwohnung im Erdgeschoß. Von wegen klein. Ich dusche in einem handelsüblichen Badezimmer und darf dann meine Sachen im Wohnzimmer ausbreiten, wo ich auf einer ausladenden Couch schlafen werde.

Pai ist verheiratet und ihr Mann arbeitet seit einem halben Jahr in Australien. Sie wartet derzeit auf ihr Visum und wird ihm dann folgen. Daher ist in der Wohnung mehr als genug Platz für uns zwei. Ich möchte mich gerne für die Gastfreundschaft revanchieren, aber meine Gastgeberin besteht darauf, mich zum Essen einzuladen. Als kleine Willkommensgeste, wie sie sagt. Běijīng kǎoyā - Pekingente, sagt sie, sei die passende Speise, um mich in der chinesischen Hauptstadt willkommen zu heißen.

Wir laufen an würzig duftenden Straßenküchen vorbei und fahren dann mit einem gläsernen Lift an der Außenseite eines modernen Gebäudes in den dritten Stock, wo wir an einem Fenstertisch Platz nehmen. Die Bedienung bringt eine Speisekarte, die für mich ein kulinarisches Bilderbuch ist. Aber ich überlasse Pai die Auswahl der Speisen, die sie ausführlich mit der Bedienung diskutiert. Dann zeigt mir Pai durch das Fenster die Universität für Luft- und Raumfahrt. Weiter im Norden liegt die Universität für Geowissenschaften sowie die Forschungs- und Lehranstalt für Wissenschaft und Technik. »Außerdem befinden sich viele Unternehmen der Informationstechnologie in dieser Gegend«, erzählt sie. Daher gebe es in dieser Gegend auch viele exklusive Hotels und die Mieten seien relativ hoch. Pais vierzig Quadratmeter-Wohnung mit zwei Zimmern, Küche, Bad, Balkon und Essecke in der Diele kostet zweitausend Yuan im Monat, umgerechnet also rund zweihundert Euro, plus Nebenkosten, die in China bereits seit einigen Jahren nach Verbrauch abgerechnet werden. Sie sind aber verhältnismäßig günstig, erfahre ich, rund fünf Prozent der Miete.

Dann kommt das Essen und meine Geschmacksnerven jubeln. Nach sechs Wochen Hammelfleisch in der Mongolei freuen sie sich über die Aromen der chinesischen Küche. Pai hat exquisite Speisen ausgewählt und ich genieße ihre Gesellschaft. Nach dem Essen gehen wir eine kleine Runde spazieren und plaudern uns durch die Nacht. Es wird halb Zwei, bevor wir schlafen. Am nächsten Morgen folge ich Pai zurück zum Büro und treffe dort Rick, der geführte Motorradtouren in China anbietet. Herbert meint, ich solle mit ihm fahren, weil ich ohne Chinesischkenntnisse nicht weit käme.

Ich zögere. China ist bestimmt nicht einfach. Aber meine bisherigen Erfahrungen sind ganz gut und ich möchte alleine fahren, ohne Aufpasser. Meine jüngsten Erfahrungen in der Mongolei haben mich in diesem Sinne noch bestärkt. Im Moment bin ich jedoch froh, dass mir Rick den Weg zu FHL zeigt. Fēng Huā Lún heißt auf Deutsch Wind Blume Rad und ist ein inoffizieller BMW Motorradhändler, bei dem ich Öl, Luftfilter und Kette wechsle. Die Ersatzteile sind nicht vorrätig, aber ich habe alles Notwendige dabei und finde es angenehm, die Arbeit nicht am Straßenrand zu erledigen. Insbesondere der Ölwechsel ist doch eine arge Pritschlerei bei diesem Motorrad. Zuletzt wird die BMW so gründlich geputzt, dass sie blitzt wie neu aus dem Laden, wären da nicht die Kratzer im Lack.

In der Abenddämmerung mache ich mich auf den Weg zurück zu Pais Wohnung. Sie ist verabredet und hat mir deshalb einen Schlüssel gegeben. Ohne Probleme finde ich das Haus, esse an einer der kleinen Straßenküchen, gehe eine kleine Runde spazieren und nehme ein paar Bananen und Birnen mit, die ich mit Pai teile, als sie kommt. Wieder gehen wir erst nach Mitternacht zu Bett und ich habe ein schlechtes Gewissen. Die Arme muss den ganzen Tag arbeiten. Dennoch fährt Pai am nächsten Abend mit mir nach Hòuhǎi, zu einem künstlichen See im Zentrum von Běijīng. Am Ufer reihen sich Cafés und Bars aneinander und in den Gassen dahinter wurden die alten Gebäude renoviert und zum Teil in exklusive Wohnhäuser umgebaut. In einer langen Gasse reihen sich Souvenirläden und kleine Restaurants aneinander und auf der Straße haben fliegende Händler ihre Ware ausgebreitet. Wir werden immer wieder angesprochen, in einem der Lokale zu essen, aber Pai weiß, wohin sie will. Wir laufen um den ganzen See herum und setzen uns dann auf eine überdachte Terrasse. Während Pai bestellt, beobachte ich die kleinen Boote, die über den See gerudert werden.

Es ist schwül und die Anwohner suchen die Nähe des Wassers. Auf einem kleinen Platz tanzen ältere Paare und Pai erzählt mir, dass ihre Eltern ebenfalls jeden Abend auf einem öffentlichen Platz zum Tanzen gehen. An einer anderen Stelle sind ein paar Buben über die Mauer am Ufer geklettert und planschen fröhlich im kühlen Nass. Pai hat in England studiert und wir stellen immer wieder erstaunt fest, dass wir trotz der großen kulturellen Unterschiede viele gemeinsame Ideen haben. Beispielsweise über die Vorbereitungen für eine Reise: genug, um zurecht zu kommen, aber nicht so viel, dass man Vorurteile mit sich herumträgt.

Pai hat mir eine chinesische Landkarte besorgt, damit ich nach dem Weg fragen kann. Die Buchstaben auf meiner englischen Karte können die Einheimischen nicht lesen, und ich wiederum kann die Namen der Orte nicht so aussprechen, dass mich die Chinesen verstehen. Nun suche ich mir auf der englischen Karte die Straßen, die ich fahren möchte und finde mich dann anhand der Nummerierung auf der chinesischen Karte zurecht. G 109 soll mich in den Westen, zum Hängenden Kloster und den

Buddha-Höhlen bei Dàtóng bringen.

Auf dem dritten Ring umrunde ich halb Běijīng, weil ich mit dem Motorrad nicht weiter in die Stadt hinein darf. Denn Chinas Landeshauptstadt ist ebenso wie die meisten Provinzhauptstädte für große Motorräder gesperrt. Die Ausfahrt in Richtung Dàtóng finde ich ganz leicht, aber dann verfranse ich mich doch. An einer Ampel frage ich einen jungen Mann mit einer chinesischen hundertfünfundzwanzig Kubik Enduro. Ein Blick auf meine chinesische Landkarte im Tankrucksack, ein Nicken, ein Winken. Wir wenden, fahren zurück und biegen links ab. Nach wenigen Metern sehe ich den ersten kleinen Markierungsstein am Straßenrand: G109. Mein Fremdenführer deutet auf die folgenden drei, die wir passieren, dann winkt er mir noch einmal zu und fährt zurück nach Běijīng.

Am frühen Nachmittag lasse ich den Ballungsraum mit seinen zwölf Millionen Einwohnern hinter mir. Ob ich um diese Zeit auf dem Land etwas zu Essen bekomme? Ich halte an einem Glasvorbau, in dem eine Gruppe Männer um einen Tisch herum sitzt. Bevor ich Jacke, Helm und Handschuhe abgelegt habe, steht bereits ein Tee vor mir auf dem Tisch. Dann muss ich etwas zu Essen bestellen, ohne Pai. An der Wand hängt eine Tafel mit chinesischen Schriftzeichen. Ich kann nur die Ziffern der Preise lesen, also suche ich mir im mittleren Segment etwas heraus und deute darauf.

Die Bedienung winkt ab, schüttelt den Kopf und deutet stattdessen auf ein anderes Schriftzeichen mit demselben Preis. Ich nicke und warte gespannt was kommt: Reis und Fleisch mit Gurke, Wurzelgemüse und dicker brauner Soße. Beinahe Englisch, schmunzle ich in mich hinein und greife mit meinen Stäbchen beherzt zu. Es ist bereits halb vier, als ich wieder aufbreche. Weit komme ich an diesem Tag wohl nicht mehr. Aber ich bin wieder unterwegs, auf gutem Asphalt durch malerische Berge, und mit roten Rosen am Straßenrand.

Am Abend folge ich einem braunen Hinweisschild, das mich zu einem Hotel führt. Offensichtlich bin ich der einzige Gast und handeln gehört in China zum Vertragsabschluss dazu. Am Ende zahle ich dreißig Yuan für ein Bett im Dreibettzimmer mit Dusche. Mit Händen und Füßen unterhalte ich mich mit einer älteren Chinesin, die mich dafür bewundert, dass ich ganz alleine mit dem Motorrad von Běijīng bis zu diesem Hotel gefahren bin. Wenn ich ihr erzählen könnte, wo ich tatsächlich herkomme, würde sie vermutlich umfallen. So aber gehe ich zum Essen und plumpse danach müde ins Bett.

Während des Frühstücks spreche ich mit der Buchhalterin. Sie erzählt mir, dass in dem Hotel insgesamt dreißig Mitarbeiter beschäftigt sind. Sie selbst ist seit einem Jahr dort angestellt, arbeitet jede Woche sieben Tage, im Sommer auf dem Land und im Winter in Běijīng. Jeden Monat hat sie zwei Tage frei, die sie meist mit ihrer Familie verbringt. Am Wochenende sei etwas mehr los, meint sie. Ich stelle es mir sehr langweilig vor, den ganzen Tag nur herumzusitzen und wünsche ihr viele Gäste, sobald ich weg bin.

Nach einigen Kilometern steht wiederum ein braunes Schild am Straßenrand. Ich folge dem Pfeil nach rechts und komme zu einem gut erhaltenen Dorf aus der Míng- und Qīng-Zeit. Etwas tiefer im Tal gibt es Höhlen, die während des zweiten Weltkriegs von den Partisanen gegen die japanischen Besatzer genutzt wurden. Und in einem weiteren Dorf sind gerade Vermessungstrupps unterwegs und zahlreiche Häuser werden renoviert. Anstatt durch die Baustellen zu laufen, fahre ich zurück zum ersten Dorf, stelle das Motorrad ab und gehe einen schmalen Weg hinauf zu einem Tempel. Dort treffe ich einen Mann, der selbst ein bisschen fremd wirkt. Er winkt mir, ihm zu folgen. Wir besichtigen Häuser mit gemauerten Podesten, so genannten Kàngs. Diese werden im Winter mit Holz- oder Kohlefeuern beheizt und tagsüber zum Sitzen und nachts zum Schlafen genutzt. Das stelle ich mir sehr gemütlich vor.

Ich sehe eine alte Steinmühle, verwinkelte Gassen und Treppen und alte Menschen, die in den Häusern leben. Wir wandern durch ein Museum, das lebt. Auch wenn die meisten jungen Leute in die Stadt abwandern, der Tourismus wird dieses Dorf vielleicht retten. Zuletzt kommen wir in ein Haus, das Zimmer vermietet. Wir setzen uns in den schattigen Innenhof und mit Hilfe meines Wörterbuches erfahre ich, dass mein Fremdenführer in Běijīng lebt. Er ist mit seinem Freund neunzig Kilometer weit durch die Berge gewandert, und hat zuletzt die Nacht in diesem Haus verbracht. Am Nachmittag werden sie mit einem Bus nach Hause fahren. Aber vorher essen wir noch gemeinsam und trinken Tee, den mein Gastgeber in einer kleinen Dose mitgebracht hat. Er ist ein sehr kultivierter Mensch mit Geschmack. Seine Teeblätter duften viel feiner als die der Hausmarke. Ich habe also bereits den zweiten kompetenten Führer gefunden, ohne einen ständigen Begleiter dabei zu haben.

Wir brechen gleichzeitig auf, aber in verschiedene Richtungen. Auf meinem Weg wird das Land bald flacher, bleibt aber zerklüftet. Jeder flache Zentimeter wird landwirtschaftlich genutzt. Erst als es ganz flach wird, nimmt der Lastwagenverkehr zu und am Straßenrand wechseln sich Kohlehalden und Müllkippen ab. Ich rümpfe die Nase und reibe mir die Augen. Es stinkt und die Luft ist schwarz vom Kohlestaub. Bloß weg hier. Bei der nächsten Gelegenheit biege ich links ab und nach wenigen Kilometern nimmt mich eine wunderbare Felslandschaft auf. Leider geht die Sonne bereits unter und die Luft kühlt schnell ab. Im nächsten Dorf steht ein Haus mit einem großen bunten Hoftor. Ich halte an und blicke neugierig durch die Fenster. Das ist kein Hotel, sondern eine Schule. Aber zwei Fußgänger sagen mir, ein Stück weiter die Straße hinunter könne ich schlafen.

Links ist eine Kohlehalde und rechts steht ein flaches Gebäude, eine Art Ein-Zimmer-Reihenhaus mit halbhoher Glasfront. Zwei Frauen und vier Männer stehen beieinander und ich frage versuchsweise, ob einer von ihnen Englisch spricht? »Jawohl«, lautet die überraschende Antwort. »Ein Hotel?« frage ich zaghaft weiter. Kein Problem, lautet die Auskunft, ich kann in einem Zimmer mit drei Betten und einem kleinen Tisch übernachten. »Und was kostet es?« frage ich. »Nichts«, lautet die Antwort, als wäre es das Normalste von der Welt, Motorrad fahrende Ausländerinnen umsonst zu beherbergen. Zu Essen haben sie leider nichts, aber ich bekomme heißes Wasser und habe selbst eine Packung Instant-Nudeln dabei.

China fördert denTourismus im eigenen Land

Am nächsten Tag fahre ich durch ein touristisch vollständig erschlossenes Tal mit Bambus-Flößen und Bungee-Jumping, zahlreichen Souvenirständen und einer Gondelbahn. Ich begnüge mich mit ein paar Fotos und fahre dann weiter in Richtung Osten. Ich habe meinen Plan geändert. Statt der Buddha-Grotten im Kohlestaub von Dàtóng werde ich mir den Beginn der Chinesischen Mauer am Meer ansehen, in der Hoffnung, dass dort die Luft sauberer ist. Ich umrunde noch einmal Běijīng und bin froh, als ich die Berge im Nordosten der Stadt erreiche. Auf der Straße haben die Bauern ihr Getreide zum Dreschen ausgebreitet und freuen sich über jedes Fahrzeug, das darüber fährt. So werden die Errungenschaften der modernen Technik energiesparend genutzt. Wirklich Bio ist diese Art des Dreschens aber wohl nicht.

Am Abend halte ich an einem kleinen Haus, das mit Spruchbändern bunt dekoriert ist. Auf den Scheiben der Fenster kleben Schriftzeichen und ein älteres Paar sitzt vor dem Haus in der Sonne. Ich bette meinen Kopf in die Hände, als Geste für Schlafen, und die Frau nickt freundlich und winkt mich heran. Ich mache die internationale Handbewegung für das Bezahlen, aber sie schüttelt nur den Kopf und winkt mich weiter zu sich. Wir treten durch die Tür in ein Wohnzimmer, das wie ein kleines Tanzstudio wirkt. Eine Seite des Raumes ist in der oberen Hälfte komplett verspiegelt. Auf der anderen Seite stehen eine Couch, zwei Sessel und ein Tisch und an der hinteren Wand lehnt stumm ein Fernseher.

Hinter der Tür rechts befindet sich ein kleiner Raum mit einem Bett und einer Waschmaschine. Letztere ist allerdings ohne Wasseranschluss. Wir gehen daran vorbei und betreten eine kleinere Kammer, in der nur ein Bett steht. An der Wand ist ein Plastikbord mit Spiegel und rosa Kämmchen. Es sieht aus wie eine Barbie-Zimmerausstattung in groß und alles ist blitzblank sauber. Ich nicke und frage nach dem Preis, bekomme jedoch nur ein Kopfschütteln als Antwort.

In der Zwischenzeit hat der Hausherr bereits eine Schüssel mit kaltem Wasser für Gesicht und Hände bereitgestellt. Danach bekomme ich warmes Wasser, um meine Füße zu waschen. Dann schiebe ich das Motorrad vor die Haustür, schließe es ab und trage mein Gepäck ins Haus, wo ich mit einer Kanne Tee vor den Fernseher gesetzt werde, während die Hausfrau in der Küche verschwindet. Rührei, eingelegte Kräuter, Gurken, Nüsse und eine heiße Nudelsuppe sind viel zu viel und es fällt mir leicht, entsprechend der chinesischen Tradition von allem etwas übrig zu lassen als Zeichen, dass es reichlich war.

Zum Essen bekomme ich eine Flasche Bier, die allerdings nach dem Essen mit den Resten des Mahls wieder abgeräumt wird. Unsere Unterhaltung ist eher wortkarg, da ich nur das Phrasenbuch habe, in dem man sich Fragen und Antworten heraussuchen kann. Damit sind die Gesprächsthemen vorgegeben: Ich komme aus Deutschland, bin Touristin und vierzig Jahre alt. Außerdem habe ich eine Schwester und arbeite als Buchhalterin, so steht es jedenfalls in dem Phrasenbuch.

In der Nacht fällt mir auf, dass ich den Weg zur Toilette nicht kenne. Die Haustür ist nicht abgesperrt und meine Taschenlampe hilft mir nach draußen. Aber dort, wo ich das Klosett vermute, knurrt ein Hund in der Dunkelheit. Also wende ich mich der Straße zu. Dort störe ich niemanden, denn der Verkehr schläft ebenso wie meine Gastgeber.

Am nächsten Morgen wischt der Hausherr bereits den Boden im Wohnzimmer, als ich aufstehe. Die Toilette ist tatsächlich dort, wo ich sie vermutet hatte und der Hund entpuppt sich bei

Tageslicht als freundlicher Welpe. Ich bekomme ein opulentes Frühstück mit eingelegtem Wurzelgemüse, würzigen Gemüsewürfeln, Eierflaum in heißem Wasser und einer Schüssel Reis. In der Zwischenzeit putzt der Hausherr mein Motorrad, aber das merke ich erst, als er bereits fertig ist. Ausgeschlafen und wohlgenährt verabschiede ich mich herzlich, mache mich wieder auf den Weg, und weiß selbst nicht so Recht, wie mir geschehen ist. Ich werde das Geheimnis wohl nie ergründen. Aber vielleicht muss man nicht immer alles ganz genau wissen. Vielleicht reicht die Erkenntnis, dass es überall auf der Welt nette Menschen gibt.

Auf den Straßenschildern steht inzwischen wieder unter den chinesischen Schriftzeichen auch der Pinyin Name der Städte. Aber das hilft mir mit meiner chinesischen Landkarte gar nichts. Also vergleiche ich weiterhin die Schriftzeichen. Anhand der Kilometerangaben auf den Schildern finde ich die Orte recht schnell auf meiner Karte, und wenn ich doch einmal nicht weiter weiß, helfen mir die Menschen am Straßenrand. Sie können bisweilen richtig hartnäckig sein, wenn ich ihnen nicht glaube. Und tatsächlich haben sie immer Recht. Zum Beispiel an der Umleitung, wo ich links abbiege. An der nächsten Kreuzung schicken mich die Frauen zurück. »Aber der Tunnel ist gesperrt«, protestieren meine Hände. Doch die Frauen bleiben dabei. Und tatsächlich stelle ich bald darauf fest, ich hätte bereits vorher auf einen unscheinbaren Feldweg abbiegen sollen.

Der Kopf des Drachen

Vierzig Kilometer vor der Küstenstadt Qinghuangdao sehe ich die Chinesische Mauer. Sie steht auf einem Felsgrad, zu weit oben, um als Baumaterial für die Dörfer im Tal interessant zu sein. Als ich die Berge hinter mir lasse, nimmt der Verkehr zu und meine Konzentration ab. Es ist schwül-heiß und mir graut vor der Hotelsuche. Da sehe ich ein großes Schild »Tourist Information«, biege auf den Parkplatz eines Autohauses und sehe im Verkaufsraum ein weiteres Schild mit derselben Aufschrift.

Die englische Schrift kommt mir vor wie eine Fata Morgana in der Wüste, ein Trugbild meiner Vorstellungskraft, hervorgerufen durch meinen sehnlichen Wunsch, problemlos ein Hotel zu finden. Der Stand der Touristeninformation steht jedoch öde und verlassen, wie eine ausgetrocknete Oase, in dem Autohaus. Ein paar chinesische Prospekte und ein Modell der Küste, das wars. Und die Mitarbeiter des Autohauses verstecken sich hinter ihren Autos, ein deutliches Zeichen, dass keiner von ihnen Englisch spricht. Egal. Der Raum ist angenehm kühl und ich ruhe mich ein bisschen aus.

Nach ein paar Minuten erbarmt sich eine junge Frau und erkundigt sich auf Englisch, ob sie mir helfen kann. »Oh, ja«, freue ich mich: »Ich suche ein günstiges Hotel.« Da müsse sie erst telefonieren, bedeutet sie mir, und führt mich zu einem Tisch, bringt mir kühles Wasser und reicht mir dann ihr Telefon. Am anderen Ende der Leitung höre ich eine weibliche Stimme Englisch sprechen. Ich verstehe sie sehr schlecht, aber sie sagt, ein billiges Hotel wäre kein Problem, sie rufe noch einmal an. Im nächsten Gespräch erfahre ich, dass einer ihrer Studenten mich abholen wird. Seine Begrüßung ist fließend Englisch. Den Satz hat er offensichtlich auf der Fahrt hierher fleißig geübt, denn unser weiteres Gespräch wird im Vergleich dazu eher holprig. Aber ich solle ihm folgen, soviel verstehe ich. Leider springt sein Auto nicht an. Glücklicherweise stehen wir vor einer Werkstatt und einer der Mechaniker findet schnell das lose Kabel.

Durch eine fremde Stadt zu fahren ist ganz einfach, wenn man einem roten Automobil folgen kann. Nach kurzer Zeit halten wir auf dem bewachten und ummauerten Parkplatz eines Hotels am Strand von Beidaihe. Ich bezahle eine Nacht und die Kaution für den Schlüssel, dann wird die Englisch sprechende Dame wieder bemüht. Mein Reiseleiter macht sich Sorgen, weil die BMW kein Kennzeichen hat. Ich improvisiere, dass ich es auf der Fahrt verloren habe, und mich darum kümmern werde, sobald ich wieder in Běijīng bin. Beruhigt will sich der junge Mann verabschieden, aber nun hat das Hotelpersonal ein Problem. Wieder wird die Dame angerufen. Ich solle mein Motorrad neben der Rezeption im Hotel parken, damit es nicht gestohlen wird.

Fröhlich grinsend schiebe ich meine BMW über den roten Teppich, an den glänzenden Messingbeschlägen der gläsernen Eingangstür vorbei, und klappe dann den Hauptständer auf dem blank polierten Steinfußboden aus. Die Erde der letzten Umleitung rieselt leise aus der Verkleidung des Motorrades auf den Boden. Aber das stört niemanden. Alle haben nur ein Ziel: sie schicken mich zum Duschen auf mein Zimmer.

Der Raum hält nicht ganz, was die Rezeption verspricht. Bad, WC, Dusche, zwei Betten und eine Klimaanlage waren sehr luxuriös, zu ihrer Zeit. Inzwischen ist das Zimmer ein bisschen abgewohnt und die meisten Schalter funktionieren nicht. Aber das macht nichts. Ich sinke erschöpft auf einen Sessel, gieße mir einen Tee auf und spucke ihn beinahe sofort wieder aus.

Das Wasser ist so stark gechlort, dass es heiß nicht genießbar ist. Das lauwarme Wasser aus meinen Vorräten ist demgegenüber eine kulinarische Offenbarung.

Frisch gewaschen betrachte ich meine Motorradklamotten. Sie sind mit einem dicken Schmutzfilm überzogen. So schlimm wie in China war die Luftverschmutzung auf meinen Reisen noch nirgendwo. Insbesondere das kurze Stück in Richtung Dàtóng, aber auch die Zufahrtsstraße nach Qinghuangdao waren sehr unangenehm. Oder bin ich nur aufgrund der klaren Luft in der Mongolei so empfindlich?

Das Hotel ist sehr bequem, aber auf meinem Zimmer sitzend lerne ich niemanden kennen. Also erkunde ich die Gegend und kaufe eine Packung Instant-Nudeln. Ob ich Lehrerin bin, fragt der Verkäufer. »Nein, Touristin«, antworte ich, und bescheinige ihm, dass er keine Lehrerin braucht. Sein Englisch ist tatsächlich sehr gut zu verstehen, es gibt also keine Missverständnisse, als er mir den Preis für die Nudeln nennt: »Fünf«, sagt er grinsend. Ich überlege kurz, und gebe ihm dann einen halben Yuan. Er nickt, und nimmt das Geld. Es scheint ein alter Trick zu sein, bei dem manch einer wohl schon fünf Yuan auf den Tisch gelegt hat. Auf dem Rückweg überlege ich, was mir lieber ist. Diese Unverfrorenheit, bei der man eine Chance hat, sie zu erkennen, oder ein dezenter Preisaufschlag, der nicht so weh tut?

Ein paar Schritte weiter geht es in einem kleinen Restaurant ausgesprochen fair zu. Ich sehe in der Küche Nudeln mit Tomate, Gurke und Ei und bestelle das per Fingerzeig. Beim bezahlen werden mir wieder fünf Finger hingehalten. Dieses Mal sind es fünf Yuan, und das ist völlig angemessen. Nur der Fernseher ist mir zu laut. Er zeigt einen englischsprachigen Film mit chinesischen Untertiteln, aber die Handlung interessiert mich nicht. Ich gehe lieber zum Strand und halte meine Hand ins Meer. Badetemperatur. Aber inzwischen ist es dunkel und ich möchte mir das Wasser zuerst bei Tageslicht ansehen, bevor ich Schwimmen gehe. Also stelle ich mir in der Hoffnung auf einen stimmungsvollen Sonnenaufgang den Wecker und gehe schlafen.

Ein Blick aus dem Fenster sagt: Wolken. Ich schalte den Wecker aus und drehe mich noch einmal um. Der Wäscheservice und das Telefon sind in der Hotelbroschüre auf Englisch beschrieben. Die Informationen über das Frühstück gibt es dagegen nur auf Chinesisch, aber ich kann die Essenszeit ablesen: sieben bis neun Uhr. Nach dem Frühstück ziehe ich meinen Badeanzug an, wickle mich in mein Sarong-Handtuch und laufe über die Straße zum Strand. Algen und Plastiktüten liegen herum, aber an einer Stelle ist es ziemlich sauber, und dort gehe ich ins Wasser. Herrlich. Ich beschließe, noch einen Tag zu bleiben.

Im Lauf des Vormittags ruft mich die englisch sprechende Dame an. Sie ist Lehrerin an der Universität und erzählt mir, dass mein Fremdenführer von gestern ein ehemaliger Schüler von ihr ist, der inzwischen ein Reisebüro hat. Auch die junge Frau im Autohaus hat bei ihr studiert. Und nun ruft die Lehrerin mich an, um sich selbst mit mir zu treffen. Wir bummeln gemeinsam durch die Stadt, treffen ihre Tochter und gehen zusammen zum Mittagessen. Dann fahre ich mit einer Motorrad-Rikscha zurück ins Hotel und spiele am Nachmittag noch ein bisschen mit den Wellen.

Am nächsten Tag besichtige ich den Anfang der Chinesischen Mauer, den sogenannten Kopf des Drachens, der ins Meer hinaus ragt. Er ist besucherwirksam hergerichtet und der Tourismus floriert, vor allem innerhalb Chinas. Einheimische aus allen Provinzen besuchen diesen Ort, und nebenbei werde auch ich freundlich bestaunt und begeistert fotografiert. Ein sehenswertes Museum inszeniert voller überraschender Effekte die Geschichte der Chinesischen Mauer mit lebensgroßen Stoffpuppen. Sie stellen die Überfälle der Barbaren dar, mit einer grell schreienden Frau und vielen Toten auf dem Boden. Im nächsten Raum sitzt eine Stoffpuppe als chinesischer Kaiser mit Prunk und Glorie auf dem Drachenthron und eine Tür weiter stehen Bauarbeiter-Puppen auf einem Bambusgerüst und errichten eine Pappmache-Mauer.

Am frühen Nachmittag mache ich mich auf den Rückweg nach Běijīng, übernachte unterwegs noch einmal, und parke dann das Motorrad in der Tiefgarage unter Herberts Büro. Ein Taxi bringt mich in neunzig Minuten zum Far East Hotel, südlich des Tiān'ānmén-Platzes. Einen Tag lang sehe ich mich noch in Běijīng um, bevor ich mich mit Engelbert treffe, den ich vor vielen Jahren auf einem Gespanntreffen in Österreich kennengelernt habe. Er hatte damals gerade sein Studium in China beendet und war mit einer Changjiang, einem chinesischen Motorrad mit Seitenwagen, von Běijīng aus nach München gefahren. Als er zum Arbeiten nach China zurückkehrte, haben wir uns aus den Augen verloren. Aber der Zufall will, dass wir uns in Běijīng wieder sehen, und ich kann mein Motorrad bei ihm in der Garage unterstellen, während ich den Winter in Deutschland verbringe. Kälte ist nicht mein Ding und Glatteis macht mit dem Motorrad keinen Spaß. Aber ich habe bereits einen Rückflug gebucht: Am fünfzehnten März komme ich nach China zurück.

Frühling in China

Judy will mich vom Flughafen abholen. Wir kennen uns nicht. Sie arbeitet für Thomy, den ich ebenfalls nicht kenne. Aber Thomy ist ein Freund von Engelbert, und mein Motorrad ist vor zwei Wochen in Thomys Garage umgezogen, weil Engelbert zurzeit in Deutschland ist. Auf diese Weise muss ich nicht alleine in ein leer stehendes, fremdes Haus gehen, um mein Motorrad abzuholen. Außerdem habe ich durch die Transferaktion erfahren, dass die Batterie den kalten Winter in China nicht überstanden hat und konnte eine neue aus Deutschland mitbringen. Aber wo ist Judy? Ich habe gleich nach der Landung meine chinesische Sim-Karte aufgeladen und rufe damit Thomy an. Judy hat ihn ebenfalls bereits kontaktiert, und nun finden wir uns auch.

Die junge Chinesin spricht hervorragend Englisch und erklärt hastig, dass sie bereits seit zwei Stunden mit ihrem Fahrer auf mich wartet. Eilig packen wir mein Gepäck in den Wagen und fahren zu Thomys Haus. Dort werden wir mit lautem Gebell von Sandy begrüßt, einem schwarzen, langhaarigen Hundewelpen. Melba, Thomys philippinische Frau, hält mit der einen Hand den Hund zurück und reicht mir die andere Hand zur Begrüßung. Dann stellt sie mir ihre beiden Kinder vor, die vier Jahre alte Verena und den zwei Jahre alten Gerald, und zuletzt begrüße ich Sandy, die kaum zu bändigen ist. Dann zeigt mir Melba das Gästezimmer, in dem ich mich ausbreiten darf.

Nach einem fröhlich-turbulenten Familien-Mittagessen bitte ich Judy, mir drei chinesische Sätze aufzuschreiben. Mit dem Ersten möchte ich fragen, wo ich Benzin für mein Motorrad bekomme. Der zweite soll mir helfen, ein billiges Hotel zu finden, und der Dritte sagt, dass ich Vegetarierin bin und kein Fleisch esse. Damit will ich die Chancen einer Lebensmittelvergiftung verringern. Tatsächlich esse ich auf Reisen Fleisch, weil ich mit meinen Gastgebern keine politischen Diskussionen über Massentierhaltung, Welternährung und Klimaschutz führen kann, und auch nicht möchte. Zudem gehört Essen meiner Ansicht nach zur Kultur eines Landes und ich bin auch neugierig, wie das eine oder andere schmeckt. Dennoch meide ich Fleisch, wenn es geht, und hoffe, der dritte Zettel hilft mir dabei.

Anschließend begleite ich Judy in die Stadt. Ein Shuttlebus bringt uns von der Villengegend in der Nähe des Flughafens zum Kempinski Hotel am dritten Ring. Dort trifft sich Judy mit Thomy und einigen Geschäftspartnern und ich habe zwei Stunden Zeit die chinesische Hauptstadt zu begrüßen. Dazu überquere ich den dritten Ring, laufe an einem zweistöckigen Kleidermarkt vorbei und biege danach in eine Seitenstraße. Dort finde ich das von mir geliebte China: ein Imbissstand, klappernde Töpfe, ein Fernseher und laute Gespräche übertönen das monotone Geräusch des Straßenverkehrs. Feine Küchenaromen steigen in meine Nase, ich kaufe eine Teigtasche und beiße hinein.

Essen ist eine der Essenzen der chinesischen Kultur, die ich mit allen Sinnen genieße, auch wenn ich gar keinen Hunger habe. Ich laufe ziellos umher und freue mich, wieder in Běijīng zu sein. Später treffe ich Thomy im Kempinski und fahre mit ihm zurück in die Vorstadt der reichen Chinesen und Ausländer, wo das Leben leise ist, die Straßen sauber sind und manche Häuser beinahe tot wirken. Tatsächlich, erzählt mir Thomy, mieten oder kaufen wohlhabende Chinesen manchmal sämtliche Häuser, die um ihr Wohnhaus herum stehen. Ich kann gut verstehen, dass sie ihre Privatsphäre schützen wollen, aber leere Wohnhäuser um mich herum stelle ich mir doch sehr trostlos vor.

Ein Freund von Thomy lädt die Batterie für meine BMW auf, die ich trocken aus Deutschland mitgebracht habe. In der Zwischenzeit fahre ich mit öffentlichen Verkehrsmitteln nach Běijīng und besichtige den Lama-Tempel. Zahlreiche Stände säumen die Straße vor dem Gebetshaus. Sie verkaufen Räucherstäbchen in verschiedenen Farben und Formen, einzeln, als Bündel und im Karton. Schilder im Tempel sagen, für jeden Buddha sollen drei Stäbchen entzündet werden. Aber in manchen Becken brennen ganze Lagerfeuer aus Räucherstäbchen. Vor allem junge Chinesinnen brennen sie ab, um für ihre Fruchtbarkeit zu beten. Manche Touristen machen sich einen Spaß daraus, Räucherstäbchen anzuzünden. Es gibt aber auch westliche Buddhisten, die mit viel Ernst bei der Sache sind.

Ich beobachte ein junges chinesisches Paar vor einem Buddha. Während sie betet, spielt er mit seinem Handy. Zwei Seiten des vielfältigen Chinas: traditionsbewusst und fortschrittlich, tolerant und liebevoll, gehen sie Hand in Hand zur nächsten Halle. Mir wird in diesem Tempel nach all meinen Reisen bewusst, dass meine lateinische Schrift nur eine unter vielen ist: Arabisch, Amharisch, Kyrillisch, Japanisch und Koreanisch sind mir bereits auf meinen Reisen begegnet. In diesem Tempel finde ich Schilder in chinesischer, mongolischer, tibetischer und englischer Sprache. Unwillkürlich frage ich mich, ob diese Vielfalt der Schriften wohl eine Chance hat, die digitalisierte Globalisierung zu überleben?

Der Tempel des Konfuzius wird gerade restauriert und ich verzichte freiwillig darauf, zwischen Baugerüsten herumzulaufen. Stattdessen gehe ich zum Einkaufen in die berühmte Wangfujing-Straße. In einem der Buchläden finde ich chinesische Landkarten von allen Provinzen. Als Bettlektüre nehme ich mir noch einen Band mit historischen Geschichten mit, die in Englisch und Chinesisch gedruckt sind. So kann ich immerhin die Hälfte lesen. Am Abend telefoniere ich mit Pai, die mich bei meinem Grenzübertritt von der Mongolei nach China so wunderbar unterstützt hatte. Sie lebt inzwischen bei ihrem Mann in Australien, aber der Zufall will es, dass sie ebenfalls gerade in Běijīng ist und wir verabreden uns für den nächsten Tag.

Mit Du Pai im Sommerpalast von Cixi

Beim neuen Sommerpalast blüht der Ginster. »Er ist ein Bote des Frühlings«, sagt Pai. Wir bummeln außerhalb von Běijīng durch den Garten, der in den Jahren 1860 und 1900 jeweils durch Ausländer zerstört und anschließend von der Kaiserinwitwe Cixi (1835-1908) wieder aufgebaut worden ist. Aber nicht nur das, in der konfuzianischen Männerwelt des vorrevolutionären Chinas hat Cixi es geschafft, das Reich der Mitte siebenundvierzig Jahre lang zu regieren. Obwohl sie nie offiziell Kaiserin war, blieb sie bis zu ihrem natürlichen Tod an der Macht. Dabei war sie 1850 lediglich als Konkubine fünften Ranges in die Verbotene Stadt gekommen.

Die Zeit mit Pai vergeht wie im Flug. Kennen wir uns tatsächlich erst ein paar Tage? Wir gehen spazieren, essen und reden und reden. Dann heißt es Abschied nehmen. Auf Pai warten noch einige wichtige Aufgaben bevor sie wieder nach Australien fliegt, und auf mich wartet ein riesiges Land.

Am Abend läutet das Telefon mit meiner chinesischen Sim-Karte. Es ist Rose, die Englischlehrerin aus Qinhuangdao, der Küstenstadt im Osten von Běijīng. Sie hat gerade meine E-Mail gelesen, dass ich wieder in China bin und lädt mich in ihr neues Zuhause ein. Ihre Familie ist in der Zwischenzeit umgezogen und sie haben ein Gästezimmer, in dem ich wohnen kann. Ich freue mich sehr und würde sie gerne wieder sehen, möchte aber erst einmal in den Süden fahren. Also dorthin, wo ich noch nicht wahr. Gleichzeitig graust mir ein bisschen vor dem Verkehrschaos rund um Běijīng, und etwas bange ist mir auch vor dem, was mich sonst noch in China erwartet. Entsprechend zäh geht das Packen voran.

Es ist bereits kurz vor Mittag als ich das Motorrad starte und zur Tankstelle fahre. Dort treffe ich einen Holländer mit einem chinesischen Changjiang-Gespann, ein Nachbau der BMW R 71. Er hat ein schwarzes Nummernschild mit weißer Schrift, wie es für Ausländer in China üblich ist und ich frage ihn, wo er die Zulassung für sein Motorrad bekommen hat. Er bringt mich zu Luke's Sidecar Shop, der ganz in der Nähe ist. Vor der blitzblanken Werkstatt stehen grellbunt lackierte Gespanne und lustige Umbauten mit Zwei- und Dreisitzer-Booten. Luke kann keine Solomaschinen zulassen, aber er borgt mir ein chinesisches Kennzeichen ohne Papiere, damit sich meine künftigen Gastgeber keine Sorgen mehr machen, wegen des fehlenden Nummernschilds.

Eigentlich bin ich nun startklar. Aber in dem Moment, als ich den Helm aufsetzen will, hält ein BMW M6 hinter meinem Motorrad, eine junge Frau springt aus dem Auto, stürmt auf mich zu und fragt: »Wie kommt das Motorrad nach China?« Einen Moment lang sehe ich sie verdutzt an, dann müssen wir beide lachen und stellen uns erst einmal gegenseitig vor: Sonja und ihr Partner Ralph, der einen Gang langsamer aus dem Auto gestiegen ist, kommen aus München und leben seit kurzem in Běijīng. Auch sie möchten ihre Motorräder gerne in China haben und ich erzähle ihnen meine Geschichte. Wir unterhalten uns eine Weile, bis Sonja vorschlägt, zu ihnen nach Hause zu fahren: »Weit kommst Du heute sowieso nicht mehr«, meint sie, und Recht hat sie. Nach kurzem Zögern übernachte ich noch einmal in Běijīng.

Am nächsten Tag breche ich in der Morgendämmerung auf, um dem Berufsverkehr zu entgehen. Auf dem Tankrucksack vor mir ist der südliche Teil der Provinz Héběi ausgebreitet. Ich umrunde Běijīng auf dem fünften Ring und folge dann der Straße G 106 in Richtung Süden. Unterwegs ziehe ich mir die Regenkombi und dicke Handschuhe an. Das Thermometer zeigt magere zwölf Grad Celsius.

Nach knapp dreihundert Kilometern auf einer monoton-geraden Straße, an Häusern, Feldern und Müllsortierhalden vorbei, erreiche ich am Abend die Stadt Dezhou. An einer großen Kreuzung krame ich Judys Zettel heraus, der nach einer Übernachtung fragt, und werde von einem motorisierten Dreiradfahrer zu einer kleinen Pension geführt: In einem romantisch vernachlässigten Innenhof führt mich eine alte Chinesin über eine verwinkelte Treppe zu einem düsteren Zimmer. Durch ein kleines, dreckiges Fenster fällt ein schmaler Lichtstrahl auf einen staubigen Fernseher vor einem harten Bett. Zwei große

Thermoskannen mit heißem Wasser und eine Emailleschüssel nennen sich Badezimmer und als Toilette zeigt mir die Hausfrau einen roten Plastikeimer, der in der Ecke des Zimmers steht.

Unerfahren wie ich bin, bezahle ich einen viel zu hohen Preis, werde aber als Gegenleistung zum Essen eingeladen. Kürbissuppe, scharf gewürzter Staudensellerie, Rührei mit Bohnen, zwei Fleischgerichte, Kräuterpfannkuchen, Kürbisbrot und Hefebrötchen stehen auf dem Tisch. Zum Frühstück werde ich geweckt und esse mit den anderen Gästen eine Nudelsuppe und salzig-sauer eingelegten Chinakohl, dazu gibt es den scharfen Staudensellerie und die Kräuterpfannkuchen von Gestern. Das graue Abflussrohr auf meinem Alukoffer erregt die Aufmerksamkeit der anderen Gäste. Ob das ein Fernglas sei, will einer wissen. Nein, ein Stativ zum Fotografieren, erkläre ich und bin wieder einmal selbst überrascht, was man mit Gesten alles besprechen kann.

Inzwischen bin ich bereits in der Provinz Shandong und vergleiche die Schriftzeichen auf der chinesischen Landkarte mit jenen auf den Straßenschildern, um den Tài Shān zu besuchen. Er ist der berühmteste der fünf heiligen Berge Chinas. Sein Berggott wurde einst als Herr der Unterwelt verehrt und ich möchte ihn um seinen Segen für meine Reise bitten. Außerdem hätte ich gerne den Schutz der daoistischen Göttin Bixia, die ebenfalls auf dem Berg leben soll. Dafür erklimme ich den eintausendfünfhundertfünfundvierzig Meter hohen Gipfel, wie ungezählte Pilger seit über zweitausend Jahren.

Vom »Ersten Tor zum Himmel« aus schlängelt sich ein Weg mit zahlreichen kurzen Treppenabschnitten durch die Ende März noch winterkarge Landschaft hinauf zum »Zweiten Tor zum Himmel«. Dort oben sehe ich, dass auf der anderen Seite des

Berges Busse hinauffahren. Eine Seilbahn bringt müde Reisende dann auch noch den Rest des Weges hinauf zum Gipfel. Der Fußweg ist insgesamt neun Kilometer lang und überwindet mit über sechstausend Stufen einen Höhenunterschied von eintausenddreihundertfünfzig Metern. Ab sechs Stockwerken nehme ich normalerweise den Aufzug. Aber in mir erwacht der sportliche Ehrgeiz, nicht wissend, dass der größere Teil der Stufen noch vor mir liegt. Egal, wie oft ich den Blick nach oben richte, das »Dritte Tor zum Himmel« scheint jedes Mal gleich weit entfernt.

Schwere Lasten werden nicht mit der Seilbahn, sondern von Trägern auf den Gipfel transportiert

Mit brennenden Oberschenkeln schleppe ich mich die letzten Steintritte hinauf. Ich muss mich inzwischen richtig konzentrieren, um nicht zu stolpern. Da ertönen hinter mir Warnrufe. Ich drehe mich um und mache vier Lastenträgern Platz. Jeweils zwei von ihnen schultern eine Stange, an der ein riesiger Teppichballen hängt. Die Männer tragen zwei bis drei Mal täglich rund sechzig Kilogramm schwere Lasten auf den Berg hinauf. Ihre Arbeitskraft scheint immer noch billiger zu sein als eine Fahrt mit der Drahtseilgondel.

Die Chinesen sagen, wer durch das »Dritte Tor zum Himmel« schreitet, wird hundert Jahre alt – und genau so fühle ich mich. Erst nach einer längeren Verschnaufpause erkunde ich den Tempel der Prinzessin der Azurblauen Wolke sowie den Tempel des Jadekaisers ganz oben auf dem Gipfel. Die beiden Heiligtümer werden nur vom Dianshita überragt – dem Fernsehsendemast. Mental erfrischt, laufe ich den Berg hinab, um die Treppabsteigemuskel ebenfalls zu trainieren. Die achtzig Kilometer nach Qufu schaffe ich an diesem Tag jedoch nicht mehr, auch nicht mit dem Motorrad.

Qufu gilt als Hauptstadt des Konfuzianismus. Die patriarchalisch-hierarchische Philosophie beeinflusst die chinesische Kultur seit über zweitausend Jahren. Ihre zentralen Forderungen sind die richtige Ordnung und das Streben nach Harmonie und Ausgewogenheit. Zu diesem Zweck soll der Einzelne seine Rolle im gesamtgesellschaftlichen Beziehungsnetzwerk annehmen und erfüllen. Dieses Weltbild unterscheidet sich stark von der humanistischen Forderung westlicher Kulturen, dass sich jedes Handeln am Glück und Wohlergehen des Individuums orientieren sollte.

Ich besuche das Geburtshaus des konfuzianischen Meisters, Kǒng Fūzǐ (vermutlich 551 bis 479 v. Chr.), sowie den Tempel, der nach seinem Tod errichtet wurde. Die Hallen sind inzwischen dem Tourismus geweiht und ich suche in den leer stehenden Gebäuden vergeblich nach dem Geist Kǒng Fūzǐs. Im Gegensatz dazu scheint mir der Friedhof von Leben erfüllt zu sein. Jeder vierte Bewohner der knapp siebenhunderttausend Einwohner zählenden Stadt Qufu gilt als Nachfahre des berühmten Philosophen und hat damit das Recht, in dem fast zweitausend Quadratkilometer großen Wald der Familie bestattet zu werden. Auf meinem Spaziergang im Schatten der Bäume finde ich auf manchen Gräbern bunte Gebetsfahnen und Papiergeld für das Reich der Toten. Von weitem sehe ich eine Trauergemeinde, lausche den singenden Vögeln und genieße die Wärme der Frühlingssonne.

Zwei Frauen zeigen mir an einem Grab eine chinesische Tradition: dreimal verbeugen, mit den Fingern am Rand eines Steinbeckens entlang streichen und zuletzt etwas Geld in das Becken legen. Ein zehn und ein zwanzig Yuan Schein liegen bereits im Becken und ich bin versucht, sie frech grinsend herauszunehmen, als sie mich auffordern, es ihnen gleich zu tun und ich das Spiel als Touristen-Abzocke durchschaue. Ich gehe weiter und finde das Grab des Meisters. Tatsächlich befinden sich in dem ummauerten Platz drei Gräber. Aber nur eines hat einen Grabstein mit gelber Schrift. Das muss es sein, denn die gelbe Farbe war den chinesischen Herrschern vorbehalten und nur wenige Normalsterbliche erhielten das Recht, sie ebenfalls zu verwenden. Eine Fremdenführerin, die zwei Gäste begleitet, bestätigt meine Vermutung.

Auf dem Gelände gibt es auch eine Friedhofstoilette und ich staune sehr, als ich neben den sonst in China üblichen Hock-Toiletten auch die im Westen verbreiteten Klosettschüsseln sehe. Sie sind für die Alten, steht auf dem Schild an der Tür. Ich grinse in mich hinein und fühle mich sehr jung, weil mir die Hock-Toiletten lieber sind. Erst hinterher fällt mir ein, dass »Alt« zu sein in China eine Ehrenbezeichnung ist, auf die ich damit freiwillig verzichtet habe.

Abends bummle ich durch die Stadt, kaufe an verschiedenen Straßenständen etwas zu Essen und kontaktiere anschließend per SMS Amelia, eine chinesische Studentin, die ich durch Pai kennengelernt habe. Nachdem Amelia im Forum einer chinesischen Biker-Homepage über meine Reise berichtet hat, haben mich mehrere Motorradclubs eingeladen, sie in ihrer Stadt zu besuchen, und im hundertsechzig Kilometer entfernten Xuzhou warten meine ersten Gastgeber. Via Amelia verabreden wir uns für den nächsten Tag und als ich am frühen Abend die Stadt erreiche, halte ich vor einem großen Fabriktor und zeige ein paar Chinesen eine Telefonnummer. Obwohl keiner der Umstehenden Englisch spricht, überrede ich einen von ihnen, die Nummer auf seinem Handy zu wählen. Am anderen Ende meldet sich Herr Ni, der bereits auf den Anruf wartet. Er lässt sich meine Position beschreiben und holt mich wenige Minuten später mit seinem Motorrad ab.

Gemeinsam fahren wir zu einem Restaurant, wo seine Freunde bereits auf uns warten. Ich bin schmutzig und müde von der Fahrt, aber die Begeisterung der chinesischen Biker reißt mich mit. Kein einziger von den zehn Männern spricht Englisch, aber sie haben zwei Lehrer mitgebracht, die für uns übersetzen. Außerdem ist die Sprache der Motorradfahrer international: Jedes Detail am Touratech-Umbau meiner BMW F 650 GS Dakar wird fachmännisch begutachtet, und im Gegenzug bestaune ich die Motorräder der Chinesen. Sie sind allesamt japanischer Herkunft, illegal auf das chinesische Festland importiert und mit Phantasie-Nummernschildern bestückt. Wie das geht? »Die Polizei in Xuzhou sind unsere Freunde«, erklärt mir der Boss des Clubs, der eine Motorradwerkstatt hat.

Das Lokal ist einfach und schmucklos möbliert, aber der Koch zaubert auserlesene Speisen auf den Tisch und nach dem Essen treffen wir noch einen Reporter der örtlichen Tageszeitung, der mir ein paar Fragen stellt und zahlreiche Bilder macht. Am nächsten Tag steht ein Bericht in der Zeitung, mit zwei Fotos von mir und meinem Motorrad. Ich bekomme ein weißes Kennzeichen geschenkt, auf dem www.moto8.com steht. Das ist die Homepage, auf der Amelia meine Reisepläne bekannt gemacht hat. Die acht steht in China für Reichtum. Ganz klar, man braucht Geld, um sich ein Motorrad zu kaufen. Aber für die Motorradfahrer steht die Acht auch für die beiden Räder ihrer Maschinen. Und auch das passt, denn Motorradfahren ist immer eine Bereicherung, finde ich.

Einer der Männer ist Yang Chuang aus Kunming. Er ist ebenfalls zu Besuch in Xuzhou, schenkt mir ein Buch über seine Heimatstadt, gibt mir seine Telefonnummer und lädt mich ein, ihn zu besuchen. Leider spricht er kein Englisch, aber das macht nichts. Wir reden mit Händen und Füßen, im wahrsten Sinne des Wortes. Mit fünf weiteren Motorradfahrern besichtigen wir am nächsten Tag einen künstlichen See mit einem Haus, das der Oper von Sydney nachempfunden sein soll. Wenn ich mich recht erinnere, sieht sie ein bisschen anders aus, aber die Idee stimmt. Kopieren ist in China eine eigene Form der Kunst und gilt als Anerkennung und Wertschätzung gegenüber dem Original. Unter diesen Umständen haben Urheberrechte und Patente einen schweren Stand.

Zum Mittagessen rücken wir in einem gut besuchten Restaurant an einem kleinen Tisch zusammen. Es gibt »Freundschaftsfleisch«, eine Spezialität des Ortes, die mich an Schlachtplatte mit Reis erinnert. Nach dem Essen verabschieden sich fast alle chinesischen Biker von mir. Nur der Rollerfahrer mit der gelben Jacke begleitet mich zur Ausgrabungsstätte von Liu Zhu, dem dritten Fürsten von Chu, und dessen Frau. Mein Reiseführer hat

Das berühmte Jade-Hemd von Liu Zhu, dem 3. Fürsten von Chu

mir nichts von diesem Grab erzählt und ich bin überrascht von der Größe der Anlage. Wir laufen die Treppe zur Grabkammer, hinunter. Dort liegt eine Mumie in einem Hemd aus kleinen Jadeplättchen. Der grüne Stein soll die bösen Geister abhalten.

Als nächstes zeigt mir mein Begleiter ein nagelneues, modernes Museum in der Stadt. Dort sind ein paar der insgesamt rund dreitausend Terrakotta-Soldaten mit Pferden und Wagen ausgestellt, die vermutlich einen Prinzen der Han-Dynastie bewacht haben. Die Streitmacht ist eine Miniatur-Version der bekannten Terrakotta Armee in Xi'An. Die Krieger sind nur etwa einen halben Meter groß, sind aber ebenfalls sehr detailreich und haben individuelle Gesichter.

In gut beleuchteten Vitrinen sind weitere Grabbeigaben ausgestellt: kunstvoll verzierte Gefäße, Gebrauchsgegenstände und

Schmuckstücke. Außerdem zeigt mir eine Englisch sprechende Führerin den Nachbau des Badezimmers und der Toilette, die sich im Grab befinden. Tatsächlich hat sich an der Form der Bedürfnisanstalten in China in den letzten zweitausend Jahren nichts Wesentliches verändert, stelle ich fest. Diese Form hat sich also bewährt.

Vor dem Museum treffe ich drei weitere Motorradfahrer mit ihren BMWs, zwei R 1150 GS und eine R 1100 R. Die Bikes sind »Schwarzimporte« aus den USA. Wir machen Fotos und verabschieden uns dann wieder voneinander. Reiche Chinesen haben, ebenso wie die Wohlhabenden anderer Länder, meist viel Arbeit und wenig Zeit. Wir sind am Ende unserer Besichtigungstour durch die Stadt angekommen. Als Abschiedsgeschenk der Motorradfahrer von Xuzhou bringt mich mein Fremdenführer zu einem Masseur. Wie in China traditionell üblich, ist der Mann blind. Ich bleibe komplett angezogen, er deckt ein Leintuch über mich und bewirkt Wunder an meinen von der Tài Shān-Besteigung müden Muskeln. Nach eineinhalb Stunden bin ich fit für das Abendessen.

Südlich des Yangzi

Frohgemut mache ich mich am nächsten Morgen wieder auf den Weg. Nach den reichlichen Mahlzeiten in Xuzhou fahre ich ohne Mittagessen bis nach Nanjing. Seen und Flüsse beleben die Landschaft auf der zweiten Hälfte der insgesamt dreihundert Kilometer langen Fahrt. Eine Brücke ist nicht befahrbar und der Verkehr wird umgeleitet. Auf diese Weise erlebe ich die Gassen abseits der Hauptverkehrsroute, voller Müll, Schlamm und Schlaglöcher, gesäumt von heruntergekommenen Häusern und belebt mit freundlichen Menschen, die mir immer wieder den Weg zeigen. An einer anderen Brücke beobachte ich, wie alle Passagiere eines Busses aussteigen, mit einer Fähre übersetzen und auf der anderen Seite in einen anderen Bus einsteigen. Senkrecht stehende Betonplatten machen die Brücke zu einer schmalen Gasse und die meisten Autofahrer klappen für die Überfahrt ihre Spiegel ein. Ich komme mit meinem Motorrad glücklicherweise trotz der großen Alukoffer bequem ans andere Ufer.

Am späten Nachmittag erreiche ich eine fünfzehnhundert Meter lange Brücke über den Changjiang Fluss, der im Westen als Yangzi oder Jang-Tse-Kiang bekannt ist. Die Überfahrt dauert ziemlich lange, aber der Verkehr ist so dicht und schnell, dass ich mich nicht traue, anzuhalten. Stattdessen begnüge ich mich damit, während der Fahrt aufzustehen und immer wieder kurze Blicke auf das träge fließende Wasser des berühmten Stroms zu werfen, dessen Name übersetzt schlicht »Langer Fluss« bedeutet.

Vom östlichen Ufer aus betrachte ich in Ruhe die Doppeldecker-Brücke aus dem Jahr 1960. Im Untergeschoss der Stahlkonstruktion fahren Züge und im Obergeschoss verläuft die

Straße, auf der ich unterwegs war. Es ist eine der längsten Brücken Chinas, und sie führt über den längsten Fluss Asiens. Der Yangzi entspringt auf dem Qinghai Plateau in Tibet und fließt über sechstausend Kilometer weit durch China, bevor er nördlich von Shànghǎi ins Ostchinesische Meer mündet. Geografisch und geschichtlich gilt er als einer der wichtigsten Flüsse der Volksrepublik, weil er das Land in Nord- und Südchina teilt.

In Yangzhou, siebzig Kilometer flussabwärts von Nanjing, mündet der tausendachthundert Kilometer lange Kaiserkanal in den Yangzi. Erste Teile der längsten, je von Menschenhand geschaffenen Wasserstraße entstanden bereits vor über zweitausendvierhundert Jahren, und seit der Táng-Dynastie (618-907) verband der Kanal den Yangzi mit dem Huánghé, dem Gelben Fluss im Norden Chinas. Der wiederum gilt mit seinen knapp fünftausend Kilometern als zweitlängster Fluss Asiens und viertlängster Fluss der Welt. Ich habe ihn bereits vor einigen Tagen in Ji'nan überquert. Er entspringt ebenfalls im tibetischen Hochland und versorgt über hundert Millionen Menschen mit Trinkwasser. Außerdem entziehen ihm Landwirtschaft und Industrie so viel Wasser, dass seine Mündung am Gelben Meer bis zu sechs Monate im Jahr trocken ist.

Ich habe genug gesehen und wende mich wieder der Stadt zu. Da kommt wie gerufen ein junger Mann auf mich zu, der Englisch spricht. »Die Straße hinunter und nach dem Supermarkt links«, erklärt er mir den Weg zu ein paar billigen Hotels. Ich müsse hart verhandeln, um ein Zimmer ohne Dusche für achtzig Yuan zu bekommen, rät er mir. Das erste Hotel, das ich sehe, ist nagelneu und hat keine Zimmer frei. Aber nach einer gewissen Zeit des Wartens bekomme ich doch ein Einzelzimmer mit Bad für neunundneunzig Yuan. Bei diesem Preis verzichte ich darauf, das Zimmer zu besichtigen. Anstatt den Preis zu verhandeln frage ich nach einem Parkplatz für das Motorrad. Der Bus einer Reisegruppe parke nebenan, erfahre ich, und der Torwärter ist so nett und gibt auch meiner BMW ein Plätzchen.

Im Foyer des Hotels ist ein Computer mit Internetanschluss und der Fernseher in meinem Zimmer empfängt CCTV 9, den staatlichen, englischsprachigen Sender. Der einzige Nachteil, den ich entdecken kann, ist der Geruch des Neuen, der im ganzen Gebäude hängt. Außerdem hat die Reisegruppe vor mir geduscht und das Wasser ist nur noch lauwarm. Aber mit solchen Widrigkeiten kann ich gut leben, öffne das Fenster um zu lüften und mache einstweilen einen kleinen Spaziergang zum Supermarkt, wo ich Waschmittel und Äpfel kaufe.

Am nächsten Morgen erkunde ich Nanjing. Aus der Beschreibung des Reiseführers habe ich mir zwei Sehenswürdigkeiten herausgesucht: Das Denkmal zum Nanjing Massaker und das Sun Yat-sen Mausoleum. Um dorthin zu gelangen, nehme ich Bus Nummer sechsundvierzig vom Stadtrand ins Zentrum. Dort laufe ich ein Stück zu Fuß, schnuppere in ein paar Garküchen hinein, kaufe an einem Kiosk einen detaillierten Stadtplan und genieße bei angenehmen Temperaturen die Aufbruchstimmung des Frühlings und das städtische Treiben. Dann umrunde ich mit Bus Nummer dreiunddreißig das Südtor einer Stadtmauer aus der Míng-Dynastie und fahre bis vor das Portal der Gedenkstätte zum Massaker von Nanjing.

Im Park erinnern bedrückende Skulpturen an die Opfer der japanischen Besatzer 1937/38. Innerhalb von sechs bis sieben Wochen verloren, je nach Berichterstatter, zwischen hundertfünfzigtausend und dreihunderttausend Zivilisten ihr Leben und man schätzt, dass rund zwanzigtausend Frauen vergewaltigt wurden. Dass die Zahl des sexuellen Missbrauchs weniger umstritten ist liegt vermutlich daran, dass Massenvergewaltigungen stärker tabuisiert sind als die Ermordung von Zivilisten. Auch im Museum ist dieser Aspekt der Gräueltaten meines Erachtens unterrepräsentiert. Allerdings muss ich gestehen, dass ich irgendwann darauf verzichtet habe, die englischen Beschriftungen zu lesen. Wie viel Leid kann man an einem einzigen Tag ertragen? - dabei bin ich nur Besucherin in einem Museum.

Ein Denkmal erinnert an das Massaker von Nanjing

Der letzte Saal ist der Aussöhnung von China und Japan gewidmet. Eine schöne Geste nach all den Bildern des Grauens, finde ich, und schlendere gedankenverloren zum Busparkplatz. Dort startet die Fahrerin von Bus Y2 gerade den Motor. Ich laufe los und sie lässt die Tür offen. »Shàngchē! – Einsteigen!« ruft sie mir zu. Ich springe auf, bedanke mich und werfe mein Fahrgeld in die Kasse. Dann setze ich mich in die vorderste Bank und bekomme eine Panorama-Stadtrundfahrt. Vom Süden aus geht es zurück ins Zentrum. Die Stadt am Langen Fluss hat beinahe mediterranes Flair, mit vielen Balkonen und Straßencafés auf den breiten Bürgersteigen. Wir passieren die Míng-Stadtmauer im Osten, fahren durch eine Parklandschaft und kommen zum Mausoleum von Sun Yat-sen (1866-1925).

Der erste Präsident der ersten chinesischen Republik wird in China und Taiwan gleichermaßen geschätzt, also von den Kommunisten und der Kuomintang. Und mit der zunehmenden Aussöhnung zwischen Taiwan und China wird sein Stellenwert vermutlich weiter steigen. Das Grab des Staatsmannes steht auf einem Hügel, dreihundertzweiundneunzig Marmorstufen von mir entfernt. Ich stöhne leise auf: »Schon wieder Treppen«, und mache mich auf den Weg. Die Eintönigkeit der Schritte ermüdet mich und lässt die gefühlte Strecke immer länger werden. Aber der Ausblick von ganz oben lohnt die Anstrengung. Nach den vielen bunten Eindrücken in der Stadt besänftigen grüne Hügel meine Augen. Weißer Marmor kühlt meinen Atem und eine ruhevolle Harmonie umgibt das Mausoleum. Die Sonne geht bereits unter, als ich die Treppen wieder hinabsteige, und das Museum hat inzwischen geschlossen.

Bus Y1 bringt mich zurück in die Stadt. Dort steige ich eine Station zu früh aus, finde aber einen Mann, der mir auf Englisch erklärt, dass Bus Nummer fünfzehn mich zur Yangzi-Brücke bringt. Inzwischen ist es dunkel und ich bin froh, in den finsteren Gassen nicht zu Fuß unterwegs zu sein. Aber als ich an der Endstation den Bus verlasse erscheint mir die Gegend gar nicht mehr so feindlich, wie sie hinter den Fensterscheiben auf mich wirkte. Ein strammer Fußmarsch bringt mich zurück ins Hotel. Dort werde ich aufgeregt erwartet: ich soll das Motorrad in der Tiefgarage parken, erfahre ich gestenreich, und mache das natürlich. Dann lege ich mich nur kurz auf das Bett – und schlafe bis zum nächsten Morgen durch.

Die Hauptstraßen in China sind sehr gut ausgeschildert und G 312 bringt mich nach Shànghǎi. Auch dort warten Motorradfahrer auf mich und ich freue mich darauf, wieder Gleichgesinnte zu treffen. Vor allem in großen Städten ist es in den Menschenmassen schwer Einheimische kennenzulernen. Aber Herr Hu aus Shànghǎi hatte mich am Morgen per SMS kontaktiert und wartet nun mit seinem weißen Roller am Straßenrand. Ich habe keine Ahnung, wie ich ihn anhand dieser Beschreibung in der Millionenstadt erkennen soll und hoffe, dass er mich sieht. Die Straßenschilder des internationalen Handelszentrums sind neben den chinesischen Zeichen auch mit dem lateinischen Pinyin beschriftet, und als der »Platz des Volkes«, im Zentrum der Stadt, nur noch zehn Kilometer weit entfernt ist, bleibe ich stehen und rufe Herrn Hu an.

Tatsächlich bin ich bereits zwei Kilometer zu weit gefahren. Herr Hu holt mich ab und geleitet mich in eine exklusive Wohngegend, wo ich meine F 650 bei Cathy und Cerik parke. Die beiden Chinesen sind nicht nur begeisterte, sondern auch begüterte Motorradfans. In der Garage stehen je eine Ducati, eine Honda und eine BMW so dicht gedrängt beisammen, dass mein Rotbäckchen draußen bleiben muss, während wir zum Essen gehen. In dem Lokal gibt es Messer und Gabeln, und ich treffe dort drei weitere Motorradfahrer. Benson Sun ist einer von ihnen. Er bringt mich nach dem Essen mit seinem Auto zu einem möblierten, leer stehenden Ein-Zimmer-Appartement mitten in der Stadt, das er mir für die Dauer meines Aufenthalts überlässt, und ich schlafe im bequemsten Bett meines Lebens.

Am nächsten Morgen finde ich auf der anderen Straßenseite einen Buchladen und kaufe einen Stadtplan, auf dem die Verkäuferin mir zeigt, wo ich mich gerade befinde. Für eigene Besichtigungstouren bleibt mir jedoch keine Zeit. »Love Moto«

stellt sich der junge Mann vor, der mich mit seinem kleinen quietschgrünen Auto abholt. Kuang, den ich bereits gestern Abend kennengelernt habe, ist ebenfalls dabei. Der Hobby-Fotograf arbeitet bei einer Versicherung und befasst sich mit Kalligrafie, erfahre ich während der Fahrt zum berühmten Yu-Garten. Dort zeigt mir Kuang in einem der rund dreißig Pavillons eine Papierrolle, auf der mit neunundneunzig verschiedenen chinesischen Schriftzeichen die Zahl Neun geschrieben wurde; sie symbolisiert in China die Ewigkeit. Ganz so lange gibt es den Yu-Garten noch nicht, aber seine Ursprünge gehen immerhin bis in das sechzehnte Jahrhundert zurück. Ein malerischer Teich, blühende Rosen und knorrige Bäume lassen mich vergessen, dass wir mitten im wirtschaftlichen Zentrum des boomenden chinesischen Festlands sind.

Shànghǎi wurde im Jahr 960 erstmals schriftlich erwähnt, als kleines Fischerdorf im Yangzi-Delta. Sechshundert Jahre später umgaben eine sieben Meter hohe Mauer und ein Graben die Stadt. Sie konnten jedoch die britischen Truppen im Jahr 1842 nicht zurückhalten. Shànghǎi war inzwischen zum wichtigsten Handelsplatz in Ostasien geworden und die Briten eröffneten nach ihrem Sieg im Ersten Opium-Krieg (1839-1842) die erste Konzession in der Stadt. Ihnen folgten Franzosen, Amerikaner und Japaner, die sich ebenfalls eigene Viertel errichteten, in denen sie ihre eigenen Gesetze erließen und Handel trieben.

Im folgenden Jahrhundert wurde Shànghǎi ein Synonym für Reichtum und Sünde. Hohe Arbeitslosigkeit und die Ausbeutung der chinesischen Arbeitskräfte durch die internationalen Investoren begründeten das erste städtische Proletariat Chinas, wo sich 1921 die Kommunistische Partei Chinas gründete. Nach 1949 ließ Mao an Stelle der Slums Appartementhäuser errichten und sandte die Opiumabhängigen und Prostituierten zur

Umerziehung aufs Land. Der Reichtum der Stadt wurde zugunsten der ärmeren Provinzen abgeschöpft, und erst in den 1980er Jahren begann man damit, Shànghǎi wieder zur Drehscheibe des Handels in Ostasien auszubauen.

Außerhalb des Yu-Gartens gibt es ein Lokal, das berühmt ist für seine Shànghǎier Xiǎolóngbāo. Diese Art gefüllter Teigtaschen kenne ich bereits aus der Mongolei und dem Norden Chinas, aber in Shànghǎi ist der Teig dünner und die Füllung fein gewürzt, eine echte Spezialität. Nach dem Essen bummeln wir noch durch die Lǎo Jīe, die »Alte Straße« im Norden der chinesischen Altstadt von Shànghǎi. Im Erdgeschoss reihen sich Souvenirläden aneinander, während im ersten Stock die frisch gewaschene Wäsche vor den Fenstern hängt. In einer Straße wurde das Altstadtviertel komplett neu aufgebaut, und erinnert mich irgendwie an eine Kulisse für einen Hollywood-Film.

Am »Bund«, der berühmten Finanzstraße des legendären Shànghǎi, reihen sich westlich geprägte Fassaden der 1930er Jahre aneinander. Während die ehemaligen Häuser der ausländischen Besatzer unter Denkmalschutz stehen, wird an anderer Stelle die Abrissbirne geschwungen: 1990 wurde die Sonderwirtschaftszone Pudong gegründet und damit der Grundstein für einen neuen »Bund« gelegt. Inzwischen hat der Hafen von Shànghǎi den größten Gesamtumschlag der Welt. Die Stadt besitzt zwei internationale Flughäfen und entwickelt sich zu einem der größten Zentren der Informations-Technologie weltweit. Nebenbei gilt sie als aufregendste und modischste Stadt Chinas und ist ein Schmelztiegel der östlichen und westlichen Kulturen.

Allerdings hat der wirtschaftliche Aufschwung auch seine Schattenseiten. Die Folgen der Überbevölkerung und massiver Umweltprobleme sind deutlich sichtbar und die von den Kommunisten vor sechzig Jahren beseitigten, sozialen Probleme kehren zurück: Drogenmissbrauch, Prostitution und Arbeitslosigkeit wachsen mit der Wirtschaft um die Wette. Und mir bleibt nicht genug Zeit für Besichtigungen, weil wir in der knapp zehn Millionen Einwohner zählenden Metropole mit dem Auto immer wieder im Dauer-Stau stecken.

Motorräder sind in der Innenstadt von Shànghǎi ebenso verboten wie in Běijīng. Dennoch hole ich Rotbäckchen am nächsten Tag bereits wieder bei Cathy und Cerik ab, weil ich mit Kuang und dem Chinesen Ken zu den fünfhundert Kilometer entfernten Gelben Bergen fahren möchte. Die malerische Landschaft der zerklüfteten und oft in Wolken gehüllten Berge hat zahlreiche Maler und Poeten inspiriert. Zunächst aber müssen wir den Stadtverkehr hinter uns lassen. Die beiden Männer legen ein flottes Tempo vor und schlängeln sich ziemlich wagemutig zwischen den anderen Verkehrsteilnehmern hindurch. In großen Städten wie Shànghǎi klappt die Trennung der Fahrrichtungen ganz gut. Auf unseren zwei, manchmal drei Spuren fahren fast alle in der gleichen Richtung und ich komme trotz der breiten Alukisten einigermaßen gut hinterher. In kleineren Städten ist das schwieriger, weil sämtliche Verkehrsteilnehmer alle Fahrbahnen in beiden Richtungen sowie diagonal kreuzend benutzen.

Je näher wir den Bergen kommen, desto schöner wird die Strecke. Der Verkehr nimmt ab und die Straße wird einspurig. Sie umrundet mit weit geschwungenen Kurven immer größere Berge und ich freue mich über grüne Bäume und bunte Blüten am Wegesrand. Da und dort stehen Häuser mit geschwungenen Dächern und ich könnte tausend Fotos machen. Aber es wird bald dunkel und wir halten in einer kleinen Stadt und beziehen ein Hotel. Kuangs Frau wird in der Nacht mit dem Bus aus Shànghǎi kommen und Ken schlägt vor, dass wir beide ein

Zimmer teilen könnten, um Geld zu sparen.

Chinesen, die Englisch sprechen, haben neben ihrem chinesischen meist auch einen englischen Namen, den sie meist im Englischunterricht bekommen, und Ken spricht sehr gut Englisch. Am nächsten Tag fahren wir gemeinsam durch die Berge und ich stelle dabei überrascht fest, dass er sich öfter nach dem Weg erkundigt als ich selbst das tun würde. Immerhin haben wir eine Landkarte und es gibt jede Menge Straßenschilder. Aber diese Art der Navigation ist in China nicht sehr verbreitet. Zum einen sind Chinesen nicht an den Gebrauch von Landkarten gewöhnt, und zum anderen werden in diesem Land derzeit Straßen schneller gebaut, als man Karten zeichnen kann. Daher lohnt es sich immer wieder, andere Verkehrsteilnehmer zu fragen. Ken erledigt das bequem während der Fahrt, und das klappt hervorragend. Allerdings nur, weil er Chinesisch spricht. Bei mir funktioniert das nicht.

Optisch schön, aber ohne Heizung und fließendes Wasser

An einem Fluss steht ein ganzes Dorf weiß gekalkter Häuser mit schwarzen Dächern. Am Ufer waschen junge Frauen Wäsche und wir parken unsere Motorräder am Ortseingang. Hühner picken im Müll, ein kleines Kind kackt auf den Weg. Ich atme durch den Mund, um den stellenweise unangenehmen Gerüchen zu entgehen. Die Wege sind mit schmalen Ziegeln und quadratischen Steinen gepflastert. Manche Steine tragen chinesische Schriftzeichen. »Das sind Grabsteine«, sagt Ken, nachdem er einige Zeichen entziffert hat. Wir betreten ein altes Haus, das hundert Jahre alt ist, übersetzt Ken für mich. Die Familie lebt bereits seit dem achtzehnten Jahrhundert dort, erzählt die Hausfrau. Diese Information nachzurechnen überlasse ich den chinesischen Abakus-Künstlern.

In jedem Fall sind die rund vier Meter hohen Räume beeindruckend. Holztüren und Balken sind mit Schnitzereien reich verziert, und der Boden des Innenhofes ist mit großen, rechteckigen Schiefersteinplatten ausgelegt. Dort gibt es auch einen Abfluss, dessen Löcher in den Stein gemeißelt sind. Sohn und Tochter leben in der Stadt, erzählt die alte Frau. Aber auch dort werden sie vermutlich nicht genug verdienen, um dieses Haus und das Dorf vor dem Niedergang zu retten. Schade. Als wir den Komplex außen umrunden wird uns noch einmal bewusst, wie groß das ganze Gebäude ist, und wie sehr es verfällt.

Nach all dem Glitzer und Glamour in Shànghǎi sind die ärmlichen Lebensbedingungen in dem Dorf beinahe ein Schock für mich. Die Leute sind freundlich und sehen einigermaßen sauber aus. Wie machen sie das? Ken hat nach all dem Schmutz scheinbar ein großes Bedürfnis nach Sauberkeit und schlägt vor, unsere Motorräder putzen zu lassen. Er findet auch gleich den richtigen Platz dafür. Zwei Männer arbeiten sehr ordentlich mit viel Chemie, dicken Schwämmen und einem kräftigen

Hochdruckreiniger. Abends treffen wir uns mit Kuang und seiner Frau und essen ein Huhn, das die beiden extra in einem Dorf gekauft haben. Das sei ganz biologisch, meinen sie, während vor meinem inneren Auge Hühner zwischen Plastiktüten im Müll picken.

Am nächsten Tag ziehen Ken und ich wieder gemeinsam los. Aber wir kommen nicht weit, weil er bald einen Platten am Hinterrad hat. Mit Reifendichtmittel retten wir uns bis zu einer Reifenwerkstatt in der nächsten Stadt. Der weiße Schaum des Dichtmittels quillt aus dem Loch und mit einer einfachen Gummischlaufe ist es ebenfalls nicht getan. Das Rad wird ausgebaut und auf einem kleinen Motorrad davongefahren. Als Ken die Zeit zu lange wird, leiht er sich ein chinesisches Motorrad aus und fährt zu der anderen Werkstatt. Der Riss ist vier Zentimeter lang, erfahre ich hinterher, und er solle langsam fahren, habe ihm der Mechaniker gesagt. Ich bin gespannt, was Ken darunter versteht. Mit der Reparatur ist der Vormittag vorbei gegangen. Aber es ist schön zu wissen, dass solche Defekte in China repariert werden können.

Wir essen mit Kuang und seiner Frau zu Mittag, halten ein kleines Nickerchen auf den Bänken des Lokals und fahren dann zu viert rund hundertfünfzig Kilometer nach Norden, zu einem Motorradtreffen in der Stadt Huangshan. Dort werden wir am Ortseingang begrüßt und von einem Mitglied des veranstaltenden Motorradclubs zu einem Hotel geleitet, dessen ganzer Komplex für das Treffen reserviert ist. Auf dem Parkplatz, in der Lobby und auf den Gängen herrscht ein reges Gewusel. Nur wenige Biker sprechen Englisch, aber fast alle wollen ein Foto mit mir. Eine Weile mache ich das Spiel mit, dann aber freue ich mich, zwölf Freunde aus Shànghǎi zu treffen, die aus der Stadt angereist sind. Gemeinsam gehen wir in ein Lokal, wo der Lärmpegel so hoch ist, dass die Bedienungen gemäß deutscher Arbeitsschutzvorschriften mindestens Ohrenschützer tragen müssten.

Essen dient in China nicht nur der Nahrungsaufnahme. Gemeinsam zu Essen bedeutet für die Chinesen Wohlbefinden, Geselligkeit, Unterhaltung und Lebensfreude. Und, obwohl ich den Gesprächen am Tisch nicht folgen kann, fühle ich mich in diesen fröhlichen Runden immer wohl. Ich lache über Witze, die ich nicht verstehe und beobachte mit stiller Freude den rücksichtsvollen Tumult, der bei diesen Gelagen immer herrscht. Alle fuchteln eifrig mit ihren Stäbchen herum, Schüsseln werden hin und her gereicht und Knochen und dergleichen einfach auf den Tisch oder gleich auf den Boden gespuckt. Als wir gehen, sieht unser Platz wie eine Müllkippe aus. »Ganz normal«, versichert mir Cerik lachend. Er war bereits mehrmals in Deutschland und weiß, warum ich das Chaos diskret fotografiere.

Am Samstagvormittag versammeln sich alle Motorradfahrer auf dem Hauptplatz der Stadt, wo auf einer Bühne Reden gehalten und Gastgeschenke ausgetauscht werden. Das Fernsehen, der Bürgermeister und jede Menge Honoratioren sind da und keiner stört sich daran, dass zahlreiche Motorräder illegal importiert wurden und zum Teil keine Zulassung haben – auch meines. Unbesorgt werde ich fotografiert und gefilmt, bei der Eröffnung auf die Bühne gestellt, bestaunt und willkommen geheißen. Das ist für eine Weile ganz lustig, wird aber auf Dauer eher lästig. Als ich erfahre, dass die Shànghǎier am selben Tag wieder abreisen, schließe ich mich ihnen spontan an.

Es ist ein herrlich warmer, sonniger Tag und ich genieße die Fahrt. Der Pulk löst sich langsam auf, aber Ken hat meine Geschwindigkeit und an den Kreuzungen wartet immer wieder einer, um uns zu zeigen, wo es lang geht: über eine schön geschwungene Bergstraße, ein paar Kilometer auf Schotter und danach über nagelneuen Asphalt. Die Jungs geben mächtig Gas und fahren weite Radien. Ich halte mich ein wenig zurück, an den Rändern liegt viel loser Schotter. Und prompt rutscht ein Kawasakifahrer aus. Als ich an die Unfallstelle komme, liegt er noch ausgestreckt auf dem Boden, mit Helm auf dem Kopf und Schock in den Gliedern. Seine Beifahrerin, Grace, hat ihren Helm bereits abgenommen. Sie sitzt in einer zerrissenen, dünnen Regenjacke am Boden und betrachtet ihre Schürfwunden an Schulter, Ellenbogen und Hand.

Das Unfallmotorrad wird in einen kleinen Laster geladen

Ich öffne meine Erste Hilfe Tasche: Verband, Pflaster, Schmerztabletten – aber kein flüssiges Desinfektionsmittel. Wir stehen jedoch auf dem Parkplatz einer kleinen Kneipe. Und einer der Chinesen kauft eine Flasche Schnaps, benetzt damit das Verbandsmaterial und tupft dann die Steinchen aus der Wunde. Grace hat bei der Prozedur einen kleinen Stofffetzen zwischen den Zähnen und beißt kräftig drauf. Ich bewundere sie für ihr Rückgrat.

Der linke Motordeckel der Kawasaki ist durchgeschliffen und das Öl herausgelaufen. Außerdem hängt die Verkleidung in Fetzen. Dennoch hoffe ich, dass das Motorrad noch läuft. Aber natürlich nicht mehr heute und nicht mehr bis nach Shànghǎi. Außerdem hat sich der Fahrer eine Rippe gebrochen, vermutet er selbst. Ken fährt los um einen Abschleppwagen zu organisieren. Ich hole noch mehr Verbandsmaterial und wir verbinden Grace. Dann kommt Ken mit einem kleinen Lastwagen im Schlepptau. Es gäbe eine stabile Holzplanke, aber Ken meint, das Motorrad sei nicht schwer. Also packen drei Männer an und heben die Maschine auf die gut einen Meter hohe Ladefläche.

Grace fährt bei Ken mit und ich nehme seinen Rucksack. Wir warten unterwegs einmal auf den kleinen Transporter, dann erreichen wir eine Stadt, in der die anderen aus der Gruppe warten. Wir essen und betanken unsere Motorräder. In der Zwischenzeit kommt ein größerer Lastwagen. Die Kawasaki wird umgeladen und wir fahren weiter. Cerik lädt mich ein, dieses Mal bei ihm zu übernachten. Als wir in die Straße vor seinem Haus einbiegen, reißt mein Kupplungsseil. Ein einzelner Draht bringt mich noch bis vor seine Garage. Ich krame das Ersatzteil aus meinem Koffer und tausche es aus. Dann gehen wir hinein, duschen, essen und schlafen.

Am nächsten Tag fahre ich mit einem Shuttle-Bus zum Bahnhof. Dort habe ich die Wahl zwischen einem Fahrkartenschalter und einem Touch-Screen-Automaten. Letzterer kann Englisch und es ist ganz einfach, eine Fahrkarte zu kaufen. Ich wähle die Linie, mit der ich fahren möchte und tippe auf die Station, an der ich aussteigen will. Daraufhin zeigt mir der Bildschirm den Preis, vier Yuan. Nachdem ich bezahlt habe, bekomme ich eine Fahrkarte, mit der ich durch die Absperrung zum Gleis und am Platz des Volkes wiederum durch die Absperrung hinauskomme.

Am Shànghǎi Museum gibt es eine Kantine, die öffentlich zugänglich ist. Dort esse ich erst einmal eine kleine Schüssel Reis mit Gemüse und kaufe eine Flasche Wasser. Dann betrete ich erwartungsvoll das Museum. Sämtliche Reiseführer loben die Ausstellung, und ich gebe ihnen Recht: sie ist informativ, die Räume sind großzügig und die Ausstellungsstücke gut beleuchtet. Ich bewundere die chinesische Bronzekunst und die Skulpturen. Mit der Kalligraphie kann ich ohne Erklärungen nicht viel anfangen, aber das Porzellan begeistert mich. Nur die Minderheiten-Ausstellung finde ich etwas verwirrend. Die Kleidung ist nicht nach Volksgruppen geordnet, sondern nach Funktion, also Röcke, Hosen, Jacken. Da ich die einzelnen Kulturen nicht so genau kenne, fällt es mir schwer, die Ausstellungsstücke regional zuzuordnen. Außerdem ist das Museum insgesamt sehr finster, das wirkt mit der Zeit bedrückend auf mich.

Abends begleite ich Cerik zum Motorrad-Stammtisch. Wir sitzen in einem abgetrennten Raum einer Gaststätte an einem großen Tisch und die Runde widerspricht allen Verhaltensregeln, über die ich gelesen habe. Grace steckt ihre Stäbchen in den Reis, die Rechnung wird durch die Anwesenden geteilt und der Fisch zum Entgräten umgedreht. Benson Sun, der mir sein Appartement zur Verfügung gestellt hatte, möchte gerne mein Motorrad kaufen und im Herbst damit nach Tibet fahren. Ich würde sie ihm wirklich gerne überlassen. Aber ich bin mir noch nicht sicher, was der Zoll in Erlianhote dazu sagt, wenn ich das Motorrad im Land lasse. Also mache ich lieber keine leeren Versprechungen.

Im Süden von Ost nach West

Cerik hat mir die Adresse einer Motorradwerkstatt aufgeschrieben, die mein gerissenes Kupplungsseil reparieren kann. Mir gefällt die Idee, wieder einen Ersatz dabei zu haben und ich frage mich siebzig Kilometer weit durch die Vororte von Shànghǎi. Eine kleine Garage, ein geschickter Mechaniker und ein Schraubnippel, mehr braucht es nicht, um meine Nerven zu beruhigen. Aber der Tag ist inzwischen nicht mehr ganz jung. Ich mache noch einige Kilometer, und frage dann an einer Tankstelle nach einem Hotel. Ein Lastwagenfahrer bedeutet mir, ihm zu folgen und bringt mich zu einer preiswerten Unterkunft. Meine Navigation ist etwas zeitaufwändiger, weil ich immer wieder anhalten und mit Händen und Füßen sprechen muss. Und manchmal nervt mich das. Aber in den meisten Fällen bin ich wirklich beeindruck, wie viele hilfsbereite Menschen es gibt. Und ich habe große Zweifel, dass es Ausländern in Deutschland ebenso leicht gemacht wird.

Die Frau vom Hotel lädt mich zu Abendessen ein. Außer mir sind alle Gäste männlich und einer von ihnen schlägt mit deutlichen Handzeichen vor, er und sein Freund, die Dame vom Hotel und ich könnten alle miteinander Sex haben. Ich schüttle den Kopf, wende mich von ihm ab und lasse die anderen Anwesenden mein Büchlein mit Redewendungen lesen. Da fragt der aufdringliche Typ: »Mark?« Ich schüttle verständnislos den Kopf. Sein Freund hat ein Mobiltelefon mit Wörterbuch und zeigt mir auf dem Display: »Mark«. Nun fällt bei mir der Groschen. Sie wissen nicht, dass Deutschland inzwischen den Euro eingeführt hat, möchten aber gerne wissen, wie viel Geld ich verlange. Um weiteren Fragen aus dem Weg zu gehen schüttle ich weiterhin verständnislos den Kopf und zeige in meinem Sprachführer auf den Satz: »Es tut mir leid, ich muss nun gehen.« Unangenehme, taktlose Menschen gibt es leider überall.

Ich besuche den See der Tausend Inseln, ein knapp sechshundert Quadratkilometer großer Stausee. Karge Felsspitzen ragen aus dem klaren Wasser heraus und ringsum erhebt sich eine felsige, dicht bewaldete, wolkenverhangene Landschaft. Mir ist kalt, aber ich genieße die frische Luft und die Natur. Weiter im Süden steht eine alte, vernachlässigte Pagode zwischen den Reisfeldern, an einer Felsenklippe hängt ein Kloster und in Longyou gibt es eine Grotte. Dort halte ich, besichtige als erstes die Toilette und sehe mir dann einen Informationsfilm an, der leider nur in Chinesisch gezeigt wird. Also gehe ich zu den Grotten, um mir selbst ein Bild zu machen.

Nach kurzer Zeit holen mich drei junge Frauen ein, die als Fremdenführerinnen arbeiten und nun die Gelegenheit nutzen wollen, um ihre Englischkenntnisse anzubringen. Eine von ihnen spricht recht frei, während die beiden anderen sich ihre Sätze erkennbar sorgfältig zurechtlegen, bevor sie sie aussprechen. Meine Antworten werden dann gemeinsam diskutiert, oder interpretiert. Ich finde es toll, dass sie so wissbegierig sind und nehme mir vor, selbst ebenfalls wieder öfter von meinem Buch mit Redewendungen Gebrauch zu machen, um etwas Chinesisch zu lernen.

Von den Frauen erfahre ich, dass es neben den sieben Höhlen, die man besichtigen kann, noch weitere siebzehn von Menschenhand geschaffene Höhlen gibt. Die größte umfasst rund dreitausend Quadratmeter und alle sind angeblich rund dreißig Meter hoch. Anhand mehrerer Fischschwanz-Dekorationen vermutet man, dass die Höhlen rund zweitausend Jahre alt sind und Wissenschaftler haben ausgerechnet, dass mit den damaligen Werkzeugen hundert Arbeiter rund dreizehn Monate benötigten, um eine einzige tausend Quadratmeter große Höhle zu bauen. Wer die Grotten aushöhlte, und warum, das weiß heutzutage niemand. Darüber hinaus rätseln die Historiker, wie dieses gigantische Bauwerk in Vergessenheit geraten konnte und warum es nirgendwo dokumentiert ist.

Als wir zum Ausgang kommen, steht dort eine große Menschenmenge um mein Motorrad herum. Sie haben Rotbäckchen wohl schon eingehend betrachtet und blicken nun erwartungsvoll in meine Richtung. Eine Frau möchte das übliche Foto mit mir machen und drei Männer laden mich zum Essen ein. Ich entgegne, dass ich einen Platz zum Schlafen brauche und bekomme als Antwort, das sei kein Problem, ich solle nur ein bisschen warten. Kurze Zeit später kommt ein chromblitzender, silbergrau lackierter Yamaha Chopper, eine DragStar, angefahren. Der Fahrer, Qi Wenkai, begrüßt mich mit unsicherem Englisch und bittet mich, mitzukommen.

Bis wir ein Restaurant erreichen, sind wir schon zu acht, die an einem großen runden Tisch in einem abgetrennten Raum Platz nehmen. Kurze Zeit später kommen noch eine Frau mit ihrer Tochter sowie ein frisch verheiratetes Paar dazu. Die junge Ehefrau sieht sehr trotzköpfig aus und raucht ungeniert. Sie hat etwas burschikos-freundlich-liebenswertes an sich und ist mir sofort sympathisch. Aber als die Bedienung chinesischen Schnaps serviert, wird mir ein bisschen unheimlich. Meine Sorge ist jedoch unbegründet. Nur drei Männer trinken Schnaps, alle anderen bleiben sehr zurückhaltend beim Bier und der Yamaha-Fahrer trinkt, ebenso wie ich selbst, Tee.

Dennoch werde ich nach einiger Zeit ungeduldig. Ich weiß immer noch nicht, wo ich übernachten werde. Plötzlich überreicht mir Frau Trotzkopf, die von den anderen Girl-Boss genannt wird und eigentlich Chen Cangmang heißt, ihr Handy: Andrew aus

Běijīng meldet sich. Er hat fünfzehn Jahre in Australien gelebt, spricht fließend Englisch und soll mich fragen, warum ich ein chinesisches Nummernschild habe, obwohl ich aus Deutschland komme. Die Logik ist nicht von der Hand zu weisen und ich erkläre meinen Gastgebern, dass ich in China eine Zulassung brauche und daher das deutsche Kennzeichen in meiner Alubox spazieren fahre. Man kann es einfach nicht allen Recht machen ...

Nach dem Essen fahren wir zu einem großen Hotel und der Girl-Boss bucht mir ein Zimmer. Ich werde mit großer Eskorte hinaufbegleitet, aber zuletzt bleibt nur eine Frau bei mir, während ich mich umziehe. Anschließend geht es auf dem Soziussitz der Yamaha zu einer Disco. Wir betreten ein kleines Kellerlokal mit erträglich lauter Musik. Unsere Gruppe belegt zwei Tische und die Bedienung stellt auf jeden ein paar Knabbereien und eine Karaffe mit einer herzhaften Jack Daniels-Cola Mischung. Nach kurzer Zeit kommt Andrew in das Lokal spaziert. Andrew kommt aus Běijīng, ist dort verheiratet und arbeitet für die Firma seines Schwiegervaters. Der hat ihn für drei Jahre nach Longyou geschickt und er langweilt sich schrecklich in der Kleinstadt mit nur achtzigtausend Einwohnern, erzählt Andrew mir. Von ihm erfahre ich auch, dass dies kein Lokal der Oberschicht ist: »Hier halten sich eher ungebildete Menschen auf und viele nehmen chemische Drogen«, sagt er.

Wir können uns allerdings nur unterhalten, wenn Chen Cangmang gerade mit jemand anderem spricht. Frau Trotzkopfs Mann hat uns nach dem Essen verlassen und sie hat zu würfeln begonnen, kippt erstaunliche Mengen Alkohol in sich hinein und schäkert mit Andrew, der gute Miene zum bösen Spiel macht und wacker versucht mitzuhalten. Irgendwie tut mir der Girl-Boss leid: sie ist das reichste Mädchen der Stadt, aber gefangen in Konventionen, die sie ganz offensichtlich langweilen.

Ich möchte nicht mit ihr tauschen.

Ein anderer Gast hat Geburtstag und ich beobachte amüsiert, wie er mit dem Gesicht in seine Torte hineingetaucht wird. Während er sich wäscht, wird ein anderes Mädchen regelrecht eingesahnt. Ansonsten geht es an der Oberfläche sehr züchtig zu. Drei junge Frauen in langen gelben Röcken zeigen einen Bauchtanz, der mich an die Jazztanz-Bemühungen meiner Jugend im Turnverein erinnert. Unsere Runde schrumpft auf einen Tisch zusammen und Chen Cangmang wechselt den Sparringpartner beim Würfeln. Andrew ist inzwischen schon sehr betrunken und hält sich nur noch mit Hilfe der Tischkante aufrecht. Sein Chef, der ebenfalls mitgekommen ist, versucht wiederholt, mich in das Spiel zu integrieren, aber ich wehre mich erfolgreich und flüchte auf die Tanzfläche.

Als Qi Wenkai einen Anruf von seiner Frau bekommt, nutze ich die Gelegenheit und schlage vor, heimzufahren. Es war schön, ich habe getanzt und gelacht, und Andrews Chef hat sogar für mich gesungen. Aber nun reicht es. Chen Cangmang und Andrew sind gut abgefüllt und wir verabschieden uns alle von einander. Andrew muss am nächsten Tag arbeiten, entschuldigt er sich. Morgen ist Sonntag, aber das heißt in China nicht viel. Chen Cangmang lädt mich für den nächsten Abend zum Essen ein, und ich sage spontan: »Ja.«

Am nächsten Tag ziehe ich in ein anderes Hotel, das mir Qi Wenkai zeigt. Dort gibt es kein Restaurant mit Frühstücksbuffet, aber das Bad hat ein Fenster und das Zimmer ist hell und hat sogar einen Computer mit Internetanschluss. Vor allem aber sind die Mitarbeiter herzlich-nett, statt nur freundlich-höflich zu sein. Wir fahren zum Motorrad putzen, und dann weiter zum Essen zu Ye Wei. Der Biker arbeitet im Restaurant seiner Eltern und kocht dort ein tolles Menü für uns, bevor wir alle gemeinsam in die Berge fahren.

Qi Wenkai fährt mit seinem Yamaha Chopper. Zhou Yi, der Fotograf, und Ye Wei, der Koch, fahren jeweils mit ihren Rollern, und Xi Wei, der vierte Mann in unserer Runde, hat ein chinesisches Motorrad. Da wir nur ein kurzes Stück fahren, habe ich meine Crossstiefel im Hotel gelassen und trage stattdessen Turnschuhe. Allerdings ist die Straße bald so schlecht, dass das Bergsteigen bereits auf den Motorrädern beginnt. Qi Wenkai hat seinen Chopper sehr gut im Griff und wir erreichen problemlos eine zweistöckige Berghütte. Haus und Hof sind auffallend sauber. Man kann dort Übernachten und Schuhe zum Wandern ausleihen, erfahre ich. Wir warten auf das Auto mit den Frauen und Kindern, und laufen dann auf einem Trampelpfad zu einem Wasserfall.

Am Wasserfall - bei einer Wanderung in den Bergen

So viel Grün, ganz ohne Müll. Das kenne ich in China bisher

noch gar nicht, und in mir keimt der Verdacht, dass es auch im Reich der Mitte einsame Ecken gibt, in die man sich zurückziehen kann. Wir lassen die letzten landwirtschaftlich genutzten Flächen hinter uns und wandern durch unberührte, felsige Natur. Gemeinsam mit Xi Wei erreiche ich lange vor den anderen den Wasserfall und stelle mich dort eine Weile mit ausgebreiteten Armen in die Gischt des fallenden Wassers. Ich fühle mich pudelwohl und beginne voller Lebensfreude in den Felsen herumzuklettern. Inzwischen sind die anderen ebenfalls angekommen und Qi Wenkai kann plötzlich fließend Englisch. Ich solle aufpassen, ermahnt er mich besorgt.

Auf dem Rückweg essen wir noch einen Teller Suppe in einem Dorf, dann kehren wir zu meinem Hotel zurück. Dort verbreiten alle viel Hektik und ich beeile mich, muss dann aber vor dem Hotel ewig warten, bis ich als Sozia von Qi Wenkai zum Abendessen mit Chen Cangmang gefahren werde. Ich weiß, dass er gut Motorrad fährt und genieße es, als Beifahrerin viel mehr Zeit zu haben, mich umzusehen. Aber dann bin ich doch einigermaßen geschockt, als Qi Wenkai ein Kind auf einem Fahrrad überholt und mit dem Spiegel nur drei Zentimeter vom Arm des Mädchens entfernt ist.

Das Lokal enttäuscht mich auf den ersten Blick. Wie kann das sein, dass mich das reichste Mädchen der Stadt in einen kahlen, weißen Raum mit Betonboden und Blechtischen einlädt? Aber dann kommt das Essen: Fisch, Fleisch und Gemüse. Alles ist von hoher Qualität, fein gewürzt und sorgfältig aufeinander abgestimmt. Ich genieße jeden Bissen. Chen Cangmangs Ehemann sitzt mit uns am Tisch und Frau Trotzkopf benimmt sich absolut standesgemäß. Die Rolle steht ihr gut, finde ich, auch wenn sie etwas gelangweilt wirkt. Nach dem Essen verabschieden wir uns voneinander und Qi Wenkai bringt mich zurück zum Hotel. Wir sind alle müde von dem langen Abend zuvor.

Am nächsten Morgen schenkt mir Xi Wei zum Abschied grünen Tee, weil ich lieber Tee trinke als Bier. Ich freue mich über das Geschenk, und mehr noch über seine Aufmerksamkeit. Tatsächlich entwickle ich mich in China zur Liebhaberin von grünem Tee und merke, dass meine Geschmacksnerven immer sensibler werden. Es gibt einfache Sorten, wie sie in den kleinen Gasthäusern auf dem Land ausgeschenkt werden. Sie schmecken eher trocken herb und passen gut zum Alltag und zu kräftig gewürzter Hausmannskost. Die feinen, samtig schmeckenden Sorten eignen sich für eine ruhige Stunde an einem lauen Sommerabend, oder für erlesene Speisen. Dabei ist Zeit ein wichtiger Bestandteil des Genusses. Die eher ungeduldige deutsche Redensart »Abwarten und Tee trinken« verwandelt sich in China bei einem hochwertigen, wohlschmeckenden Tee in ein entspannendes »Tee trinken und die Zeit fließen lassen«.

Eine zweispurige Straße führt aus der Stadt Longyou hinaus, wird nach einer Baustelle einspurig, und bringt mich durch einen lichten Bambuswald und in engen Kurven auf einen Berg hinauf. Ich lasse mir Zeit, genieße die Fahrt, die Aussicht und die Zeit, die wieder mir gehört, und denke an die zahlreichen Erlebnisse der vergangenen Tage. Ein junger Mann überholt mich mit seinem chinesischen Motorrad. Ich weiß, dass seine Bremsen schlecht sind, dennoch bleibt er so abrupt stehen, dass ich nur mit einem beherzten Zug an meinem Bremshebel einen Zusammenstoß verhindern kann. Freilich, bergauf und mit Frau und Kind auf dem Sozius funktioniert die Motorbremse hervorragend. Aber warum das waghalsige Manöver?

»Bǎo-mǎ!« ruft der Fahrer begeistert, und ich weiß sofort, wen er meint: Rotbäckchen ist eine BMW, eine Bǎo-mǎ. Übersetzt bedeuten die beiden Worte »kostbares Pferd« und der Mann starrt eine gefühlte Minute lang mit offenem Mund auf den Schatz vor ihm, reckt dann den linken Daumen nach oben, gibt dann seinen eigenen Pferdchen wieder die Sporen.

Zweihundert Kilometer später erreiche ich die kleine Stadt Lóngquán und zeige einem jungen Familienvater meinen Hotelzettel. Er holt sein Motorrad, setzt sich einen Bauarbeiterhelm aus Plastik auf und führt mich durch die Stadt. Der Helm schützt vermutlich noch weniger als die berühmte Pudelmütze, die bei einem Unfall zumindest nicht zerbricht, während der Bauhelm noch vor dem Aufprall vom Kopf fällt. Aber wir begegnen zahlreichen anderen Kradfahrern mit denselben Plastikhelmen. Das scheint ein Sonderposten gewesen zu sein. Vielleicht eine städtische Aktion zur Fahrsicherheit? Immerhin macht der gelbe Helm meinen Fremdenführer gut sichtbar und ich kann ihm problemlos durch das Verkehrsgewühl folgen, obwohl ich mit meinen breiten Alukoffern und meiner schwerfälligen deutschen Straßenverkehrsmentalität nicht ganz so mutig und agil durch die abendliche Rushhour pflüge wie der Chinese mit seinem kleinen roten fünfzig Kubik-Flitzer.

Wieder ein Hotel, wieder eine Garage für mein Motorrad und dieses Mal ein Spaziergang durch die Stadt auf eigene Faust. Ich folge der Uferpromenade des Lóngquán Xī, einem breiten, gemächlichen Fluss, und erreiche einen Nachtmarkt mit zahlreichen Essensständen. Neugierig besichtige ich das Speisenangebot. Am besten gefällt mir ein Stand mit einem Buffet und dickwandigen Keramiktöpfen. Ich fülle eine dieser üppigen Kochschalen mit verschiedenem Gemüse und etwas Tofu und bekomme ein paar Schöpfer Suppe und einen passenden Deckel für die Schale. Dann zündet die Wirtin etwas Feuerpaste in einem Fondueständer an und das Gericht kocht vor mir am Tisch. Offensichtlich war die Suppe gut gewürzt, denn das Gericht schmeckt toll und die Schale Reis, die ich dazu bekomme, sättigt mich.

Ein paar Stände weiter beobachte ich einen Nudelmacher, der Teigfäden in die Länge zieht. Dazu reckt und streckt er sich und wickelt sie mehrfach um seine Arme. Das sieht sehr sportlich aus und ich würde die Nudeln gerne probieren. Aufgrund der zahlreichen Garküchen habe ich jedoch meinen Benzinkocher in Běijīng gelassen. Für den Fall, dass ich doch einmal eine geeignete Stelle zum Zelten finde, habe ich ein paar Notrationen Müsli dabei, die ich mit kaltem Wasser anrühre, aber damit kann man freilich keine Nudeln kochen.

Dort, wo die Häuser näher an das Ufer des Flusses heranrücken, ziehen hell erleuchtete Schaufenster mit schicker Markenkleidung, neuester HiFi-Technik und Flachbildschirmen meine Blicke an. Aber ich brauche keinen Fernseher, für mich gibt es auf Chinas Straßen genug zu sehen. Aus Zhuzhou habe ich eine Einladung bekommen, mir Shaoshan, den Geburtsort Maos, sowie Zhangjiajie, den schönsten Ort Chinas, anzusehen, und im Süden beginnt bald die Regenzeit. Vielleicht ist es tatsächlich besser, in Richtung Westen abzudrehen? In der nächsten Stadt stehen Polizisten an einer Kreuzung und ich beobachte, wie sie einen Fahrradfahrer anhalten, der ordnungswidrig auf der Straße statt auf dem Fahrradweg fuhr. Das sieht sehr streng aus und ich fahre lieber zügig weiter, statt mich lange nach dem Weg zu erkundigen. Ein paar Kreuzungen weiter finde ich ein Schild, das mir weiterhilft. Ich muss in Pucheng nach links abbiegen, auf die G 205, und nach einer Weile nach rechts fahren, zum Wuyishan, einem Nationalpark in den Bergen.

Allerdings macht mir der Straßenzustand wieder einmal einen Strich durch die Rechnung. Auf Schotter bin ich so langsam, dass ich es bei Tageslicht nicht bis in die Touristenregion schaffe. Stattdessen halte ich in einem kleinen Ort und finde dort ein Hotel mit Gemeinschafts-Plumpsklo und Waschbecken auf dem Gang. Als ich nach dem Preis frage, zeigt mir die Hausdame zwei Finger. Zwanzig Yuan sind ein annehmbarer Preis, und um sicher zu gehen, zeige ich ihr den entsprechenden Geldschein. Nein, schüttelt sie den Kopf, damit ist sie nicht zufrieden. Ich bin einigermaßen verblüfft, hole Stift und Zettel aus meiner Jackentasche und beobachte, wie sie eine zwei mit vier Nullen auf das Papier malt, und dann die letzte Null großzügig ausstreicht.

Ich lache freundlich, schüttle meinerseits den Kopf und gehe die Treppe nach unten. Bei diesem Phantasiepreis fange ich gar nicht an zu handeln. Auf dem Weg nach unten zeigt sie mir vier Finger und ich überlege kurz, ob sie auf 4000 erhöht? Mehr als zwanzig Yuan ist ihre Kammer nicht wert, und als ich unten bei meinem Motorrad ankomme, bietet sie mir genau diesen Preis an. Also parke ich das Motorrad im Hausflur und trage mein Gepäck nach oben, wasche Gesicht und Hände und gehe wieder hinunter auf die Straße. Schräg gegenüber ist ein kleines Lokal. Aber das wäre zu einfach. Also laufe ich erst noch die Straße auf und ab, bevor ich dort einkehre.

Auf meine Geste des Essens hin öffnet die Wirtin eine Vitrine und lässt mich verschiedene Gemüsesorten aussuchen, die sie dann im Wok für mich brät. Dazu stellt sie mir eine Schüssel Reis und eine Reissuppe auf den Tisch. Schnell ist derselbe von einer kleinen Menschenmenge umgeben. Die Wirtin will sie weg schicken, aber ich bedeute ihr, dass sie bleiben können. Ich bin zwanzigtausend Kilometer gefahren, um mir die Volksrepublik China und ihre Bewohner anzusehen. Wie könnte ich ihnen da verübeln, dass sie sich im Gegenzug auch mich ansehen wollen? Die Menschen sind sehr braun und haben auffallend runde Gesichter. Eine chinesische Minderheit? Oder ganz einfach

Leute vom Land, die keine bleichende Gesichtscreme benutzen? Ich weiß nicht recht, wie ich das fragen soll und lasse es deshalb lieber bleiben.

Ein Mann will wissen, wie viel mein Motorrad kostet. Und ich suche aus dem Sprachführer als Antwort heraus: »Wǒ bù mài – ich verkaufe nicht.« Tatsächlich will er die BMW natürlich nicht kaufen, aber ich will ihm auch nicht sagen, wie viel Geld auf der anderen Straßenseite im Hausflur steht. Lügen will ich jedoch auch nicht, also bleibe ich dabei, dass ich mein Motorrad nicht verkaufe und bekomme so die Gelegenheit, den neu erlernten Satz ein paar Mal zu wiederholen.

Eine Frau und zwei Mädchen lesen eifrig in meinem Sprachführer und der Mann, der den Preis für mein Motorrad wissen will, lässt sich Stift und Papier bringen. Mit großer Konzentration malt er einige Schriftzeichen. Ich kann ihn nicht aufhalten und am Ende ist er sehr enttäuscht, weil ich das Geschriebene nicht lesen kann. Als ich dann mit Hilfe des Sprachführers ein paar Sätze mit der Frau wechsle, versteht er die Welt nicht mehr: »Warum kann sie das lesen?« beklagt er sich, und ich bin sehr dankbar, dass ihm meine Gesprächspartnerin die unterschiedlichen Schriften erklärt, denn ich möchte nicht unhöflich sein.

Mit meiner deutschen Unart, alles aufzuessen, errege ich weiteres Unverständnis. Wenn keine Reste im Schüsselchen bleiben, heißt das in China, dass die Portion zu klein war. Aber ich kann das Problem mit meinem kleinen Büchlein klären: »Danke, ich bin gesättigt«, steht da, und ich gehe zum Hotel zurück. Bereits von weitem sehe ich jemanden auf meinem Motorrad herumklettern. Obwohl mir bewusst ist, dass ich das nicht vermeiden kann, werde ich jedes Mal wütend, wenn Menschen ungefragt an meinem Motorrad herumfingern. Ich lasse einen schrillen Pfiff durchs Treppenhaus erklingen und mache dann aus der

Nähe mit Gesten klar, dass sie mit den Augen schauen dürfen, aber nicht mit den Fingern herumspielen. Wieder stellt mir einer der Umstehenden die Frage nach dem Preis. »Wǒ bù mài!« erkläre ich, voller Stolz auf meinen neuen chinesischen Satz. in dem Moment entdeckt einer das BMW Schild, und weitere Fragen erübrigen sich.

Ich wickle demonstrativ das große rote Schloss um das Hinterrad und sperre es ab. Dann gehe ich zu Bett. Aber ich schlafe schlecht. Auf der Straße fährt die ganze Nacht ein Motorrad auf und ab und nebenan quiekt ein Schwein. Und als der Morgen graut, ist es erst recht zu laut, um zu schlafen. Vermutlich war ich nicht wirklich müde, denke ich bei mir, stehe auf und fahre los. Es ist gerade einmal halb sechs.

Wuyishan erschreckt mich mit seinen schrillen Werbeplakaten und ich bestaune vom Motorrad aus die Bemühungen, mitten in den Bergen naturgetreue Plastikfelsen für Touristen zu bauen. Dann komme ich an eine geschlossene Bahnschranke und warte geduldig, bis ein Schrankenwärter kommt und mir erklärt, dass dies eine dauerhafte Sperrung des Militärs ist. Er holt mit seinen Armen weit aus, um mir die Umleitung zu beschreiben. In Wirklichkeit sind es nur zwei Kilometer, aber auf der Schotterstrecke höre ich die Antriebskette meines Motorrades schlagen und erinnere mich mit schlechtem Gewissen daran, dass ich sie schon länger nicht mehr gespannt habe. Also halte ich bei einem Haus mit betoniertem Vorplatz an und krame das Werkzeug heraus. Ein paar Männer kommen dazu und wollen helfen. Sie kennen die langen Federwege der F 650 Dakar nicht und wundern sich daher, dass die Kette so viel Durchhang hat. Aber sie akzeptieren meinen hochgereckten Daumen und ziehen die Achsmutter fest. Ich kontrolliere noch einmal alles, packe dann auf und fahre weiter.

Als ich in den vierten Gang schalte, höre ich wieder das Schlagen der Kette. Zu lang ist sie nicht, es muss etwas anderes sein. Ich schalte wieder hinunter und glaube, das Geräusch wird bei hohen Drehzahlen leiser. Der Motor? Ich halte an. Im Stand höre ich nichts. Also fahre ich wieder los. Bald geht es bergab und ich lege den Leerlauf ein. Das Geräusch bleibt. Das Getriebe ist also unschuldig. Ich schalte die Zündung aus. Das Geräusch bleibt. Der Motor kann also auch nichts dafür. Ich rolle weiter. In Linkskurven ist es lauter als in Rechtskurven. Das Hinterrad? Die Achse? Da sehe ich auf der rechten Straßenseite ein paar Männer an einem Motorrad schrauben, in einer Steilkurve mitten auf der Straße, und bleibe neben ihnen stehen. Manchmal mache ich Dinge, die mir selbst unerklärlich sind.

Ich steige ab, hebe die F 650 GS Dakar locker auf den Hauptständer, da die Kurve nach Innen abfällt, und wackle, ja wirklich, wackle am Hinterrad. So kann ich nicht weiterfahren. Bei diesem Gedanken kommt der Mechaniker, besieht sich das Malheur, holt sein Werkzeug und repariert das Motorrad, als wäre es für ihn das normalste von der Welt, in der chinesischen Provinz auf einer Landstraße, in einer Kurve eine BMW zu reparieren.

Natürlich helfe ich mit, baue das Hinterrad aus und bekomme beim Anblick des völlig zerbröselten Radlagers eine kleine Panikattacke, weil ich mir nicht vorstellen kann, wo ich mitten im Nirgendwo ein passendes Radlager auftreiben soll. Aber der Mechaniker zaubert ein Radlager herbei und nach dreißig Minuten ist alles wieder gut. Ich weiß nicht, wie mein Engel mit den öligen Händen heißt, ich kann ihm auch nicht sagen, wer ich bin, woher ich komme und wohin ich fahre. Und ich darf ihm nicht einmal das Radlager bezahlen. Aber er arbeitet sehr gut und ich kann seine Werkstatt wirklich empfehlen.

Erleichtert über die glückliche Fügung fahre ich weiter, bis ein umgestürzter Kleinlaster die Straße versperrt. Ein junges Pärchen entfernt sich gerade von der Unfallstelle, als ich ankomme. Sie hat ganz offensichtlich einen Schock. Ein junger Mann sitzt am Straßenrand und der Unglücksfahrer telefoniert. Ein Minibus fährt vorbei und ein Motorradfahrer drängt mich, ebenfalls weiterzufahren. Ich sehe mich noch einmal um. Niemand ist schwer verletzt und ich stifte vermutlich mehr Verwirrung und kann sowieso nicht helfen. Also fahre ich weiter. Aber am nächsten Schlagbaum, wo Autos Maut bezahlen müssen, überholt mich die Polizei und hält mich auf.

Vier Männer, zwei von ihnen mit modernen Handsprechfunkgeräten, kommen auf mich zu. Ich öffne den Klapphelm, lächle freundlich. »Show me your license«, sagt einer und ich zeige ihm meinen Reisepass. Rücksprache über Funk: »Show me your license«, wiederholt der Beamte die Worte, die ihm offensichtlich sein Gerät übermittelt. Ich zeige ihm meine deutsche Führerscheinkarte und deute auf das kleine Motorrad, das dort abgedruckt ist. Aber auch dieses Dokument interessiert die Männer nicht: »Show me your license«, wiederholen nun beide die Forderung. Was soll ich tun?

Einer der Männer geht hinter mein Motorrad und beginnt, die Ziffern auf dem Nummernschild abzulesen. Oh nein. Ich will auf keinen Fall, dass es wegen des Kennzeichens Schwierigkeiten gibt. »Méiyǒu, méiyǒu! – Nicht sein, nicht sein!« rufend klettere ich hastig vom Motorrad und öffne die Alubox, in der ich mein deutsches Nummernschild spazieren fahre. Während der Beamte mein Schild in seinen Händen dreht, hole ich den Fahrzeugschein der BMW heraus, deute erst auf das Kennzeichen und dann auf die Buchstaben-Ziffernkombination in meinen Papieren. Dann deute ich auf das BMW-Zeichen am Tank und auf dieselben Buchstaben im Schein.

Die Gesichter der Beamten entspannen sich. Ich werde angewiesen, das richtige Nummernschild zu montieren, und darf dann weiterfahren. Später erfahre ich, dass die Herren in Uniform wohl nicht von der Straßenpolizei, sondern vom Zoll waren, denn die meisten geschmuggelten Motorräder in der Volksrepublik China werden an der Küste von Fujian angelandet. Und genau in dieser Provinz befinde ich mich gerade. Aber nicht mehr lange, denn ich bin bereits kurz vor der Grenze nach Jiangxi. Dort halte ich am Busbahnhof an. Supermarkt, Restaurant und Hotel befinden sich dort in einem Haus und ich übernachte in einem weichen Bett, während das Motorrad zwischen zwei Regalen mit Reis und Nudeln parkt.

Als ich mit Cao Yue per SMS ein Treffen in Zhuzhou vereinbart habe, hatte ich in der Landkarte die Provinz Jiangxi übersehen. Nun bin ich ein bisschen in Eile, weil Cao Yue schon ungeduldig auf mich wartet. Am frühen Abend überquere ich die Grenze nach Hunan, stehe im Stau und kämpfe mich durch Staub und Schlaglöcher an stinkenden Lastwagen vorbei. Irgendwann erreiche ich ein Schild, das mir sagt, ich bin nur noch dreißig Kilometer von Liling entfernt. Da kommen mir zwei Motorradfahrer entgegen: »Nǐ hǎo! - Hallo!« rufen sie mir zu und winken mir, ihnen zu folgen. Wir biegen auf eine Nebenstraße ab und treffen bald einen Pickup, auf dem zwei Männer und zwei Frauen mitfahren. Yi Xiangbi trägt eine Fernsehkamera auf der Schulter, und Tina spricht Englisch. Die beiden Frauen sind das lokale Fernseh-Team und filmen meine Ankunft in Liling.

Hunan-Provinz

In den nächsten Tagen schreiben die Biker der Hunan-Provinz das Drehbuch meiner Reise. Ich werde von einem Motorradclub zum nächsten durchgereicht und mein Leben und die Organisation desselben wird mir schlicht aus den Händen genommen. Auf diese Entwicklung und ihre Dynamik bin ich nicht vorbereitet und fühlte mich immer wieder hin und her gerissen zwischen Freude und Dankbarkeit auf der einen und Unverständnis und Überforderung auf der anderen Seite.

In der Stadt Liling warten weitere Motorradfahrer auf uns. Wir treffen sie in einer Straße, die auf beiden Seiten mit Zweiradläden gesäumt ist. Honda, Suzuki, Yamaha, vom Chopper über die Moto-Cross-Maschine bis zum Rennmotorrad ist alles da, auch Roller, in Chrom und Plastik. Aber die Motoren haben maximal zweihundertfünfzig Kubikzentimeter, mehr ist in China derzeit nicht erlaubt. Es gibt lediglich eine Sondergenehmigung für Běijīng. Viel Zeit habe ich jedoch nicht, mich umzusehen, es geht gleich weiter zum obligatorischen Essen. Ich kann mir nicht alle Namen der am Tisch sitzenden merken. Zu viele begeisterte Motorradfahrer heißen mich willkommen und ich werde von einer Welle der Gastfreundschaft getragen. Aber ein paar Namen kann ich mir notieren: Liu Yuehong beispielsweise heißt der Arzt, der mir Augentropfen besorgt, weil der Fahrtwind die Netzhaut austrocknet.

Während des Essens erfahre ich, dass mein Kontaktmann, Cao Yue, nicht aus Liling, sondern aus Zhuzhou ist. Er möchte, dass wir noch am selben Abend in seine Heimatstadt fahren. Aber die Motorradfahrer von Liling verhindern das, ganz in meinem Sinne. Ich habe keine Lust in der Nacht Motorrad zu fahren, auch wenn es nur gute sechzig Kilometer sind. Stattdessen werde ich nach dem Abendessen zu einem Hotel gebracht. Das Motorrad parkt in der Küche und die Übernachtung ist kostenlos, weil der Direktor Shi Ming ebenfalls Motorradfahrer ist. Das finde ich wirklich sehr nett. Es hat außerdem den Vorteil, dass ich in der Hotelküche mit den Angestellten frühstücken darf. Mir gefällt es, am Leben der anderen teilzunehmen, anstatt alleine im Restaurant am Tisch zu sitzen.

Um acht Uhr werde ich abgeholt und wir fahren wieder zum Motorradladen. Dort stehen ein Zelt und das Motorrad von Ding Jiahui, der damit allein in Tibet war. Der zurückhaltende Mann ist mir sehr sympathisch, und eine Quelle der Ruhe in dem Tumult um mich herum. Leider haben wir keine gemeinsame Sprache, dabei würde ich so gerne alles über seine Reise nach Tibet erfahren. Stattdessen wird mein Motorrad geputzt und wir machen auf einem großen Bolzplatz Fahraufnahmen für das Fernsehen. Anschließend fahren wir auf einen Hügel, zum Tempel von Li Tian.

Von dort oben haben wir eine gute Sicht auf die Stadt Liling, die sich in die Biegung eines Flusses schmiegt. Der Tempel interessiert mich zunächst eher weniger, bis ich mir die Bilder genauer ansehe: Da werden Feste gefeiert und Feuerwerke gezündet. China-Böller krachen und Chinesengesichter lachen. Wer im asiatischen Raum wann genau die richtige Mischung aus Salpeter, Schwefel und Holzkohle mischte, ist unbekannt. Aber die Legende weiß, dass Li Tian (601-690) das Gemisch im Jahr 621 in Bambusstämme füllte und damit einen bösen Geist vertrieb. Damit hat er die China-Böller erfunden, mit denen bis in unserer Zeit weltweit gefeiert und böse Geister vertrieben werden.

Im vierzehnten Jahrhundert bekam das chinesische Feuerwerk Farbe und im fünfzehnten Jahrhundert kam es über die Handelswege der Mongolen nach Europa. Heutzutage wird siebenundneunzig Prozent des Weltmarktes von China beliefert. Die Herstellung ist arbeitsintensiv und gefährlich. Aber die chinesischen Medien berichten nur über die großen Unfälle, die vielen kleinen Einzelschicksale verschwinden in geheimen Statistiken.

Ich war am Abend meiner Ankunft bereits in den Nachrichten des Liling-Fernsehens, und treffe nun ein anderes Kamerateam. Ein Journalist, ein Kameramann und eine Englisch sprechende Praktikantin sind aus der Provinzhauptstadt Changsha herübergefahren, um eine kleine Dokumentation über mich zu drehen. Die drei arbeiten für den staatlichen Sender der flächenmäßig zehntgrößten Provinz Chinas. Mit knapp fünfundsechzig Millionen Einwohnern leben dort mehr Menschen als in Frankreich und ich weiß nicht, ob ich mich auf so viel Berühmtheit freuen soll?

Der Fernsehsender der Hunnan-Provinz schickt ein ganzes Kamerateam für ein Interview mit mir

Zunächst interviewt mich die Praktikantin auf Englisch. Der

Journalist versteht jedoch offensichtlich so viel, dass er noch ein paar Fragen nachschiebt. Dann nehme ich von den Menschen in Liling Abschied und fahre mit dem Kamerateam und Cao Yue in Richtung Zhuzhou. Unterwegs halten wir an und machen ein paar Filmaufnahmen auf dem Land. Dazu fotografiere ich einen Bauern und setze mich dann auf einen Felsen, um Notizen zu machen. Ich darf bei alledem nicht in die Kamera blicken und muss mich sehr bemühen, nicht blöd zu grinsen. Zum Schluss macht der Kameramann vom Auto aus noch ein paar Fahraufnahmen, dann winken sie uns zu und biegen nach Changsha ab, während ich Cao Yue nach Zhuzhou folge.

Wir fahren durch den alten Stadtteil, überqueren eine Brücke und kommen in die neue Stadt. Das ist wie eine Zeitreise durch China. Am Kentucky Fried Chicken biegen wir rechts ab und fahren zu »The Caretaker«, einem exklusiven Autowaschplatz. Auf dem Weg dorthin treffen wir bereits den Suzuki-Fahrer Liang Pin und den Honda-Fahrer Zhang Feixiang. Dessen Sohn stellt sich als James vor. Er hat in der Schule Englisch gelernt und nachdem sich die erste Aufregung gelegt hat, klappt unsere Unterhaltung ganz gut.

Der Boss des Autopflegeservice heißt Zhou Bin. Er bietet mir an, die Einspritzdüse meiner BMW zu reinigen. Ich erfahre, dass man das in China regelmäßig tun muss, weil der chinesische Sprit Zusätze enthält, die sich in der Düse absetzen. Tatsächlich stirbt die F 650 seit einiger Zeit im Standgas gerne ab und weil Zhou Bin sich offensichtlich mit Motorrädern auskennt, nutze ich die Gelegenheit und frage ihn nach einem Radlager. Sofort setzt er sich an seinen Computer und zeigt mir das Teil in einer digitalisierten Ersatzteilliste der BMW, um sicher zu gehen, das wir dasselbe meinen und er das richtige besorgt.

Plötzlich steht ein Mitarbeiter des Büros für Internationale Angelegenheiten vor mir. Er stellt sich selbst in fließendem Englisch vor und ich erschrecke ein bisschen. Was will er von mir? Nichts, erfahre ich schnell. Er übersetzt lediglich die Fragen einer Journalistin der örtlichen Tageszeitung. Der Beamte ist sehr nett und ich freue mich, einen Gesprächspartner zu haben, der mir etwas über die Stadt erzählen kann. So erfahre ich beispielsweise, dass die ersten chinesischen Motorradmotoren in Zhuzhou gebaut wurden.

Aber der Suzukifahrer Liang Pin drängt zum Aufbruch. Ich soll in seiner Wohnung duschen, übernachten werde ich dann in einem Appartement von Cao Yues Schwester, das leer steht, aber kein warmes Wasser hat. Liang Pin wohnt gleich um die Ecke in einem modernen Appartementblock und ich fühle mich in der hellen, freundlichen Wohnung sofort wohl. Nach dem duschen darf ich mir die Hochzeitsbilder von Liang Pin und seiner koreanischen Frau Jin Fenai ansehen.

Das Paar wurde in drei verschiedenen Trachten abgelichtet: in westlicher, in chinesischer und in koreanischer. Beide sehen sehr gut aus und ich freue mich, auch Jin Fenai noch zu treffen. Aufgrund meiner Reise nach Korea kann ich mich immerhin mit »kamsa hamnida« für die heiße Dusche bedanken. Jin Fenai braucht eine Weile, bis sie begreift, dass ich versuche Koreanisch zu sprechen, dann aber freut sie sich über meine Bemühungen. Und ich freue mich über die schönen Erinnerungen an meine Fahrt durch Korea, die unser Treffen bei mir wachruft.

Am späten Abend zeigen mir meine Gastgeber den Hauptplatz der Stadt, mit einer Statue des Kaisers Yan. Er gilt in der chinesischen Mythologie als einer der drei Urväter des Volkes. Vor fünftausend Jahren soll er den Chinesen den Ackerbau gelehrt, den Tee entdeckt und zahlreiche Heilpflanzen im Selbstversuch erprobt haben. Er wird auch Shennong, Göttlicher Bauer, genannt und James meint, die Statue habe Ähnlichkeit mit Karl Marx. Der deutsche Philosoph ist in China sehr bekannt, noch bekannter als Oliver Kahn, der berühmte Torwart der deutschen Fußball-Nationalmannschaft.

An dem hell erleuchteten Platz verabschieden wir uns alle voneinander und Cao Yue begleitet mich zu dem Plattenbau-Appartement in der Altstadt, in dem ich schlafen werde. Beim Eintritt verschlägt es mir fast den Atem und nachdem Cao Yue gegangen ist inspiziere ich die einzelnen Räume. Im Schlafzimmer bleibt neben einem französischen Bett und einem Kleiderschrank nur ein schmaler Weg zum Fenster frei. Das Wohnzimmer ist immerhin fast doppelt so groß, mit einer sechziger Jahre Couch und drei Sesseln, einem Tisch und einem Fernseher. Die Toilette ist ein Hockklo mit Dusche, dessen Boiler vermutlich nicht funktioniert. Dort duftet es nicht nach Veilchen, aber der schlimme Gestank kommt aus der Küche, dort steht roher Fisch ungekühlt auf der Arbeitsplatte.

Ich schließe die Türen von Küche und Wohnzimmer und öffne alle vergitterten Fenster so weit es geht. Nach ein paar Minuten ist der penetrante Fischgeruch im Schlafzimmer verflogen und ich schlummere tief und fest. Zum Frühstück bringt mir Cao Yue einen abgepackten Kuchen, den ich dankend ablehne. Ich erkenne die Rücksicht und Fürsorge hinter dieser Handlung, aber ein chinesisches Frühstück wäre mir um ein vielfaches lieber. Ich behelfe mich mit einem Apfel. Anschließend fahren wir zum Autowaschplatz, der an diesem Tag offiziell Eröffnung feiert.

Freunde und Geschäftspartner bringen Blumengestecke und Feuerwerkskörper, die am helllichten Tag gezündet werden. Außerdem werden einige große Rollen China-Böller abgebrannt und ich hoffe sehr, dass der Krach und Gestank die bösen Geister stärker beeindruckt als die Chinesen, die davon praktisch keine Notiz nehmen.

Ich würde mir gerne die Stadt ansehen und ein chinesisch-englisches Wörterbuch kaufen, von dem ich gehört habe. Aber Cao Yue vertröstet mich auf später und wir sitzen für mein Empfinden den ganzen Tag sinnlos in den Räumen der Autopfleger herum. James erzählt mir von einer Kletterhalle, aber auch diese Sehenswürdigkeit vertagt Cao Yue auf eine unbestimmte Zeit, die nie eintreten wird. Glücklicherweise bietet Zhou Bin am späten Nachmittag an, mein Motorrad zu zerlegen. Froh über die gute Gelegenheit und dankbar für die Abwechslung, bin ich sofort dabei, entferne die Abdeckungen und baue die Zusatztanks ab. Der Mechaniker bläst den Luftfilter aus, der bereits einiges an Dreck schlucken musste. Insgesamt sieht er aber noch so gut aus, dass ich ihn nicht wechsle.

Dann geht es ans Eingemachte: die Einspritzdüse wird unter meinen interessierten Blicken ausgebaut. Diese Region ist für mich Neuland, da ich noch nicht so tief in die Eingeweide der Maschine vorgedrungen bin und normalerweise eine Boxer-BMW mit Vergasern fahre. Erleichtert stelle ich fest, dass die Demontage nicht allzu kompliziert ist. Wer die Düse reinigt, erfahre ich nicht. Sie verschwindet einfach für eine Stunde mit einem Mechaniker und kommt dann gesäubert zurück.

Ich habe mich den ganzen Tag gelangweilt, aber nun, als ich mich gut mit den Mechanikern unterhalte, treibt Cao Yue zur Eile. Seine Schwester hatte bereits gestern Mittag für mich gekocht, behauptet er. Zu dieser Zeit waren wir noch in Liling und ich fühle mich nicht wirklich schuldig daran, dass ich nicht zum Essen erschienen bin. Dennoch überlege ich, ob der rohe Fisch die Rache für mein Fernbleiben war? Obwohl ich der Meinung bin, dass Cao Yue derartige Verabredungen einfach realistischer planen sollte, fühle ich mich unwohl bei dem Gedanken, dass seine Schwester mit dem Essen auf mich wartet. Genau das ärgert mich noch mehr und reduziert meine Freude auf das Abendessen. Mir fehlt es eindeutig an chinesischer Gelassenheit.

Wenig später sitze ich mit Cao Yue, seiner Schwester und einem Computer-Spezialisten, der an der Abendschule Englisch lernt, an einem Tisch. Ich hatte im Winter in Deutschland ebenfalls einen Chinesisch-Kurs an der Volkshochschule gebucht, der leider mangels Teilnehmer nicht zustande kam. Vermutlich hätte ich in den wenigen Monaten auch nicht viel gelernt, daher weiß ich die Bemühungen des Computer-Mannes sehr zu schätzen. Aber die Unterhaltung stellt hohe Anforderungen an meine Phantasie, mit der ich versuche, seine Aussprache mir bekannten Wörtern zuzuordnen, die zusammengesetzt einen Sinn ergeben. Anschließend bemühe ich mich, eine einfache Antwort zu geben. Ein Wörterbuch wäre nicht schlecht ...

Wir essen Huhn, Rind und Fisch, Chili, Gemüse und Tomaten mit Ei. Ich verteile Postkarten aus meiner Heimat und Cao Yues Schwester verabschiedet sich bald. Der junge Mann hingegen muss sich noch gemeinsam mit mir eine Aufzeichnung des Hunan Provinz Fernsehens über Cao Yue ansehen. Durch die Bilder erfahre ich, dass der Chinese mit seiner kleinen chinesischen Enduro in den Jahren 1996 bis 2005 sämtliche Provinzen der Volksrepublik China besucht hat. Eine tolle Leistung, die mich wirklich beeindruckt. Dennoch finde ich keinen Draht zu dem Weltenbummler im eigenen Land. Cao Yue und ich haben einfach keine gemeinsame Wellenlänge. In seiner Begeisterung, eine Gleichgesinnte gefunden zu haben, scheint ihm das aber nicht aufzufallen, und ich bemühe mich aufrichtig, ihm seine Freude über unsere Begegnung zu lassen.

Dennoch verabschiede ich die beiden Männer nach dem Film so schnell es geht. Das Essen bekommt mir nicht und ich möchte es gerne wieder in der Toilette entsorgen, aber nicht unbedingt vor den Augen meines Gastgebers und seines Gastes. Zunächst glaube ich, durch Erbrechen das Problem gelöst zu haben, wache jedoch in der Nacht noch viermal auf und übergebe mich. Nach dem zweiten Mal ist freilich nicht mehr viel aus meinem Magen herauszuholen. Ich habe nur Bier und abgekochtes Leitungswasser, das mir offensichtlich nicht bekommt. Und ich kann mir auf der Straße nichts kaufen, weil ich keinen Schlüssel für die Wohnung habe.

Um acht Uhr morgens wollten wir nach Shaoshan fahren, zum Geburtshaus von Mao Zedong (1893-1976). Aber mir geht es sehr schlecht. Zunächst bitte ich per SMS um einen Aufschub bis neun Uhr, dann aber muss ich mir selbst und Cao Yue eingestehen, dass ich nicht fahrtauglich bin. Kurze Zeit später betreten seine Schwester und er beinahe zeitgleich die Wohnung und ich versuche erst, seiner Schwester zu sagen, dass es mir nicht gut geht. Aber sie räumt lediglich das dreckige Geschirr weg, um das ich mich nicht mehr kümmern konnte, und geht dann eilends wieder. Vermutlich ist es ihr sehr unangenehm, dass ich ihr Essen nicht vertragen habe. Also teile ich Cao Yue per Sprachführer mit, dass ich krank bin. Er bietet sofort an, einen Arzt zu holen. Aber ich lehne ab und bitte stattdessen um Coca Cola und Trinkwasser in Flaschen.

Cao Yue verlässt mich und kommt kurze Zeit später mit einem jungen Mann wieder, der drei Worte Englisch kann. Mir ist jedoch nicht nach Konversation, daher zeige ich nun auf den Ausdruck für Lebensmittelvergiftung und bitte nochmals um Wasser und Cola. Wiederum wird mir ein Arzt angeboten. Wieder lehne ich ab. Bekomme aber dieses Mal zumindest die erbetenen Getränke gebracht. Nach ein paar dankbaren Schlucken schicke ich die beiden Männer fort mit dem Versprechen, am nächsten Tag fit zu sein. Im Lauf des Tages kommt Cao Yue mindestens fünf Mal, um nach mir zu sehen. Das ist lieb und fürsorglich, aber ich will einfach nur Schlafen. Stattdessen muss ich ihn jedes Mal mit vielen Worten und Gesten wieder hinauskomplimentieren.

Von diesen Unterbrechungen abgesehen schlafe ich bis zum nächsten Tag durch, wasche mich am Morgen mit warmem Wasser aus dem Wasserkocher und fühle mich danach viel besser. Also wasche ich auch noch das T-Shirt und das Halstuch, die ich über Nacht getragen habe. Ich will auf alle Fälle heute aus dieser Wohnung, in der nun der gekochte Fisch ungekühlt in der Küche vor sich hin muffelt. Cao Yue bringt wieder süßen Kuchen zum Frühstück, den ich wiederum dankend ablehne. Stattdessen trinke ich die restliche Cola. Dann fahren wir zu Zhou Bin, wo ich mein Motorrad abhole und mich herzlich verabschiede. Am liebsten würde ich wieder alleine meiner Wege ziehen, aber das ist Cao Yue auf höflichem Wege nicht zu vermitteln. Also fahre ich hinter ihm durch die Stadt.

Cao Yue muss immer wieder auf mich warten, weil ich mit dem chinesischen Verkehr an diesem Morgen gar nicht zurecht komme. An einer Brücke macht die Polizei eine Fahrzeugkontrolle. Cao Yue dreht um und bedeutet mir, dass ich geradeaus weiter fahren soll, direkt durch die Kontrolle hindurch. Sein Motorrad ist bereits so alt, dass es keine Straßenzulassung mehr hat. Deshalb benutzt er eine Fußgängerbrücke, die für Rotbäckchen samt Alukoffern zu schmal ist. Cao Yue weiß vermutlich nicht, dass ich ebenso wenig chinesische Papiere für mein Motorrad habe wie er für seines. Glücklicherweise wissen die Polizeibeamten das auch nicht und winken mich durch.

Der Beamte der Ausländerbehörde hat eine Besichtigung im Yamaha-Werk für mich organisiert und wir werden dort von

Frau Wang Yuanyuan und Herrn Feng Zhiguo begrüßt. Außer mir spricht keiner Englisch und die Werksführung ist für mich eine reine Bildergeschichte. Wirklich amüsant finde ich die Tatsache, dass ich keine Fotos machen darf. Weder im BMW-Werk in Berlin, noch im Dnepr-Werk in Russland war fotografieren ein Problem. Nur die Meister der Kopie scheinen Angst vor der Konkurrenz zu haben.

Nach der Besichtigung telefoniert Cao Yue und bedeutet mir, dass wir Siemens Locomotiv erst in neunzig Minuten besichtigen können und daher vorher essen sollten. Aber ich weigere mich. Zum einen will ich nichts Essen und zum anderen möchte ich lieber erst zu Siemens fahren. Wer weiß, wie lange wir bis dorthin brauchen? Vermutlich ist die Wartezeit längst um, bis wir die Firma erreichen. Tatsächlich ist es nicht so weit, allerdings fährt mein Begleiter an Siemens Locomotiv vorbei und hält stattdessen bei Siemens Transport. Dort werden keine Lokomotiven, sondern Untergrundbahnen für Shànghǎi und Guangzhou hergestellt. Dieser unwesentliche Unterschied scheint jedoch nur mir aufzufallen. Die Leute von Siemens Transport machen gute Miene zum bösen Spiel, Cao Yue ist glücklich und ich bin zu schlapp, um vermeidbare Diskussionen zu beginnen. Immerhin geht es um Transport auf Gleisen, und das hat Symbolcharakter für die Geschichte der Stadt. Ein geflügeltes Wort behauptet sogar, die Stadt Zhuzhou sei durch die Eisenbahn an ihren jetzigen Standort geschleppt worden.

Zum Schluss treffen wir Dorothy, eine Chinesin, die sehr gut Englisch spricht und mir in ihrem klimatisierten Büro etwas zu trinken anbietet. Sie stellt mir einen deutschen Ingenieur vor, dem ich einige belichtete Filme und Souvenirs mitgeben kann, weil er bald in die Heimat fliegt und sie dort per Post zu meinen Eltern schicken kann. Derart erleichtert mache ich mich wieder mit Cao Yue auf den Weg. Wir halten zwei Mal an Kreuzungen, um auf Motorradfahrer zu warten, die uns jeweils ein paar Kilometer begleiten, um sich dann wieder zu verabschieden. Einer von ihnen jagt mir einen kleinen Schreck ein, als er zum Abschied »Bis morgen!« sagt. Um diese Zeit hoffe ich, wieder alleine meiner Wege zu ziehen.

Hunan ist eine der fruchtbarsten und am besten bewässerten Provinzen Chinas und die Landstrasse in das siebzig Kilometer entfernte Shaoshan führt als Allee durch eine flache, üppig grüne Landschaft mit zahlreichen Reisfeldern. In Shaoshan will Cao Yue, dass ich an der Straße warte, während er zu einer Tankstelle fährt. Er wird richtig wütend, als ich ihm nachfahre. Aber ich kann nichts dafür, dass er meine Zeichensprache nicht versteht. Vielleicht fühlt er sich verpflichtet, meinen Sprit zu bezahlen, wenn ich mitkomme. Das soll er selbstverständlich nicht, aber ich muss tanken, denn ich kann Cao Yue meinerseits nicht fragen, wo die nächste Tankstelle ist.

Anschließend sucht Cao Yue ein Hotel, in dem er uns einquartiert, was mich einigermaßen überrascht. Ich dachte, er würde am Abend wieder nach Hause fahren. Aber weit gefehlt, er bestellt etwas zu Essen und macht es sich gemütlich. Ich beschränke mich auf eine Schüssel Reis und freue mich, dass ich sie bei mir behalte. Um Viertel nach neun kommt im Hunan Fernsehen die Reportage über mich, sagt Cao Yue. Aber zunächst finden wir den Sender nicht, und dann kommt die Sendung nicht. Also komplimentiere ich Cao Yue wieder einmal aus meinem Zimmer hinaus und schlafe mich weiter gesund.

Morgens fahren wir zu Mao Zedongs Elternhaus in einer gepflegten, ländlichen Umgebung. Die Gebäude aus Lehmziegel stehen an einem großen Teich mit Lotusblüten und der Eintritt ist frei. Wir besichtigen die einfach möblierten Zimmer mit ein paar Bildern an der Wand. Mao hatte drei Geschwister und sein Vater war ein Bauer, der es durch Sparsamkeit und Handel zu einem gewissen Wohlstand brachte. Aus diesem Grund konnte Mao zur Schule gehen und zuerst Lehrer und später Vorsitzender der Kommunistischen Partei werden.

An einem normalen Montag bezeugen ganze Heerscharen von Schulklassen und Touristenbussen dem kommunistischen Führer ihre Dankbarkeit und Anerkennung. Immerhin hatte Mao Zedong mit seiner Politik zu sechzig Prozent Recht. Nur vierzig Prozent seiner Entscheidungen haben sich im Nachhinein als Fehler erwiesen. So lautet zumindest derzeit das offizielle chinesische Urteil über den 1893 geborenen Bauernsohn aus Hunan, der nach jahrzehntelangem Bürgerkrieg das Land geeint, die Volksrepublik China gegründet und bis zu seinem Tod als Staatschef regiert hat.

Mit westlichen Wertvorstellungen lässt sich diese Beurteilung der fast dreißigjährigen Diktatur Maos nicht so ohne weiteres begreifen. Aber ich frage mich auch, ob man das asiatische Weltbild überhaupt mit westlichen Maßstäben messen kann. Vielleicht passt unser geradliniger Gedanken-Zollstock gar nicht für die chinesische Denkweise? Und vielleicht steht es uns auch nicht zu, darüber zu urteilen? Haben wir nicht selbst genug eigene Probleme?

Am Hauptplatz von Shaoshan steht eine überlebensgroße Bronzestatue von Mao. Souvenirstände, Reisebusse, Schulkinder und Rentner drängen sich auf dem riesigen Platz. Das ist eigentlich nicht mein Fall. Aber zu meiner eigenen Verblüffung kann ich mich der fröhlichen Atmosphäre nicht entziehen. Eine Schulklasse bittet mich um ein Foto und es gibt lautes Geschrei und strahlende Gesichter, als ich mich zu ihnen stelle. »Where do you come from? – Woher kommst du?« werde ich gefragt.

Meine Antwort: »Germany – Deutschland« verblüfft die Kinder. Meine Heimat ist ihnen vermutlich genauso gut oder schlecht bekannt, wie ihren deutschen Altersgenossen die Provinz Hunan. Aber die Lehrerin nickt mit dem Kopf und ich glaube, sie wird ihren Schülern später einiges erzählen über Marx und Goethe, Siemens und BMW.

Cao Yue drängt mich zum gehen. Er hat den Ort vermutlich schon öfter besucht als ich das Oktoberfest und Schloss Neuschwanstein zusammen. Dennoch bringt er mich pflichtbewusst zur Höhle des tropfenden Wassers, in die sich Mao zu Beginn der Kulturrevolution im Jahr 1966 zurückgezogen hatte. Aber ich verzichte auf die Besichtigung. Zu viel Mao an einem Tag ist bestimmt ungesund. Ich bin bereits reichlich gefüllt mit Eindrücken, die mir zu denken geben und sehne mich nach einer langen, entspannenden Fahrt mit dem Motorrad. Eine grüne Landschaft mit wenig Verkehr würde mir gefallen. Aber China ist das Land der Kompromisse: Cao Yue begleitet mich noch bis Ningxiang durch die grüne, bergige Landschaft. Dort verabschieden wir uns, endlich, und ich biege links ab, auf eine gerade, staubige Landstraße in Richtung Zhangjiajie.

So viel Zeit mit einem Menschen zu verbringen, der mir gar nicht liegt, finde ich sehr anstrengend und ich bin froh, endlich wieder alleine zu sein und meine Freiheit zu haben. Während ich das Motorrad rollen lasse, überlege ich, den Besuch bei den Motorradfahrern in Zhangjiajie abzusagen. Ich habe keine Ahnung, wer mich dort erwartet, und bin mir nicht sicher, ob ich einen zweiten Cao Yue riskieren soll? Grübelnd lege ich einen Kilometer nach dem anderen zurück, bis ich mich an eine ähnliche Situation in Russland erinnere. Damals wurde die nächste Begegnung sehr schön und es wäre schade gewesen, wenn ich die Leute nicht kennengelernt hätte. Also beschließe ich, mir selbst noch eine Chance zu geben.

Am Nachmittag bekomme ich eine SMS von einem Tang Hao, dass er in Yiyang auf mich wartet. Ich kenne keinen Tang Hao und weiß auch nichts davon, dass irgendjemand unterwegs auf mich wartet. Außerdem bin ich bereits hundert Kilometer weiter. Wollte er mich nur treffen? Oder mit mir nach Zhangjiajie fahren? Egal, ich soll weiterfahren, wird mir gesimst. Ich bin immernoch in derselben Stadt, als mich ein Motorradfahrer anhält, der kein Wort Englisch kann. Aber er scheint die Biker in Zhangjiajie zu kennen. Er deutet auf den Ort auf meiner Landkarte, zückt sein Handy und telefoniert. Dann zeigt er mir auf meiner Karte eine Straße, die in weitem Bogen durch die Berge führt. Dort soll ich fahren. Und er hat Recht: Die Strecke ist ein landschaftlicher Kurventraum. Aber ich muss die Freude teilen, mit dichtem Regen und hereinbrechender Dunkelheit. Als es aufhört zu regnen ist es nicht mehr weit. Aber ich bin müde, halte an einem Restaurant und setze mich für einen Moment auf einen kleinen Plastikhocker.

Die Menschen um mich herum sind heiter und neugierig, aber nicht aufdringlich. Ich könnte bei ihnen übernachten, bieten sie mir an, und ich bereue meine Entscheidung vom Nachmittag, denn nun warten die Motorradfahrer in Zhangjiajie auf mich, und ich muss weiter. Also erhebe ich mich ein bisschen schwerfällig von dem Hocker, verabschiede mich und erklimme mein Gefährt.

In einem Tunnel kommen mir Motorradfahrer entgegen. Eins, zwei, drei, vier, fünf Maschinen donnern an mir vorbei, wenden und treffen mich am Ausgang der Röhre, wo ich auf sie warte. Das große Hallo zaubert ein Lächeln auf mein Gesicht und plötzlich freue ich mich, da zu sein. Vor der Stadt wird an einer Schranke Maut erhoben. Wir Motorradfahrer brauchen nicht zu bezahlen, müssen aber trotzdem anhalten, denn auch der Fernsehsender von Zhangjiajie möchte über mich berichten. Und wieder ist es eine Frau, die die Kamera trägt und das Interview mit mir macht.

Wir fahren in ein viel zu teures Restaurant und ich fühle mich nach einem Tag auf der Straße in dem exklusiven Ambiente ein bisschen unwohl. Wenigstens Gesicht und Hände möchte ich gerne waschen. Der Waschraum ist sehr elegant mit schwarzem Naturstein gefliest. Aber es gibt keine Seife. Gut, dass ich selbst eine in der Hosentasche habe. Einigermaßen irritierend finde ich auch, dass mir die Frau mit der Fernsehkamera folgt. Glücklicherweise sind die Toiletten durch Zwischenwände voneinander getrennt und mit Türen vor Blicken von außen geschützt. Das ist in China nicht überall so.

Die Motorradfahrer haben einen Studenten organisiert, der für mich übersetzt. David ist sehr jung und aufgeregt. Aber er macht seine Sache gut, hoffe ich zumindest. Denn ich verstehe kein Chinesisch und weiß daher weder, was auf der anderen Seite gefragt wird, noch, was dort von mir ankommt. Und ich bin mir nicht sicher, wie viel David von dem versteht, was ich sage.

Mein Motorrad übernachtet in der Hotellobby und ich im sechsten Stock. Ohne Lift. Um neun Uhr werde ich abgeholt. Während ein paar Häuser weiter der Luftdruck der Reifen kontrolliert wird, kommt die Dame vom Fernsehen und wir düsen mit insgesamt zehn Motorrädern in Richtung Nationalpark Wulingyuan. Unterwegs halten wir in einer Kiesgrube. Während ein paar Biker die Geröllberge hinauf und herunter fahren, stellt mir die Reporterin noch ein paar Fragen.

Offensichtlich hat es sich bis Zhangjiajie herum gesprochen, dass ich mein Motorrad manchmal als Ehemann bezeichne.

Entstanden ist diese Idee in Afrika, als launige Antwort auf die ewig wiederkehrende Frage nach meinem Mann. Eine Russin hat die Aussage später ergänzt, als sie meinte, die Straße sei mein Zuhause und die Menschen, die ich unterwegs träfe, seien meine Familie. Diese Geschichte habe ich in China einmal erzählt, und prompt fand sie ihren Weg ins Internet. Nun werde ich überall darauf angesprochen, auch von der Reporterin des Zhangjiajie-Fernsehens.

Da mich alte Geschichten leicht langweilen, denke ich mir spontan eine neue Antwort aus: »Wir verbringen sehr viel Zeit miteinander und ich muss mich gut um mein Motorrad kümmern, damit es mich nicht im Stich lässt. Mein Motorrad muss aber auch gut zu mir sein und mich dort hinbringen, wo ich hinmöchte«, philosophiere ich vor mich hin, als Erklärung, warum ich sage, mein Motorrad sei mein Mann. David ist ganz ergriffen. Er hat Tränen in den Augen, als er meine Worte übersetzt. Auch die Fernsehjournalistin ist zufrieden, packt ihre Sachen und kehrt in die Stadt zurück.

Ich fahre mit den Bikern weiter zum Nationalpark. Unterwegs werden wir von der Polizei angehalten und die beiden Fahrer vor mir zeigen ihre Papiere her. Dann deutet der Zweite auf mich und erzählt irgendetwas. Daraufhin gehen die Beamten an mir vorbei und kontrollieren den Fahrer hinter mir. Der hat prompt kein Kennzeichen und muss eine Weile diskutieren. Ich würde am liebsten fluchtartig den Ort verlassen, damit ich wirklich aus dem Schneider bin. Aber die anderen sitzen gemütlich auf ihren Motorrädern und plaudern und ich mache gute Miene zum bösen Spiel. Später erzählen sie mir, dass sie alle wissen, dass ich keine Papiere habe. Was sie dem Polizisten erzählt haben, verraten sie mir jedoch nicht.

Der Eintritt zum Nationalpark kostet astronomische zweihundertachtundvierzig Yuan. Im Vergleich dazu ist das Hotel mit hundert Yuan für ein Doppelzimmer mit Frühstück richtig preisgünstig, finde ich. Die Karte gilt zwei Tage lang, aber Seilbahnfahrten müssen extra bezahlt werden, erfahre ich. Meine Gastgeber brauchen als Einheimische keinen Eintritt zu bezahlen. Auch David, der aus einer anderen Stadt kommt, darf mit seinem Studentenausweis umsonst hinein. Seine Freundin, die ihren Studentenausweis vergessen hat, muss jedoch draußen bleiben. Die Mitglieder des Motorrad-Clubs bemühen sich sehr, haben aber keine Chance. Die Kontrollen sind streng, und nur diejenigen Chinesen, die in der Nähe leben, dürfen gratis hinein. Und ich, weil die Biker für mich bezahlen. Während ich noch nach der Kasse Ausschau halte, überreichen sie mir bereits die Eintrittskarte – wer Chinesisch kann ist einfach schneller, und ich kann nichts dagegen tun.

Die Biker von Zhangjiajie bereiten mir einen herzlichen Empfang

Die Karte ist nicht übertragbar. Am Eingang wird der Chip gelesen und mein Fingerabdruck genommen. Das wäre eigentlich ein Grund, nicht hierher zu kommen. Fingerabdrücke gebe ich ungern, egal welcher Regierung. Aber es heißt, wer den eintausendachtundvierzig Meter hohen Huangshizhai nicht erklommen hat, war nicht in Zhangjiajie. Also gehe ich tapfer los: dreitausendachthundertachtundsiebzig Treppen hinauf. Meine Begleiter springen gut trainiert voran und tragen sogar noch abwechselnd meine Kameratasche. Ich bummle mit David hinterher, der hoch motiviert ist, mir alles genau zu erklären. Aber zu meiner Schande muss ich gestehen, dass es mir an chinesischer Phantasie mangelt. All die Menschen, Tiere und sogar Bücher, die er mir zeigen will, kann ich in den Felsformationen nicht erkennen. Das macht aber nichts, ich finde es trotzdem schön.

David studiert Tourismus und so erfahre ich, dass achtzig Prozent der Besucher dieses Nationalparks aus Südkorea kommen. Vielleicht denken sie angesichts der Berge an den hermetisch abgeschlossenen Norden ihrer Halbinsel. Das Diamantgebirge hat viel Ähnlichkeit mit dieser Gegend. Den Eintrittspreis kassiert der Staat, der sich bei der Verwendung seiner Gelder bekanntlich nicht dreinreden lässt. Oder zumindest nur indirekt, weil natürlich auch eine Diktatur nicht überleben kann, wenn sich ein Volk von über einer Milliarde Menschen erhebt. In Chinas Geschichte wurden bereits einige Dynastien gestürzt, die das Mandat des Himmels – beziehungsweise des Volkes – nicht mehr hatten. Sogar Konfuzius sagt, dass sich die Bürger erheben sollen, wenn der Regent seine Pflichten nicht erfüllt.

Entlang des Weges wird Essen und Trinken verkauft, das Einheimische zu Fuß hinauf tragen und zu immer noch zivilen Preisen anbieten. Ich erklimme schnaufend die Treppen und beobachte voller Bewunderung die dürren Männer mit ihren schweren Lasten. Da geht ein Aufschrei durch die Menschen um mich herum. Ein Träger ist mit seinen beiden zwanzig Liter Kanistern an der Tragstange ins Stolpern geraten. Links neben der fünfzig Zentimeter breiten Treppe fallen die Klippen steil ab. Ein Geländer gibt es nicht, und es hat nicht viel gefehlt. Der Mann wäre beinahe abgestürzt. Wie viele Todesfälle ereignen sich wohl an diesem Berg? David kennt keine Zahlen und zitiert stattdessen Mao: »Der Arbeiter ist der wahre Held.« Ich kann mir nicht helfen und werde zornig: »Was hat der arme Mann, und was hat seine Familie davon, wenn er als Maos wahrer Held stirbt?« frage ich David, der zu bedenken gibt, dass Mao und die Revolution die Situation der Arbeiter stark verbessert haben. Damit hat er vermutlich Recht. Aber an der bestehenden Ordnung hat sich nichts geändert. Auch in China wird Schreibtischarbeit viel besser bezahlt als körperliche Arbeit. Die Träger, die im Schatten der staatlichen Seilbahn ihre Lasten nach oben schleppen, verdeutlichen dies auf eindrucksvolle Weise, denn in der Seilbahn über ihnen sitzen die Angestellten aus den Städten.

Auf dem Gipfel wollen meine Begleiter Essen gehen. In dem Bewusstsein, dass ich eine Einladung praktisch nicht umgehen kann, äußere ich Bedenken, dass es dort oben wohl sehr teuer sei. Aber die Kameraden wischen meine Sorge beiseite. Jeder würde sie an ihrem Dialekt als Einheimische erkennen und deshalb nicht über den Tisch ziehen, versichern sie mir. Als wir oben ankommen, stellt sich jedoch heraus, dass das Restaurant geschlossen ist. Wir kaufen bei einer alten Frau gegarte Süßkartoffeln, die wir im Stehen essen, und steigen dann wieder ab. »Das Gebirge hat zweihundertfünfzig Berge und über zweitausend Felsspitzen«, sagt David. Ich kann die Zahlen nicht bestätigen, weil die meisten Gipfel hinter Wolken verschwinden und zarte Nebelschleier die Felsen umhüllen. Aber die Landschaft wirkt damit wunderbar mystisch und plötzlich sehe sogar ich ein paar Figuren in den Felsen.

David ist sehr stolz auf die akkuraten Treppenstufen, die auf den Berg hinaufführen. Natur, wie ich sie liebe, frei und unberührt, scheint ihm eher unheimlich zu sein. Meine Begeisterung für verwucherte Trampelpfade kann er nicht nachvollziehen. In der ältesten Hochkultur der Welt soll vermutlich auch die Natur kultiviert werden, gerade so, wie in den meisten deutschen Kleingärten. Tatsächlich war es bestimmt eine riesige Arbeit, all die Stufen zu betonieren. Aber ich wehre mich dagegen, jedes Ding nach der Mühe zu bewerten, die es gekostet hat. Mir sind die einfachen Geschenke genauso wertvoll, und die Natur ist für mich ein solches Geschenk. Ob ein Naturpfad die Touristenmassen aushalten würde, ist natürlich eine andere Frage.

Der Abstieg ist weniger steil und führt uns auf einem Wanderweg durch einen herrlich duftenden Wald. Wir sind praktisch unter uns, sehen Affen und Raupen, bunte Blumen und zahlreiche Schmetterlinge. Zhang Junhong geht neben mir und kennt alle Pflanzen und Tiere. Leider kann ich mir die chinesischen Namen nicht merken. Dennoch verbindet uns eine tiefe Liebe zur Natur, die keine Worte braucht.

Als wir am Fuße des Berges ankommen, ist es bereits zu spät, um noch am Fluss entlang durch das Tal zu wandern. David bietet dennoch an, mit mir dorthin zu gehen. Aber mir reicht es für heute und weil mein Ticket morgen auch noch gilt, schlage ich vor, morgen alleine dort spazieren zu gehen. Der Plan findet allgemeinen Beifall und wir fahren zum Essen in die Stadt zurück. Die Tische sind für unsere große Gruppe zu klein, daher essen Frauen und Männer getrennt. Wobei ich wieder einmal am Männertisch sitze. Oder ist das der Tisch der Motorradfahrer, und die Beifahrerinn sitzen nebenan? Ach nein, dann säße David nicht neben mir.

Wir sind gerade mit dem Essen fertig, als Tang Hao sich mit dazusetzt. Er wollte mich bereits in Yiyande treffen. Er war es, der auf der Internetseite von moto8.com von mir erfahren hat. Und er war es auch, der mit seinem Freund Tiger den Motorrad-Club in Zhangjiajie gegründet hat. Die beiden haben sich kennengelernt, als Tang Hao sein Motorrad an Tiger verkauft hat. Das alles erzählt mir David noch, bevor wir uns voneinander verabschieden, und Tang Hao mich zu einem Freund mit einem Handy-Reparaturservice bringt. Tang Hao fährt einen mächtigen Yamaha Chopper und ist damit stilgerecht langsam unterwegs. Mir ist das ganz recht, denn die anderen sind mir in der Stadt oft ein bisschen zu schnell.

Der Freund hat einen Computer mit Internetanschluss und nachdem ich meine E-Mails gelesen habe, zeigt mir Tang Hao einige Bilder von meinen Besuchen in anderen Städten, die auf der Internetseite von moto8.com zu sehen sind. Mit einer Internet-Software übersetzt er mir einige Einträge, darunter einen, der beschreibt, wie ich beim Essen auf die Einmal-Stäbchen verzichtet und stattdessen meine eigenen benutzt habe, um Ressourcen zu sparen und die Umwelt zu schützen. Der Biker aus Zhangjiajie schreibt dazu: »Shame on us – Schande über uns« und Tang Hao strahlt mich an. Ich bin Bestandteil des inoffiziellen Umweltprogramms in China geworden.

Am nächsten Tag regnet es und ich würde mich gerne im Hotel verkriechen und mein Tagebuch schreiben. Aber Tang Hua und Tiger holen mich mit dem Auto ab. Dieses Mal haben sie Ireen dabei, eine Anglistik Studentin, die etwas ruhiger und sicherer wirkt als David, und deren Englisch ich auch ein bisschen besser verstehe. Wir fahren noch einmal zum Park und spazieren im

Regen am Fluss entlang. Die Pflanzen glänzen in frisch gewaschenem Grün und das Rauschen des Baches wird vom rhythmischen Trommeln der Regentropfen begleitet.

Aber von alledem bekomme ich nur die Hälfte mit, denn ich muss unter einem Schirm laufen. Es widerstrebt Ireens Höflichkeit und vermutlich auch ihrer Gewohnheit, mich ohne Schirm gehen zu lassen. Immer wieder holt sie mich mit ihrem kleinen Stoffdach ein. Dabei ist sie fast zwei Köpfe kleiner als ich und wir passen wirklich nicht gemeinsam unter ihren Schirm. Zuletzt bestehen die Männer darauf, dass ich eines dieser Wegwerf-Plastiktüten-Regencapes überziehe. Ab da übertönt das Rascheln der Plastikhaube das Rauschen des Baches und das Trommeln des Regens. Wir begegnen einer koreanischen Reisegruppe, die fröhlich plaudernd und lachend unter Schirmen und raschelnden Plastiktüten durch die Natur hastet.

Als wir zum Auto zurückkehren, hört der Regen auf, der Himmel reißt auf und wir fahren zu einer Tropfsteinhöhle. Achselzuckend verabschiede ich mich von der Sonne und verschwinde mit Ireen im Felsen. Meine Begleiterin fasst mich ängstlich am Arm und teilt meine Begeisterung für die Kalkformationen nur zögernd. Die Dunkelheit ist ihr unheimlich. Außerdem hat sie vorher ein Video von der Höhle gesehen und ist nun von der farblosen Realität enttäuscht. Damit bestätigt sie wieder einmal meine Philosophie, dass man sich nicht zu gut vorbereiten sollte.

Die Männer bestätigen später, dass die Tropfsteine durch die vielen Besucher verschmutzt wurden. Früher sei alles viel schöner gewesen. Aber den Vergleich habe ich nicht und genieße daher das, was ich sehe. Dieses Mal bin ich diejenige, die sich zu den verschiedenen Formen Geschichten ausdenkt und Ireen damit unterhält. Aber das Schönste kommt für uns beide am Schluss: eine Bootsfahrt aus dem Berg heraus. Das Wasser des unterirdischen Flusses fühlt sich herrlich weich an und ich hätte große Lust, hineinzuspringen. Ob die Menschen früher, als es noch keinen Tourismus gab, in dem Fluss gebadet haben? Mit Lampen und Fackeln? Das stelle ich mir sehr romantisch vor.

Zurück in der Stadt treffen wir uns mit Ying Jikang, einer lebhaften Frau, die im sechsten Monat schwanger ist. Der zukünftige Vater war früher Soldat und ist nun der persönliche Fahrer eines Firmenbosses. Wir gehen gemeinsam in ein Restaurant, dessen Boden unter dem Tisch etwas abgesenkt ist und essen eine lokale Spezialität: Ente, denke ich beim Anblick des Kopfes, aber Ireen behauptet, es gäbe Hund. Wir diskutieren eine Weile hin und her, bis sich herausstellt, dass sie »dog - Hund«, mit »duck - Ente« verwechselt. So einfach entstehen kulinarische Missverständnisse.

Später sehen wir uns bei mir im Hotel das Interview mit dem Lokalsender an. Natürlich verstehe ich den chinesischen Text nicht. Aber der Schnitt gefällt mir, und die Aufnahmen von der Restaurant-Toilette werden nicht gezeigt.

Am nächsten Tag fährt ein ganzer Tross mit mir zur Stadtgrenze und wir machen Abschiedsfotos. Ich bin froh, dass ich hierher gekommen bin, auch wenn die Vollzeit-Unterhaltung ein bisschen anstrengend war, hat es doch immer Spaß gemacht. Zuletzt begleiten mich noch drei Motorräder in Richtung Jishou. Wir halten unterwegs in einem Tal mit traditionellen Holzhäusern. Zhang Junhong, die mir bei der Bergwanderung schon so manche Pflanzen und Tiere gezeigt hatte, erzählt mir, dass sie manchmal mit ihrem Mann zu diesem Fluss fährt und dort übernachtet. David, der wieder übersetzt, bekommt große Augen, als er das hört. Und ich weiß nun, warum sie und ihr Mann mir von Anfang an so sympathisch waren. Wir haben ganz eindeutig eine gemeinsame Wellenlänge.

An der Brücke über den You Shui warten seit zwei Stunden dreizehn Motorräder und ein Auto aus Jishou auf uns. Das erfahre ich allerdings erst, als wir dort ankommen. Im Auto sitzt einmal mehr das regionale Fernsehteam und es gibt ein großes Hallo, als wir dort ankommen. Aber nach den obligatorischen Fotos heißt es erst einmal Abschied nehmen. Ich bin umringt von zahlreichen freundlichen Menschen, und fühle mich doch ein bisschen allein gelassen, als die drei Motorräder mit meinen neuen Freunden nach Zhangjiajie zurückfahren.

Zhang Junhong hat mir zum Abschied zwei Packungen mit getrocknetem Pflanzenextrakt geschenkt, von der schwangeren Ying Jikang und ihrem Mann bekam ich ein Batiktuch und Ireen hat mir ein Taschentuch mit chinesischer Kalligraphie beschrieben und überreicht mir ein paar kleine Chilis aus Plastik. Das alles habe ich im Laufe des Tages erhalten. Nur David hat sein Geschenk bis zum Schluss aufbewahrt. Wir sind beide im Mai geboren und er schenkt mir ein Medaillon mit einem Stier, das er von seinem Vater zum achtzehnten Geburtstag bekommen hat. Er will mir noch eine Menge sagen, aber er bricht in Tränen aus und ich kann sein Englisch nicht mehr verstehen. Stattdessen bin ich ein bisschen erschrocken über die Wichtigkeit, die unsere Begegnung für David hat. Aber ich bin auch gespannt darauf, was er aus unseren gemeinsamen Erlebnissen machen wird. Wir haben E-Mail Adressen ausgetauscht und werden in Kontakt bleiben, haben wir uns vorgenommen.

Ich winke den Freunden aus Zhangjiajie nach, bis sie hinter der nächsten Kurve verschwunden sind, dann drehe ich mich zu den Leuten aus Jishou um. Nach den Filmaufnahmen für das Fernsehen fahren wir zu einem Restaurant, das von Angehörigen der Bai-Minderheit betrieben wird. In dem Holzhaus wäre es ausnahmsweise einmal schön, drinnen zu essen, aber draußen ist es ebenfalls sehr gemütlich. Wir sitzen unter einer Art Reetdach auf sehr niedrigen Hockern an ebenso niedrigen Tischen. Die ersten fahren bereits, als ich gerade erst zu meinen Stäbchen greife. Ich hatte gar keine Möglichkeit, sie kennenzulernen.

Aber die Sonne ist längst untergegangen und sie haben wirklich lange genug auf mich gewartet. Auch das Fernsehteam hat seine Aufnahmen im Kasten, und so werde ich zuletzt von vier Motorrädern in die Stadt begleitet. Die Leute zeigen mir noch ein Hotel mit sicherem Parkplatz, wo ich im sechsten Stock ein Zimmer bekomme. Dieses Mal lasse ich die Männer das Gepäck tragen. Der Foto-Tankrucksack ist mir bereits schwer genug und ich merke, dass meine Kondition schlapp macht. So viele Menschen, so viele Erlebnisse und so viele neue Eindrücke, und gleichzeitig kaum Zeit, das alles zu verarbeiten. Ich möchte gerne so viel wie möglich sehen und erleben und freue mich über die Gastfreundschaft der Biker, aber ich sehne mich auch nach einer kleinen Auszeit.

Einer der Männer kommt noch einmal zurück, er hat seinen Motorradschlüssel verloren. Wir suchen das Zimmer ab und finden nichts. Also geht er wieder hinunter und ich krame in meinem Gepäck nach der Taschenlampe, um ihnen im Hof beim Suchen zu helfen. Als ich unten ankomme, findet einer den Schlüssel direkt neben dem Vorderrad des Motorrades. Erleichtert steige ich die Treppen wieder hinauf und falle müde ins Bett.

Morgens holt mich der Schlüsselverlierer, Wu Qiang, ab und begleitet mich nach Fenghuang, wo uns seine Freunde bereits erwarten. Ich bin so weit ausgeschlafen, dass mir die Fahrt wieder Spaß macht. Der Westen der Provinz Hunan ist bergig und damit kurvig. Es gibt nur wenig Industrie und auf wundersame

Weise wirkt alles sehr gepflegt: der Straßenrand, die Häuser und die Stadt des Phönix, wie Fenghuang oft genannt wird. Wir halten an einem Motorradladen, wo wir unsere Helme und Jacken abgeben dürfen. Long Yao, Wu Qiangs Freund, begrüßt uns und schlägt einen Spaziergang durch die Stadt vor. Chang Xia, eine Englischlehrerin, kommt mit und übersetzt für mich. Außerdem sind noch Chang Tao, ein Beamter, Liu Jie, ein Geschäftsmann, und der Suzukifahrer Xu Jiu dabei.

Ich bin eigentlich nur aus Gutmütigkeit in diese Stadt gekommen. Denn was ich über Fenghuang weiß, hat mich nicht hierher gelockt. Zum einen reizen mich Touristenzentren allgemein nicht allzu sehr, auch in der zum Kitsch neigenden chinesischen Volksrepublik. Dazu kommt, dass die Stadt Drehort einer chinesischen Vorabendserie war und nun ein Pilgerziel der Fans ist. Aber nur wenige Schritte belehren mich eines besseren.

Die Altstadt hat sich für Touristen herausgeputzt. Klar. Aber die Steinhäuser sind geschmackvoll renoviert und maßvoll, ja stilvoll verziert. Und wir sind nicht in einer Touristenkulisse unterwegs. In der Stadt wohnen ganz normale Menschen. Eine Gruppe Schulkinder kommt uns entgegen und aus dem Kindergarten klingen Lieder herüber. Ich probiere an einem Straßenstand sauer-salzig eingelegtes Gemüse, das mir sehr gut schmeckt. Die andere Köstlichkeit der Region bleibt mir erspart: geräucherte Schweineköpfe schmücken ganze Ladenfassaden.

Im Westen der Provinz Hunan leben viele Tujia, Bai und Miao. Sie gehören zu den insgesamt fünfundfünfzig anerkannten Minderheiten, die nur etwa sieben bis acht Prozent der chinesischen Bevölkerung ausmachen. Aber in dieser Gegend haben die Minderheiten eine Mehrheit von über sechzig Prozent. Und ich bilde mir ein, dass man das merkt. Die Menschen und die Atmosphäre sind anders. Eine Miao-Frau lädt uns ein, ihre riesige

Gras-Sandale zu besichtigen. Das Ungetüm ist eineinhalb Mal so groß wie ich. Die Miao-Frau hat im Alter von fünf Jahren begonnen, Sandalen aus Gras zu flechten und verdient bis heute ihren Lebensunterhalt damit. Für ein Paar benötigt sie zwei bis drei Stunden, übersetzt Chang Xia für mich.

Als wir den Fluss erreichen, ändert sich das Stadtbild schlagartig. Hölzerne Fassaden mit mehreren Stockwerken, Balkonen und Terrassen säumen das Ufer. Langgestreckte, flache Boote fahren den Fluss entlang. Wir aber überqueren das Wasser auf Betonklötzen, die in rund fünfzig Zentimeter Abstand voneinander im Wasser stehen. Dabei muss man den Entgegenkommenden ständig ausweichen. Aber der chinesische Humor macht daraus ein wunderbares Gesellschaftsspiel.

Auf der Südseite des Flusses wandern wir im Schatten der Häuser entlang, essen Eis, besuchen ein kleines Museum und albern ganz einfach herum. Zum Schluss gehen wir essen, das gehört in China zu jeder Begegnung dazu, und zur Erinnerung bekomme ich ein T-Shirt, auf dem jeder unterschreibt.

Ich hätte mir ab und zu eine kleine Pause gewünscht, aber insgesamt hatte ich eine sehr schöne Zeit in Hunan, und das verdanke ich den Bikern von Hunan. Sie haben mich durch ihre Heimat begleitet, von einem Ort zum nächsten weitergereicht, und mit ihrer Gastfreundschaft haben sie mir ihre Heimat von einer Seite gezeigt, die mir ansonsten verborgen geblieben wäre. Auf den nächsten Kilometern bin ich diejenige, die Tränen in den Augen hat.

Alleine?

Die Straße windet sich in engen Kurven zwischen den Bergen hindurch. An einer Quelle mache ich eine Pause und begegne einem alten Mann. Inzwischen kann ich auf chinesisch sagen, dass ich aus Deutschland komme, und ergänze mit Zeichensprache, dass ich mit dem Motorrad nach China gefahren bin. Daraufhin werde ich eingeladen, einen Schluck Wasser zu trinken. Das tue ich gerne und fülle auch noch meine Plastikflasche auf, bevor ich weiterfahre. Es sind auch diese kleinen Begegnungen, die mich auf meinen Allein-Reisen bezaubern.

Ich durchquere die große Stadt Huaihua und suche mir achtzig Kilometer weiter südlich, in der Kleinstadt Huitong, ein Quartier. Als ich an einer Kreuzung anhalte, erkennt mich eine Frau, die im Hunan-Fernsehen die Dokumentation über mich gesehen hat. Schnell versammelt sich eine große Menschenmenge um mich herum.

Ich frage nach einem einfachen Zimmer und eine Studentin aus Changsha bringt mich zu einer kleinen Pension. Sie hat mein Bild in einer Zeitung der Hauptstadt gesehen, erzählt sie mir. Nachdem ich mein Zimmer bezogen habe, wechsle ich meine Schuhe, um noch einen Spaziergang zu machen. Da betreten fünf Männer in Alltagskleidung ohne anzuklopfen den Raum. Ich hole gerade tief Luft, um sie wieder hinauszuwerfen, da schlüpft die Studentin zwischen ihnen hindurch und sagt mir, dass es Polizisten sind. Diese Information zaubert ein freundliches Lächeln auf mein Gesicht. Ich lasse die Luft langsam wieder ab und bitte die Herren mit einer Geste, es sich gemütlich zu machen. Jeder von ihnen wirft einen interessierten Blick auf meinen Reisepass, dann telefoniert einer und anschließend sagen sie mir, dass ich nicht bleiben darf.

Der Reiseführer von Lonely Planet hatte also Recht. Im Südwesten von Hunan brauchen Ausländer eine besondere Genehmigung, um zu übernachten. Ich soll zurück nach Huaihua. In der Zwischenzeit wurde die Studentin, die ihre Sache wirklich gut gemacht hat, von einer eleganten und distinguierten Englischlehrerin abgelöst. Zhang Chuanhua übersetzt für mich, dass es bereits dunkel und viel zu gefährlich ist, um mit dem Motorrad noch bis in die große Stadt zu fahren. Das finden die Beamten auch, die mir erzählen, ich sei die erste Ausländerin in diesem Ort. Einige Telefonate später bekomme ich die offizielle Erlaubnis zu bleiben, wenn ich im besten Hotel der Stadt übernachte. Und auch dort komme ich glimpflich davon, denn es gibt gerade ein Sonderangebot: die Nacht kostet nur achtundachtzig Yuan.

Die Polizisten und Zhang Chuanhua begleiten meinen Umzug und die Englischlehrerin übersetzt, dass ich zu meiner eigenen Sicherheit im Hotel bleiben soll. Ich interpretiere das als höfliche Umschreibung für Hausarrest, aber Zhang Chuanhua ist anderer Meinung. Falls ich mich sicher fühle, könnten wir gemeinsam essen gehen, schlägt sie vor. Also nehmen wir ein Taxi und fahren in die Stadt, zu einem Schulfreund von ihr, der ein Restaurant hat. Als ich meine Plastikstäbchen aus der Jackentasche ziehe, stelle ich fest, dass eines davon zerbrochen ist. Meine Begleiterin fordert mich auf, es dennoch zu versuchen, und siehe da, es geht. Aber nach kurzer Zeit kommt die Wirtin und schenkt mir sehr hübsche, schwarze Holzstäbchen.

Das Hotelzimmer ist das schönste, das ich bisher in China hatte. Nagelneu, hell und ruhig, klimareguliert und von schlichter Eleganz. Ich fühle mich sehr wohl und setze mich am Morgen an das kleine Tischchen neben dem Fenster und schreibe mein Tagebuch. Endlich finde ich Zeit, die vielen Eindrücke der letzten Tage in meinen Einträgen zu verarbeiten und mache mich erst um die Mittagszeit wieder auf den Weg. Außerhalb der Stadt verlasse ich die Hauptstraße und kurve auf Feldwegen durch die Berge.

Mit viel Muße genieße ich die Landschaft und kehre erst am späten Nachmittag auf die Teerstraße zurück, um nach Long Sheng zu fahren. Dort möchte ich mich mit David treffen, einem Belgier, den ich in Shànghǎi kennengelernt habe. Er lebt seit dreizehn Jahren in China und kommt gerade mit seinem Freund Lawrence und dessen chinesischer Freundin Jun mit den Motorrädern aus Guilin. Die beiden fahren immer wieder ein paar Tage und stellen ihre Maschinen dann unter, um bei nächster Gelegenheit wieder weiterzufahren.

Rund achtzig Kilometer trennen uns noch. Ich gebe Gas, und werde bald wieder ausgebremst. Straßenbauarbeiten. Das heißt in diesem Fall: Schlamm und Spurrillen. Zu allem Überfluss beginnt es auch noch zu regnen. Nach vierzig mühsamen Kilometern verlasse ich die Provinz Hunan und biege links ab in Richtung Guilin. Aber meine Hoffnung, damit die Baustelle hinter mir zu lassen, erfüllt sich nicht. Im Gegenteil, unter einer Eisenbahnbrücke erwartet mich ein besonders großes Schlammloch. Ich beobachte einen Lastwagen, um zu sehen, wie tief die Erdsuppe ist. Dann lehne ich das Motorrad auf die Seite, damit der Lastwagen an mir vorbei kommt, werde dennoch touchiert und falle um. Die Spurrille hilft mir, das Motorrad wieder hochzuheben. Aber beim Aufsteigen habe ich Probleme, meine Füße wieder aus dem tiefen Schlamm zu befreien.

Bis Long Sheng sind es noch zweiunddreißig Kilometer, und es wird bereits dunkel. Ich komme an eine Tankstelle, fülle die Tanks auf und lese Davids SMS: Sie haben sich dreißig Kilometer südlich von Long Sheng einquartiert. Das macht insgesamt sechzig Kilometer in der Dunkelheit, bei Regen, auf einer

Schlammpiste, die ich nicht kenne. Ich frage die Tankwartin. Die Baustelle ist nur noch zwölf Kilometer lang, sagt sie. Aber auch das ist mir zu viel. Zur Tankstelle gehört ein zweistöckiges Gebäude mit einem offenen, überdachten Treppenhaus. Auf dem ersten Absatz steht ein Bett, das mir viel lieber ist, als im Regen durch die Nacht zu fahren. Schlafsack und Isomatte habe ich schließlich dabei.

Eine Schülerin kann ein bisschen Englisch. Sie glaubt, in zwei Kilometern gäbe es ein Hotel. Aber ich habe mich bereits entschieden. Ein Junge, der sich nicht traut sein Schul-Englisch an mir zu erproben, befreit das Bett vom Straßenstaub. Dann werde ich zum Essen eingeladen. Die zwei Frauen von der Tankstelle haben Reis, Wokgemüse und ein bisschen Fleisch gekocht. Wir essen im Stehen, unter dem Dach der Tankstelle. Als Gastgeschenk packe ich ein paar Teebeutel aus, die dankend angenommen werden.

Nach dem Essen sperre ich mein Motorrad ab, stelle Tankrucksack und Gepäcktasche auf dem Bett neben mich und kuschle mich in meinen Schlafsack. Früh am Morgen wache ich voller Tatendrang auf. Die Tankstelle hat eine saubere Toilette mit Waschbecken und Spiegel. Ein besseres Zimmer hätte ich in dieser ländlichen Gegend vermutlich nicht gefunden. Es regnet immer noch, aber im Licht des Tages ist die Strecke nur noch halb so schlimm und nach zwölf Kilometern beginnt tatsächlich die Teerstraße. Ich atme auf und frühstücke kurze Zeit später in Longsheng.

Nach weiteren fünfundzwanzig Kilometern rufe ich David an. Sie haben in Ping'an Quartier genommen. Aber den Ort kennt keiner der Chinesen, die ich frage, und ich kann David nicht genau sagen, wo ich bin. Also übergebe ich mein Telefon an einen Chinesen neben mir und David reicht sein Telefon an Jun weiter. Die beiden Chinesen unterhalten sich eine halbe Ewigkeit. Die chinesische Höflichkeit braucht ihre Zeit, und eine chinesische Wegbeschreibung ist schwierig, es gibt also viele Rückfragen, um sicher zu gehen, dass jeder den anderen richtig versteht. Am Ende des Gesprächs erfahre ich, dass ich bereits zu weit gefahren bin. Ich muss zwei Kilometer zurück, rechts abbiegen und dem Schild zur Backbone Rice Terrace folgen. Das hört sich doch gar nicht so kompliziert an, oder?

Nach vier Kilometern hält mich eine Schranke auf. Eine kurze Rückfrage bei David bestätigt: Ich bin auf dem richtigen Weg, und nach einer weiteren Schranke geht es in engen Serpentinen einen Berg hinauf. In den Kurven höre ich das hintere Radlager singen. Ich habe mich bereits gewundert, wie lange das chinesische Lager der Belastung wohl standhält, und habe schon einen Ersatz im Koffer. Aber nun muss das alte noch ein paar Kilometer aushalten.

Es hat aufgehört zu regnen und ich genieße die Serpentinen. Nach einem kurzen Schotterstück sehe ich zwei mit Planen abgedeckte Honda African Twin. Ich stelle mein Rotbäckchen dazu und folge einem Pfad hinauf zu einer kleinen Ansammlung von Holzhäusern, die Museums- und Hoteldorf in einem sind. Ein letztes Mal rufe ich David an, und er holt mich vor der Tür ab. Von der Terrasse des Gasthofes blicke ich hinunter in das steil abfallende Tal. Die Hänge sind für den Teeanbau terrassiert, ein paar Wolkenschleier halten sich an Felsvorsprüngen fest und das Grün der Pflanzen glänzt regennass.

Ich begrüße Lawrence und Jun, setze mich an den Tisch, bestelle Obst und Kaffee und genieße es, auf Englisch vor mich hin zu plaudern, ohne über Wortwahl, Satzlänge und Grammatik nachzudenken. Leider spricht Jun fast kein Englisch. Lawrence und David übersetzten für sie also immer wieder ins Chinesische.

Außerdem sprechen die beiden Männer Französisch miteinander, denn sie kommen beide aus dem frankophonen Teil Belgiens. Es herrscht also ein ziemliches Sprachenwirrwarr am Tisch, das die Runde aber nur noch gemütlicher macht.

Spontan beschließe ich, die drei ein paar Tage zu begleiten. Sie wollen in Richtung Westen nach Guiyang, die Hauptstadt der Provinz Guizhou. Bevor ich mich endgültig anschließe, beichte ich, dass ich noch das Radlager wechseln muss. Aber für Chinaerprobte Menschen ist das eine Lappalie und ich freue mich, kompetente Dolmetscher zu haben. So geht der Wechsel schnell und einfach. Wir fahren in die nächste Ortschaft und suchen eine Werkstatt. Das Lager habe ich seit Zhuzhou dabei und achte darauf, dass es vorsichtig mit Hilfe des alten Lagers in den Sitz geklopft wird. Die Arbeit kostet inklusive Hinterrad ein- und ausbauen gerade einmal zehn Yuan.

Inzwischen haben sich die Wolken verzogen und das Wasser in den Pfützen beginnt bereits zu verdunsten. Auch das Matschloch unter der Brücke sieht nicht mehr so schlimm aus, wenn es auch noch weit davon entfernt ist, auszutrocknen. Bald erreichen wir die Abzweigung nach Hunan. Da in dieser Richtung ebenfalls gebaut wird, hoffe ich, dass die Straße in der dritten Richtung nicht aufgerissen ist. Aber in Wirklichkeit erwartet uns auf der Strecke der echte Matsch.

An einer zehn Meter langen Pfütze halten wir an und beobachten die entgegenkommenden Autos bei ihrer Durchfahrt. Die Wasserstelle scheint nirgends wirklich tief zu sein. Von hinten kommt ein Minibus mit Fotografen und ich drücke einem von ihnen meine Kamera in die Hand. Sie laufen los und David fährt als erster durch die lehmbraune Suppe. Lorenz folgt ihm mit Jun als Sozia. Dann bin ich an der Reihe. Die Aktion sieht viel spektakulärer aus, als sie ist. Die andern warten nicht einmal auf mich. Vermutlich haben sie keine Lust, in der Suppe herumzuwaten, falls ich stürzen sollte.

Ich warte jedoch auf die Fotografen, um meine Kamera wiederzubekommen. Ihr Minibus ist ebenfalls weiter gefahren und sie müssen noch ziemlich weit laufen, während ich Gas gebe, um die anderen wieder einzuholen, einen Moment nicht aufpasse, und mit dem rechten Koffer an einer Lehmwand hängen bleibe. Durch den Aufprall falle ich nach links um, steige ab und will das Motorrad wieder aufheben. Da sehe ich, dass sich der Alukoffer bei dem Aufprall verabschiedet hat. Die Rückwand des Koffers hat an der Halterung einen Riss. Inzwischen haben mich die Fotografen wieder eingeholt. »Hat einer von Euch ein Foto gemacht?« erkundige ich mich lachend. Sie helfen mir, das Motorrad an die Seite zu schieben. Dort öffne ich den anderen Koffer, hole Spanngurte heraus und befestige damit den abtrünnigen Gesellen.

Es sieht gut aus und wackelt nicht. Also wasche ich in einer Pfütze meine Hände, und schon geht es weiter. Als ich die drei anderen erreiche, haben sie sich bereits erkundigt: zwanzig Kilometer sind es noch bis in die nächste Stadt. Der Schlamm wird bald fester und irgendwann ist es feiner Lehmstaub, der uns behindert weil er das Visier verdreckt. In der Stadt befreien wir die Motorräder an einem Waschplatz vom Schmutz. Dann bleibe ich bei den Maschinen, während die anderen ein Hotel suchen. Die Arbeitsteilung klappt gut, auch beim Abendessen: Jun sucht mit Lawrence die Speisen aus, David bestellt das Bier und ich besetze den Tisch. Nach dem anstrengenden Tag sind wir alle rechtschaffen müde und gehen bald zu Bett.

Am nächsten Morgen organisiere ich mein Gepäck neu, damit alles, was sauber und trocken gelagert werden muss in der linken, heilen Box liegt, während wasserfeste Sachen in der rechten, kaputten Box ein neues zuhause finden. Außerhalb der Stadt fahren wir noch ein paar Kilometer durch aufgeweichte Erde, dann wandelt sich die Straße in eine herrliche Schotterpiste die uns durch ein Tal mit zahlreichen Holzhäusern bringt. Wir sind in der Heimat der Dong-Minderheit. Die Frauen tragen Kleider in auffallend kräftigen Farben und ich sehe viele verschiedene Stirnbänder.

Nach hundert Kilometern nimmt der Verkehr zu und die Autos und Busse wirbeln viel Staub auf. Mit durstigen Kehlen halten wir an einem Restaurant, dessen Veranda sich über drei Ebenen in einem Holzturm erstreckt. Im obersten Stockwerk spielen vier Frauen an einem Tisch Mahjong. Wir belagern den zweiten Tisch und essen dort. Am Nachmittag gleiten wir dann auf einer nagelneuen Asphaltbahn dahin. Das urwüchsige Erlebnis der Schotterstraße ist damit vorbei, aber auch der Staub.

In der nächsten Stadt möchte David die Zündkerzen an seinem Motorrad wechseln lassen. Lawrence will noch einmal in einem Minderheitendorf übernachten und macht sich deshalb mit Jun auf den Weg in den nächsten Ort. Sollte er nichts finden, können David und ich uns in der Stadt umsehen. Selbstverständlich wäre mir ein romantisches Holzhaus lieber als ein Standardhotel, aber ich fahre ungern in der Nacht. Lawrence hingegen macht das gar nichts aus. Er fährt ganze vierzig Kilometer in die Dunkelheit, bis ihn ein Platten zum Anhalten zwingt.

David und ich folgen den beiden durch die finstere Nacht. Wir erreichen Lawrence, als er gerade eine Probefahrt mit seinem reparierten Reifen macht. In der Pension gegenüber bekommen wir noch ein Bier, das wir auf der Straße vor dem Haus trinken, während wir den Pechvogel aufziehen, der so ein romantisches Plätzchen für uns gefunden hat. Dann gehen wir auf unsere Zimmer. Da es morgen Früh angeblich kein Wasser gibt, widme ich mich als erstes dem Gasboiler und grinse über den englischen Vermerk, dass das Gerät nicht im Badezimmer installiert werden darf. Nach ein paar Fehlversuchen komme ich auf die Idee, auch noch den Rest des englischen Textes zu lesen, der sagt, man solle erst die Gasflasche öffnen. Nachdem ich der Gebrauchsanweisung gefolgt bin, bekomme ich eine wunderbare heiße Dusche und wasche wie üblich meine Klamotten, bevor ich ins Bett gehe.

Am nächsten Morgen hallt eine Lautsprecherstimme durch das Dorf und Jun ist die einzige, die den Dialekt versteht. Sie sagt mir, dass die Stimme Tipps zu Haushalt und Hygiene gibt, um die Menschen draußen auf dem Land zu erziehen. Wir verzichten auf die Lektion und lassen uns lieber von der Teerstraße mitreißen, die uns aus dem Tal heraus als Hochstraße an den Bergen entlang führt.

Nachmittags erreichen wir die Autobahn nach Guiyang und Jun handelt aus, dass wir ausnahmsweise mit den Motorrädern darauf fahren dürfen. Autobahnen sind in China für einspurige Fahrzeuge gesperrt. Aber die beiden müssen um neun Uhr abends am Flughafen sein und das wird über die Landstraße ziemlich knapp. Auf der Schnellstraße haben wir sogar noch Zeit für eine Pause an dem nagelneuen Rasthaus einer Tankstelle. Die Stäbchen sind bereits auf den Tischen verteilt, aber es gibt weder Essen noch Trinken. Also packt David eine belgische Dosenpastete aus und ich spendiere das Wasser dazu.

In Guiyang sind die drei bereits in einem großen Hotel mit Thierry verabredet, der das Motorrad von Lawrence übernehmen wird. Und wie es der Zufall will, treffen wir dort auf eine Hochzeit, deren Bräutigam und Gäste ebenfalls Motorrad fahren. Einer der Gäste hat eine BMW F 650 und verspricht, mir am nächsten Morgen seinen Mechaniker zu zeigen. Zum einen möchte ich die Alubox richten lassen, und zum anderen wackelt das Hinterrad schon wieder. Das japanische Radlager hat nicht einmal ein Drittel der Strecke gehalten, die das chinesische geschafft hat.

Die Hochzeit ist ein großes Essen und Trinken, wie in anderen Ländern auch. Allerdings zieht sich die Braut im Laufe des Tages dreimal um und die Runde löst sich bereits um elf Uhr auf, das kenne ich in Deutschland so nicht. David und Thierry wollen in der Stadt noch ein Bier trinken. Ich verzichte, hole mir stattdessen für meinen Willkommens-Gutschein einen Drink in der Panorama-Bar im achtundzwanzigsten Stock des Hotels, und kuschle mich dann ins weiche Bett. Wir haben uns um halb acht zum Frühstück verabredet und ich esse mich gemütlich eine halbe Stunde lang durch das Buffet. Dann klingle ich bei David und Thierry an der Tür. Sie sind erst um fünf Uhr früh zurückgekommen und liegen noch im Bett. »Fünfzehn Minuten«, meint David, und ich lache still in mich hinein. So schnell hat er nicht ausgesehen, als er den Kopf durch die Tür steckte ...

Mein Zimmer ist im vierzehnten Stock, aber es gibt einen Lift, den ich benutze, um meine Sachen zum Motorrad zu bringen. Ban Yi, der BMW Fahrer, wartet bereits mit seinem Freund Huang Hongjiang neben den Motorrädern. Ich packe alles auf und unterhalte die beiden Männer, die nur ein paar Worte Englisch können. Um David und Thierry noch etwas Zeit zu geben, bezahle ich mein Hotelzimmer, aber dann muss ich doch mit der Sprache raus, dass die beiden verschlafen haben. Ban Yi grinst, und ruft David an, der ihm unvorsichtigerweise gestern seine Telefonnummer gegeben hat.

Kurze Zeit später fahren wir zu der Werkstatt, einer kleinen Garage mit viel Verhau und zahlreichen kleinen Rollern, die repariert werden wollen. Der Lagersitz in der Radnabe meiner

BMW ist beschädigt und das Lager hat keinen Halt mehr. Der Mechaniker bastelt aus einem Fahrradlenker eine längere Distanzhülse und setzt das Lager etwas weiter außen ein. Dann wird der Seitenständer fixiert und verlängert, weil die Halterung mit dem Gewicht der bepackten Maschine überfordert ist und bereits bedenklich weit nachgegeben hat. Außerdem bekommt die Rückwand der Alubox eine Verstärkung aus Blech.

Auch die African Twins erhalten ein bisschen Zuwendung, und als alles wieder beieinander ist, wollen wir los. Aber das geht natürlich nicht. Wir sind noch zum Essen eingeladen. Nach den ebenfalls obligatorischen Fotos schiebe ich mein Motorrad in eine günstige Startposition. Da quietscht etwas. Ich stelle das Motorrad nochmals ab und drehe das Hinterrad durch und höre nichts. Aber auf dem Weg zur Tankstelle wird klar, dass etwas nicht stimmt. Ich stelle das Motorrad auf den Hauptständer und sehe, dass die Bremsscheibe an der Bremszange schleift. Das heißt Abschied nehmen von David und Thierry. Denn die beiden müssen weiter, um die Stadt zu erreichen, von der aus sie ihren Rückflug gebucht haben.

Südwest-China

Morgen wird alles gut, tröstet mich Ban Yi. Er und sein Freund bringen mich in ein Hotel in der Nähe ihrer Wohnungen. Ich habe eine Stunde Zeit, dann fahren wir mit dem Auto durch die Stadt, an beleuchteten Brunnen und Plätzen, an Hochhäusern und einem Tempel am Fluss vorbei, in einen Vorort von Guiyang. Dort steht ein großes, lang gestrecktes Gebäude mit einem gut gefüllten Parkplatz. Wir gehen in den ersten Stock hinauf, und mich umfängt eine Mischung aus Bierzelt und Kindergeburtstag. Scherzende Menschen sitzen an langen Tischen und Bänken beieinander und der Geruch von Essen erfüllt den Raum. Ich verschiebe meine Sorge um Rotbäckchen auf später und genieße den Trubel um mich herum.

Nach dem Essen schreibe ich im Hotel eine E-Mail an Christian, den Mechaniker meines Vertrauens in Deutschland und bitte ihn, alle notwendigen Ersatzteile zu besorgen und beim ADAC nachzufragen, wie man sie am schnellsten nach China bekommen kann. Alternativ könnte ich die Sachen in Hongkong bestellen. Dort müsste die Radnabe jedoch vermutlich ebenfalls erst in Deutschland bestellt werden. Also mache ich das lieber selbst. Es ist weit nach Mitternacht, als ich endlich im Bett liege.

Am nächsten Morgen wollen Ban Yi und Huang Hongjiang mein Motorrad vor dem Hotel zerlegen und nur mit dem Hinterrad zur Werkstatt fahren. Aber ich bestehe darauf, mit der BMW dorthin zu fahren. Der Boss ist nicht da und ich hindere die Jungs daran, das Hinterrad auszubauen, weil ich möchte, dass der Mechaniker das Problem komplett sieht. Als er kommt, betrachtet er die Panne, baut das Hinterrad aus, besieht sich die einzelnen Teile und denkt nach. Ich habe großes Vertrauen zu dem Mann, obwohl ich ihn nicht kenne.

Aber meine beiden Retter beginnen eine Diskussion mit dem Schrauber und Huang Hongjiang weiß auch schon eine Lösung. Der Mechaniker ist nicht ganz glücklich mit dem Plan, willigt aber nach einer Weile ein. Ich selbst bin aus der Entscheidungsfindung komplett ausgeschlossen. Ich verstehe die Unterhaltung nicht und erfahre durch Nachfragen lediglich, dass alles gut wird. Mit dem Mechaniker alleine könnte ich mich vielleicht noch mit Zeichensprache besprechen, aber drei Männern gegenüber habe ich keine Chance. Mir bleibt in dieser Situation nur, alles genau zu beobachten, damit ich einschreiten kann, wenn ich das Gefühl habe, dass etwas schief läuft.

Mit dem Hinterrad und einem Taxi fahren wir zu einem Dreher, der ein Distanzstück fertigt, damit das Lager weiter außen montiert werden kann, also praktisch ein Pseudolager. Ich weiß nicht, warum das Lager mit der verlängerten Distanzhülse nicht gehalten hat, kann aber der Logik nicht folgen, dass es nun mit dem Distanzstück halten soll. Mir fällt als Lösung nur ein, den Lagersitz auszubuchsen. Aber wenn das in Guiyang jemand könnte, hätte der Mechaniker diese Lösung bestimmt schon vorgeschlagen, denke ich mir. Es bringt also nichts, wenn ich danach frage, und tatsächlich hält die Konstruktion auf der Probefahrt und zurück zum Hotel. Dort habe ich wiederum eine Stunde Zeit, dann geht es wieder zum Abendessen.

Wir treffen uns mit einigen Motorradfahrern in der Stadt. Einer von ihnen möchte gerne wissen, wie er an der Rallye Paris Dakar teilnehmen kann. Das erscheint mir für einen Privatfahrer aus China ein sehr schwer zu erfüllender Traum zu sein. Ich kann ihm nur sagen, dass man einige Voraussetzungen erfüllen muss, um an der Rallye teilzunehmen, und dass das Startgeld ziemlich hoch ist. Deshalb empfehle ich ihm, im Internet zu recherchieren. Aber auch das wird für ihn vermutlich nicht ganz einfach, denn das Gespräch findet in chinesisch–englischem Kauderwelsch über mehrere Ecken statt, weil der Moto-Crosser selbst überhaupt kein Englisch spricht.

Nach dem Essen treffen wir neue Leute und fahren zu Ban Yis Wohnung. Er zeigt mir, wie eine echte chinesische Teezeremonie geht. Allerdings kommt mir alles ein bisschen hektisch vor, bis hin zum Trinken. Denn die kleine Tasse soll in drei Schlucken gelehrt werden, ohne sie abzusetzen, wird mir gesagt.

Ich würde mir gerne noch das Museum der Stadt ansehen, da ich nun schon einmal da bin. Aber das hat geschlossen und morgen soll es regnen, erfahre ich, und ich bekomme zum Trost eine Spezialerlaubnis, den Highway zu benutzen. Also Frühstücken wir morgens eine der wunderbaren reichhaltigen, scharfen Nudelsuppen, die einen wohlgenährt und mit Schwung in den Tag starten lassen. Dann begleiten mich Ban Yi, Huang Hongjiang und zwei weitere Freunde von ihnen an das andere Ende der Stadt und wir verabschieden uns. Ich fahre auf der zweispurigen Straße bis zur Schranke der Autobahn. Singt das Lager schon wieder, oder bilde ich mir das nur ein? Ich will unbedingt nach Kunming. Dort gibt es einen Motorradfahrer, der Englisch spricht. Das macht es für mich leichter, meine Interessen wahrzunehmen, ohne andere vor den Kopf zu stoßen.

Aber an der Schranke ist kein Durchkommen. Ich bitte den Beamten, Ban Yi anzurufen, wegen der Sondergenehmigung. Aber es stellt sich heraus, dass ich völlig falsch bin. Und auf dem Rückweg sehe ich ein, dass ich so nicht nach Kunming komme. Das Lager hält nicht und ich sende eine SMS an Ban Yi.

Huang Hongjiang holt mich an der Stelle wieder ab, wo er mich vor kurzem verabschiedet hat. Wir fahren direkt zur Werkstatt und dieses Mal hat Huang Hongjiang keine Idee und lässt stattdessen Herrn Wang, den Mechaniker, nach einer Lösung suchen. Das ist mir am liebsten, denn was man selbst erdacht hat, kann man auch umsetzen. Und ich habe das Gefühl, dass Herr Wang viel Erfahrung und einen schlauen Kopf hat. Er beginnt zu arbeiten, schleift den Lagersitz mit einem Korundstein an seiner Bohrmaschine und buchst ihn mit einem Metallstreifen aus. Er arbeitet in der Hocke nach Augenmaß und das Werkzeug liegt um ihn herum am Boden. Für den Seegering fräst er eine neue Nut, kauft einen neuen Seegering und schleift diesen ab, damit er in die schlanke Nut passt.

Die zwölf Jahre alte Tochter von Huang Hongjiang vertreibt mir einstweilen die Zeit. Sie lernt in der Schule Englisch und ist mit dem Wörterbuch, das ich inzwischen gekauft habe, sehr fix. Wir können uns tatsächlich ein bisschen unterhalten. Wenn ich auch immer wieder abgelenkt bin, weil ich mit einem halben Auge Herrn Wang beobachte. Um fünf Uhr ist alles wieder zusammen gebaut. Herr Wang will kein Geld von mir nehmen, stattdessen bekomme ich einen Aufkleber mit seiner Telefonnummer für meine Alubox geschenkt. Vorsichtshalber speichere ich die Nummer auch noch in meinem Handy und trage sie in mein Tagebuch ein. Wer weiß, wie weit ich morgen komme?

Noch einmal fahren wir zurück zum Hotel, noch einmal habe ich eine Stunde Zeit. Die Anspannung, die mühsamen Unterhaltungen und die vielen Erlebnisse fordern ihren Tribut. Ich bin total ausgelaugt, schlafe sofort ein und werde aus dem Tiefschlaf geholt, als Huangs Tochter kommt, um mir ein paar Zeitschriften zu bringen. Mache ich wirklich so einen gelangweilten Eindruck? Ich sinke total geschafft auf das Bett zurück und sehne mich nach einem Ruhetag. Aber erst gehen wir noch einmal Essen.

Morgens baue ich das Rad noch einmal aus, um zu sehen, wie die Konstruktion die Fahrt zum Hotel überlebt hat. Alles sieht gut aus. Ich montiere es wieder zusammen, packe, und schreibe Christian eine E-Mail, dass ich noch einen Versuch wage und mich wieder melde, sobald ich genaueres weiß. Dieses Mal werde ich ein Stück weiter begleitet, damit ich mich nicht wieder verfahre. Allerdings nicht bis zur Autobahn, denn dort gibt es keine Sondergenehmigung. Stattdessen fahre ich auf der Landstraße, die sich als sehr hübsch erweist. Wenn nur die Sorge um das Radlager nicht wäre. Mit einem Ohr lausche ich permanent nach ungewöhnlichen Geräuschen und höre deshalb natürlich auch die unmöglichsten Dinge.

Unterwegs treffe ich einen Motorradfahrer aus Guiyang, der gerade in Lijiang war. Er sagt mir, ich solle umdrehen und eine andere Straße nach Kunming nehmen. Auf meiner Landkarte ist dort jedoch eine Autobahn eingezeichnet, die ich mit dem Motorrad nicht benutzen darf. Aber der Biker bleibt dabei, und ich lasse mich überreden. Tatsächlich darf ich die neu gebaute Straße benutzen. Sie gehört mir sogar beinahe ganz alleine und ich habe Zeit, mir die steilen Felsen rechts und links anzusehen.

Die Autobahn wurde ganz offensichtlich nach Gusto der Straßenbauer und ohne Rücksicht auf privates Eigentum gebaut. Es gibt mehrere Häuser, die vom Zaun der Autobahn und den steilen Klippen der Berge eingeschlossen sind. Die Bewohner revanchieren sich, indem sie den Zaun als Wäscheleine nutzen und sich Durchgänge schaffen, um auf der Schnellstraße spazieren zu gehen.

Am Ende der Autobahn ist eine hübsche Kleinstadt. Ich überlege, dort zu übernachten, befrage meine Landkarte und stelle fest, dass die nächste Kleinstadt nicht weit ist. Also fahre ich noch ein Stückchen, bevor es dunkel wird. Das ist jedoch ein Fehler, denn die Autobahn ging weiter als auf meiner Landkarte eingezeichnet ist, und ich war bereits in dem zweiten Ort. Der nächste ist etwas weiter entfernt und davor gibt es noch eine Baustelle mit Staub und Lastwagen. Es ist bereits dunkel als ich bei der nächsten Gelegenheit anhalte. Eine Pension mit Parkmöglichkeit im Hinterhof und Zimmer mit privater Toilette. Das Abwasser des Waschbeckens fließt in einen Eimer, damit man es zum Spülen der Toilette benutzen kann. Das ist eigentlich eine gute Idee, finde ich.

Am nächsten Tag stelle ich fest, dass nur wenige Straßen weiter das Neubauviertel beginnt, mit geteerten Straßen, ohne Staub. Ich muss immer wieder nach Kunming fragen, weil ich die Orte auf den Straßenschildern nicht in meiner Landkarte finde. Erst als mich ein Mann nach einem Blick auf die Karte wieder zurück schicken will, merke ich, dass nicht die Landkarte der Provinz Yunnan, sondern immer noch die der Provinz Guizhou im Kartenfach meines Tankrucksacks steckt. Dort ist natürlich nicht Kunming, sondern Guiyang eingezeichnet. Und als ich die Landkarten austausche, sehe ich das Malheur: Ich bin auf dem Weg zu der Straße, vor der ich eindringlich gewarnt wurde.

Per SMS lasse ich mir vom Englisch sprechenden Zhou in Kunming noch einmal genau sagen, welcher Streckenabschnitt schlecht ist, studiere die Karte und finde eine Möglichkeit, vorher links abzubiegen. Noch einmal befrage ich Zhou per SMS. Das geht, bestätigt er. Damit spare ich es mir über einhundert Kilometer zurückzufahren. Die Strecke war zwar sehr schön, mit weiten Kurven und sanft geschwungenen Hügeln in erdigen Farben. Dennoch fahre ich lieber vorwärts als zurück. Inzwischen steht eine Traube Menschen um mein Motorrad herum und begutachtet es. Leider konnte ich mit keinem von ihnen sprechen, aber während ich auf die letzte, erlösende SMS von Zhou warte, reicht mir einer der Umstehenden sein Telefon.

Zhang Weihua meldet sich. Sie ist Englischlehrerin und erkundigt sich, wie sie mir helfen kann. Ich danke ihr, und sage, dass ich auf eine Auskunft aus Kunming warte. Wie lange das dauere, fragt sie, und fügt hinzu, dass sie in wenigen Minuten bei mir sein könne. Ich freue mich über ihre Hilfsbereitschaft, bin mir aber sicher, dass sie die Straße nach Kunming nicht kennt und versuche deshalb, sie davon abzuhalten. Aber es dauert tatsächlich nur wenige Minuten, bis sie aus einem Auto steigt, in dem drei Männer sitzen, und lächelnd auf mich zueilt.

Der Nachmittag ist noch jung, dennoch folge ich einem spontanen Impuls und frage nach einem Hotel. Eine längere Diskussion beginnt, an deren Ende mich die Englischlehrerin einlädt, bei ihr zu übernachten. Meine Absicht, mich auszuruhen, ist damit zwar durchkreuzt, aber dieses Angebot kann ich nicht ablehnen. Trotz zahlreicher Begegnungen war ich nur selten in einem privaten chinesischen Haushalt und ich freue mich sehr über diese Gelegenheit. Meine Gastgeberin steigt wieder zu den drei Männern in das Auto und ich folge ihnen zum Campus der Schule. Vor dem Appartementblock der Lehrer parke ich das Motorrad und wir gehen in die Erdgeschosswohnung der Familie Zhang .

Vom Treppenhaus aus betreten wir ein Wohnzimmer mit einer Couch und zwei Sesseln, einem Tisch, Fernseher und Schrank. Daran schließt das Kinderzimmer mit Etagenbett, Schreibtisch und Computer an. Und von dort aus kommt man in das Schlafzimmer der Eltern. Der Balkon vor dem Wohnzimmer ist zur Küche umgebaut, mit Kühlschrank, Herd und Spülbecken. Von dort gehe ich nach links ins Bad mit Dusche und Hocktoilette, aber ohne Wasser. Zum Spülen steht ein Eimer bereit. Die Wohnung hat knapp vierzig Quadratmeter. Die Möbel sind einfach, der Boden mit Linoleum ausgelegt und der Kontrast von moderner Computertechnik mit Internetanschluss und dem Herd auf dem Balkon wollen nicht so recht in mein Weltbild passen.

Zhao Guochen, Wei Huas Ehemann, kommt zur Tür herein. Er ist ebenfalls Englischlehrer und sie war seine Schülerin, bevor sie seine Ehefrau wurde. Gemeinsam gehen wir zum Essen, die Eheleute, die drei Männer aus dem Auto und die fünf Jahre alte Tochter, die wir unterwegs vom Kindergarten abholen. Im Restaurant erfahre ich, dass die Schulkinder um sechs Uhr aufstehen, Gymnastik machen und frühstücken, bevor sie um acht Uhr mit dem Unterricht beginnen. Aber die Englischlehrerin muss bald zurück an die Schule, weil die neunten Klassen von acht bis halb zehn Uhr abends noch Englischunterricht haben. »Willst Du meine Schüler kennenlernen?« fragt mich Wei Hua. »Klar!« antworte ich.

Vorher haben wir noch Zeit, die Schule zu besichtigen. Es gibt zwei Wohnheime für die rund zweitausend Schüler vom Land. Die Mädchen und Buben schlafen in getrennten Häusern in Räumen mit sechs bis acht Betten. Toiletten und Duschen sind in einem separaten Gebäude untergebracht und an den Fenstern und im offenen Treppenhaus hängt Wäsche zum Trocknen, die die Kinder selbst mit der Hand waschen. Die Schüler sind zwischen sechs und neunzehn Jahren alt, ihr Essen bekommen sie in der Schulküche, aber es gibt keinen gemeinsamen Speisesaal. Ihre Lehrer bewohnen mehrere Appartement-Blocks auf dem Gelände. Insgesamt gibt es elf Englischlehrer, drei weitere lerne ich auf meinem Rundgang kennen, und jeder möchte, dass ich am nächsten Tag auch seine Klasse besuche. Aber das wird mir zu viel. Daher versuchen die Lehrer, so viele Schüler wie möglich zusammenzutrommeln, damit sie an diesem Abend die Gelegenheit haben, mich zu treffen.

In Frau Zhangs Klasse sitzen knapp sechzig Schüler im Alter von fünfzehn bis neunzehn Jahren. Sie müssen jeden Monat zweihundert Yuan Schulgeld aufbringen. Als wir eintreten, stehen sie auf und begrüßen uns mit Applaus. Nachdem Frau Zhang mich kurz vorgestellt hat, erzähle ich, woher ich komme und welche Reisen ich in meinem Leben bisher gemacht habe. Danach bitte ich die Schüler um Fragen. Lehrerin Zhang holt einen großen Jungen nach vorne. Er ist wohl Klassenbester, denn sein Englisch ist sehr gut, aber er ist so aufgeregt, dass er seinen Redefluss fast nicht mehr stoppen kann. Dabei wiederholt er ständig, wie froh er ist, an dieser Schule Englisch lernen zu dürfen und dass er gerne sehr gut Englisch sprechen möchte. Vermutlich wurde diese Rede einmal für einen offiziellen Besuch von Regierungsbeamten einstudiert. Am Ende stellt er mir seine Frage. Dabei interessieren ihn weder mein Motorrad, noch mein Land oder meine Reisen. Er will wissen: »Wie lerne ich gutes Englisch?«

Natürlich kann ich den Kindern nicht raten, sie sollen in fremde Länder reisen, um Sprachpraxis zu bekommen. Und englische Filme, Internet und Bücher können sich vermutlich nur ganz wenige, vielleicht keiner in dieser Klasse leisten. Jin An, ein Mädchen vom Land, tritt als nächste vor die Klasse. In stockendem Englisch erzählt sie mir, dass sie eine kleine Schwester hat. Ihre Eltern und das ganze Dorf müssen viel arbeiten und große Opfer bringen, damit sie zur Schule gehen kann. Daher möchte sie fleißig lernen, um sie nicht zu enttäuschen. Auch ihre Frage an mich lautet: »Wie kann ich so gut Englisch lernen wie du?«

Der Eifer und das Bemühen, die vielen Erwartungen und Hoffnungen eines ganzen Dorfes zu erfüllen, und gleichzeitig der Mut, weit weg von zuhause den Alltag alleine zu meistern und zu lernen, für ein ganzes Dorf zu lernen – das beeindruckt mich sehr. Ich sage Jin An, dass ihr Englisch sehr gut ist, und dass ich sicher bin, dass sie ihren Weg gehen wird. Sie habe gute Lehrer und wenn sie weiterhin das mache, was ihre Lehrer sagen, dann werde sie bestimmt Erfolg haben.

Wenn meine eigenen Englischlehrer das hören könnten, würden sie in schallendes Gelächter ausbrechen. Sie kennen eine ganz andere Schülerin. Aber ich hoffe, der Zweck heiligt die Mittel. Nach vierzig Minuten wechsle ich das Klassenzimmer. Ein Stockwerk tiefer haben sich zwei Klassen in einem Raum versammelt. In jeder Bank sitzen vier Schüler, an die hundertzwanzig insgesamt. Die Aufregung ist riesig und die Luft vibriert. Kein Schüler meldet sich, aber es wird viel geflüstert und gekichert und ein Lehrer, der seine kleine Tochter mitgebracht hat, springt ein und stellt Fragen an mich: Wie mir China gefalle, wie lange ich bereits in China sei, wie lange ich bliebe und was ich bereits gesehen habe. Zum Schluss bitte ich darum, Fotos machen zu dürfen und bin mir nicht sicher, wem ich damit die größere Freude mache, mir selbst oder den Schülern?

Nach der Stunde erfahre ich, dass der Schuldirektor von meiner Anwesenheit erfahren hat und mich einlädt, im Hotel zu übernachten. Das ist genau das, was ich nicht wollte. Aber ich kann die Einladung schlecht ablehnen. Immerhin kann ich Zhang Weihua noch ganz leise sagen, dass mir ihr Zuhause lieber gewesen wäre, dann ist wie durch Zauberei das Auto vom Nachmittag zur Stelle und fährt mich zum Hotel. Das Zimmer ist finster, das Bad schmutzig, und es gibt auch kein abgekochtes Wasser in Thermoskannen. In teureren Häusern steht manchmal ein Wasserkocher auf dem Zimmer. Aber in diesem Hotel gibt es nichts, kein Toilettenpapier, keine Seife, kein Shampoo, keine Einmal-Zahnbürste, und sogar das Handtuch ist dreckig. Außerdem hätte ich viel lieber bei Familie Zhang übernachtet ...

Um halb acht treffe ich Zhang Weihua zum Frühstück. Wir gehen in eine kleine Garküche in der Straße vor der Schule. Ich frage, was sie im Alltag isst, aber sie weicht meiner Frage aus:

»Mal so, mal so.« Gemeinsam bringen wir ihre Tochter zum Kindergarten, gehen zurück zur Schule und verabschieden uns dort. Ihr Unterricht beginnt.

Mittags halte ich in einem kleinen Ort, der Markttag hat und kaufe mir dort ein paar Teigtaschen. Auf dem Motorrad sitzend esse ich und beobachte dabei den Linienbus, der kommt und wieder fährt. Ein Mann steigt aus, in Anzug und Krawatte, mit einer Aktentasche unter dem Arm. Er sieht mich, holt eine Digitalkamera aus seiner Aktentasche und filmt mich damit. Eigentlich bin ich der Meinung, er könnte mich zumindest fragen. Aber ich habe meinen guten Tag und lächle ihm freundlich in sein Bild. Ohne ein Wort zu sagen, kauft er mir eine Flasche Cola im Laden gegenüber der Bushaltestelle. Dann kramt und kruschelt er noch einmal in seiner Tasche und überreicht mir anschließend einen leuchtend roten Umschlag.

Was ist das? Was soll ich damit machen? Der Umschlag ist ein Geschenk. Seine rote Farbe soll Glück bringen, soviel weiß ich. Aber warum? Soll ich ihn öffnen? Nein, der Fremde will, dass ich ihn wegstecke, lächelt mich freundlich an, winkt mir zu und steigt in den Bus, der gerade gekommen ist. Ich bin so verblüfft, dass ich ihm erst nachwinke, als er bereits weg ist.

Ratlos drehe ich den Umschlag zwei Mal um, dann öffne ich ihn: Zwei hundert Yuan Scheine liegen darin. Woher weiß der Mann, dass ich heute Geburtstag habe? Ich schüttle lachend den Kopf. Für mich ist der Tag meiner Geburt nicht so wichtig wie die Tatsache, dass ich auf der Welt bin. Ich feiere gerne, aber es muss nicht ausgerechnet an diesem Tag sein, an dem meine Freunde und Familie weit weg sind und ich keine Ahnung habe, wem ich begegnen werde. Zhang Weihua habe ich beispielsweise nichts von meinem Geburtstag erzählt, weil sie sich dann verpflichtet gefühlt hätte, etwas Besonderes für mich zu tun. Aber nun freue ich mich umso mehr über dieses unerwartete Geschenk.

Die Straße ist frei und ich komme gut voran. Hinter der nächsten Stadt ist der Asphalt jedoch holprig und voller Schlaglöcher und ich mache mir wieder Sorgen um das Radlager. Als ich nach siebzig Kilometern die nächste Stadt erreiche, beginnt dort eine nagelneue Straße mit grünem Mittelstreifen und drei Fahrspuren auf jeder Seite. Ich durchquere ein komplett neues Stadtviertel, dann biege ich links ab, um die schlechte Straße nach Kunming zu umgehen, und lande kurz darauf in einer dreißig Kilometer langen Baustelle mit Schotter, Schlamm und Spurrillen. In der Dämmerung durchquere ich noch eine große Pfütze, dann meint es das Schicksal gut mit mir und schenkt mir eine Teerstraße, auf der ich nach einer halben Stunde die Stadt Luilang erreiche.

Ein Motorradfahrer winkt mir zu. Ich halte ihn an und frage nach einem Hotel und er bringt mich zu einem Motorradladen, wo ich eine Flasche Wasser angeboten bekomme. Aber keiner spricht Englisch und ich stehe eine Weile lang etwas ratlos herum. Schließlich zücke ich meinen magischen Zettel mit der Hotelfrage und setze damit ein Auto in Bewegung, das mich zu einem sehr guten Mittelklassehotel bringt. Ich bin müde und checke ein. Die freundlichen Motorradfahrer verabschieden sich, bevor ich sie nach ihren Namen fragen kann, und wenige Minuten später sitze ich alleine auf meinem Zimmer und blicke mich verdutzt um.

Der abrupte Wechsel von staubigen Wegen durch ärmliche Dörfer zu eleganten Hotels in modernen Großstädten geht mir immer ein bisschen zu schnell. Während ich mich an die neue Umgebung gewöhne, blättere ich den englischen Hotelprospekt durch. Da fällt mir mein Geburtstag wieder ein, und passend dazu finde ich das Angebot einer Massage. An der Rezeption erfahre ich, dass die Masseurinnen vierundzwanzig Stunden am Tag arbeiten. Also esse ich zuerst in einem kleinen Restaurant in der Nähe und lasse mich dann eineinhalb Stunden lang massieren. Wohlig entspannt gehe ich nach dieser etwas anderen Geburtstagsfeier um halb zwei Uhr morgens ins Bett.

Bis Kunming sind es nur noch hundertzwanzig Kilometer, und ich lande unwillkürlich auf der Schnellstraße. Ich habe keine Ahnung wo es noch eine andere Straße nach Kunming geben könnte und sehe auch kein Schild, das Motorradfahren verbietet. Dennoch werde ich an der Schranke zurück geschickt. Ich protestiere und möchte zumindest wissen, wo ich stattdessen hinfahren soll. Die Dame in dem Kassenhäuschen diskutiert geduldig so lange mit mir, bis ich verstehe, dass ich die Spur nebenan benutzen soll, weil ich dort mit dem Motorrad an der Schranke vorbei fahren kann.

Unterwegs halte ich am Seitenstreifen und schreibe Zhou eine SMS. Als ich nach der Maut-Schranke das Motorrad abstelle und mein Handy heraushole, um zu sehen, ob er mir geantwortet hat, hält ein Reisebus neben mir, die Tür öffnet sich und Zhou steigt aus. Er ist Fremdenführer, spricht hervorragend Englisch und gibt mir die Adresse eines Hotels. Dort soll ich auf seinen Namen ein Zimmer nehmen, weil ich dann den Rabatt seines Reisebüros bekomme. Als ich gerade an der Rezeption stehe, kommt er noch einmal kurz vorbei, fragt, ob alles in Ordnung ist und erklärt mir den Weg zu einer Motorradwerkstatt. Ich beziehe das Zimmer und fahre dann gleich wieder los. Immer gerade aus, am Stadion vorbei und dann auf der linken Seite. Dort winken sie schon.

»Hallo! – Nĭ hăo!« Neugierige Blicke auf beiden Seiten, dann bauen wir das Hinterrad aus, und der Mechaniker tauscht das Lager. Die Reparaturversuche in Guiyang haben das Leben des Lagers stark verkürzt, die Kugeln sind bereits ein bisschen eingelaufen. Aber der Sitz sieht gut aus und der Mechaniker in

Kunming ist sicher: »Damit kannst Du noch zehntausend Kilometer weit fahren.« Da die Chinesen keine Erbsenzähler und auch sonst eher kompromissbereit sind, heißt das ungefähr so viel wie »bis in alle Ewigkeit«.

Inzwischen hat Zhou Feierabend und ist ebenfalls in die Werkstatt gekommen. Es ist dunkel und alle wollen nach Hause. Zwölf Motorräder werden in den kleinen Ladenraum geschoben, der nicht mehr als zwanzig Quadratmeter hat. Dann bieten ein paar an, mich zum Hotel zu bringen. Ich lehne dankend ab und bekomme Unterstützung von Zhou, der den anderen sagt, dass ich das alleine kann. Als Chinesin müsste ich mich nun vielleicht vernachlässigt fühlen, aber ich bin Deutsche und freue mich über das Vertrauen in meine Selbstständigkeit.

Um das Radlager zu schonen, sortiere ich mit kritischen Augen meine weltlichen Güter und packe alles, was mir entbehrlich erscheint in einen Karton. Eine echte Gewichtsersparnis erhoffe ich mir durch das Zelt, das ich bisher nicht genutzt habe. Mit einigen Gastgeschenken und anderen Kleinigkeiten kommen immerhin sieben Kilogramm zusammen, die ich am nächsten Tag mit Zhous Hilfe per Post nach Běijīng schicke. Sonja und Ralph, die ich vor meiner Abreise in der chinesischen Hauptstadt kennengelernt hatte, haben mir ihre Adresse gegeben und Zhou steuert seine Anschrift als Absender bei, weil die Dame von der Post das Paket sonst nicht annimmt.

Anschließend zeigt mir der professionelle Fremdenführer den Blumenmarkt in seiner Stadt. Gartenbau gehört zu den aufstrebenden Wirtschaftszweigen von Kunming und im blumenverliebten China treibt er wahrhaft bunte Blüten. Außerdem leben in der Hauptstadt der Provinz Yunan viele Studenten und Lehrer aus dem Ausland und geben der Stadt ein internationales Flair. Aber Zhou geht mit mir nicht zu Starbucks, sondern lädt mich auf einen echten Yunnan Kaffee ein. Der schmeckt etwas herber als die milden Sorten aus Südamerika und passt damit gut zu dem Land, in dem bereits mehr als eine Revolution stattgefunden hat. Mindestens fünfundzwanzig Minderheiten sind in dieser Gegend zuhause und es gab immer wieder Aufstände gegen die verschiedenen chinesischen Herrscher.

Für den Abend hat mich Zhous Frau zum Essen eingeladen. Sie bekommt im Dezember ein Kind und Zhou erzählt mir, dass er bis dahin seine Eigentumswohnung verkaufen und ein größeres Appartement beziehen möchte. Ich würde seine Wohnung gerne übernehmen: drei Zimmer, Küche, Bad und Balkon in einer hübschen Wohnanlage mit Tiefgarage. Vor fünf Jahren hat Zhou dafür zweihundertsechzigtausen Yuan bezahlt, inzwischen will er hunderttausend Yuan mehr dafür. Die Nebenkosten belaufen sich auf zweihundert Yuan, davon sind dreißig Yuan für das Schwimmbad und das Fitnesscenter. Die ausländischen Gäste geben gute Trinkgelder, bestätigt Zhou. Aber ich denke, dass er sich das Geld auch verdient, denn er ist ein netter Mensch und cleverer Geschäftsmann, eine sympathische Kombination.

Nach dem Essen treffen wir uns mit Yang Chang und einigen seiner Freunde in einer Kneipe. Ich hatte den Motorradfahrer am Anfang meiner Fahrt durch China in Xuzhou getroffen und freue mich, ihn nun nach sieben Wochen wiederzusehen. Zu späterer Stunde kommt auch noch Li Dan mit ihrer 250er Honda angebraust. Die junge Frau fährt seit fünf Jahren Motorrad, und ihr Freund sitzt als Sozius hinten drauf. Ein ungewohntes Bild, auch für meine westlichen Augen. Aber dies ist die Provinz, in der auch die Mósuō leben, eine Minderheit mit einer matrilinearen Gesellschaftsstruktur. Das heißt, in den Haushalten ist »der« Haushaltvorstand weiblich, und gibt den Schlüssel der Vorratskammer und damit die Entscheidungshoheit jeweils nach eigenem Gutdünken an eine andere Frau weiter. Die Frauen haben also eine starke ökonomische Stellung. Und vermutlich auch ein entsprechend anderes Selbstbewusstsein.

Am folgenden Tag habe ich mir frei genommen. Ich brauche etwas Zeit für mich, möchte ausschlafen und mein Tagebuch schreiben. Das kann ich Zhou ganz einfach sagen, und er versteht das auch. Netterweise spielt sogar das Wetter mit. Es regnet und das gibt mir das Gefühl, nichts zu verpassen. Der Regen schenkt mir sogar noch einen Tag pause und ich bringe mein Tagebuch auf den aktuellen Stand. Aber am Abend klart der Himmel dann auf. Ein deutliches Zeichen, dass es Zeit ist, nach Lijiang zu fahren.

Also packe ich am nächsten Morgen zusammen und ziehe meinen Regenanzug an, weil es in der Früh noch ziemlich kühl ist. Eine weise Entscheidung, denn kaum sitze ich auf dem Motorrad, beginnt es wieder zu nieseln. Im Industriegebiet wird eine Schnellstraße auf Stelzen gebaut. Zehn Meter über mir balanciert ein Arbeiter mit einem großen Hammer über einen Eisenträger. Gespannt beobachte ich ihn, während sich vor mir die Lastwagen wieder einmal in einem typischen chinesischen Verkehrsknoten verwickeln, aus dem sie nach einigen Minuten auf wundersame Weise wieder herausfinden und ihre Fahrt ungestört fortsetzen. Nur wenige scheinen aus der Erfahrung »wenn alle gleichzeitig fahren, kommt keiner weiter« etwas zu lernen. Das sind dann diejenigen, die versuchen, den Verkehr zu ordnen. Falls es ihnen gelingt, einen Fahrer davon abzuhalten, sich sofort in eine frei werdende Lücke zu drängen, findet sich jedoch mit Sicherheit ein anderer, der es schafft, in der Zwischenzeit eben diese Lücke mit seinem Fahrzeug zu blockieren. Mit chinesischer Gelassenheit habe ich mir angewöhnt, in solchen Fällen meine Ungeduld gemeinsam mit der Zündung des

Motorrades auszuschalten.

Als ich beides wieder starte und das Dach der neuen Schnellstraße verlasse, stelle ich fest, dass es inzwischen richtig regnet. Nach vierzig Kilometern führt die Straße direkt auf den Highway, der für mich jedoch in diesem Fall wieder gesperrt ist. Ich nutze die Pause, die mir durch die Schranke auferlegt wird, um nachzudenken: Macht es Sinn, im Regen nach Dali und Lijiang zu fahren? Die Sicht ist schlecht und die Straße extrem rutschig. Der Sommer ist die Regenzeit in Yunnan und ich habe mir in den letzten Tagen mehrmals sagen lassen, dass das Wetter im Norden besser ist. Ein Lastwagenfahrer zeigt mir eine Straße, die es auf meiner Landkarte nicht gibt. Sie führt gen Norden, durch ein malerisches Tal mit Touristenhotels und Restaurants. Ein Ausflugsziel der Kunminger, das ich an diesem verregneten Montagvormittag für mich alleine habe.

Ich schwinge, aufgrund des Regens in gemäßigtem Tempo, durch langgezogene, frisch asphaltierte Kurven zwischen bewaldeten Hügeln dahin. Das Tal wird enger und die Hügel zu Bergen. Die Steigung der Straße ist fast nicht spürbar, aber irgendwann lasse ich die Baumgrenze hinter mir und fahre zwischen schroffen Felsen über einen flachen Pass. Auf der anderen Seite breitet sich wiederum ein Tal vor mir aus, an dessen Ende ich auf die G 108 in Richtung Norden einbiege. Ein verrostetes Straßenschild sagt mir die Entfernungen zu den nächsten Städten. Im Vorbeifahren lese ich »Běijīng«, drehe um und studiere die Schriftzeichen noch einmal. Tatsächlich, dort stehen die chinesischen Zeichen für Běi und Jīng, und ich habe sie im vorbeifahren erkannt, und bin mächtig stolz auf mich.

Am Rand von Tibet

Dreitausendzweihundertachtzig Kilometer sind es bis nach Běijīng, sagt das Schild. Ich krame in meinen Landkarten: Die G 108 führt tatsächlich über Chengdu und Xi'An direkt in die Hauptstadt der Volksrepublik China. Aber so weit bin ich noch nicht. Ich will erst noch an die Grenze von Tibet und fahre deshalb am nächsten Tag auf zweitausend Meter hinauf. Dort oben wirken die riesigen Berge um mich herum wie kleine Hügel, die von der Witterung rund geschliffen und anschließend von Menschenhand mit landwirtschaftlichen Terrassen quer gestreift wurden.

In dem Ort, den ich mir auf der Landkarte zum Übernachten ausgesucht hatte, sind viele Militärs und ich fühle mich nicht richtig wohl dort. Also fahre ich weiter, schlängle mich an einem weiteren Lastwagenstau vorbei und bereue anschließend meine Entscheidung, denn es dämmert bereits, als ich wieder einmal eine Baustelle erreiche. Soll ich zurück fahren? In der Dunkelheit? Nochmals am Stau vorbei? Recht viel schlimmer kann die Baustelle auch nicht sein, denke ich mir und fahre weiter. Es gibt ein paar schmale Passagen mit Spurrillen zwischen Fels und Abgrund. Und an einer Engstelle wartet ein Lastwagen völlig unchinesisch auf der anderen Seite, bis ich über die sich kreuzenden Spurrillen im harten Lehmboden gehoppelt bin. Inzwischen ist stockfinstere Nacht, und plötzlich verbreitert sich die Piste zu einem Fußballfeld. Kieshügel, Spurrillen, Pfützen. Alles da. Nur kein Hinweis, wo die Straße lang geht.

Der Scheinwerfer der BMW ist in die Verkleidung integriert. Mit dem Lenkeinschlag kann ich die Gegend um mich herum also nicht ausleuchten. Dazu müsste ich das ganze Motorrad hin und her drehen oder einen kleinen Kreis fahren. Aber dann sehe ich vor mir ein paar Wassertropfen am Boden, die den

Staub binden. Die Bremsen der chinesischen Lastwagen werden mit Wasser gekühlt und ich folge der Spur der Tropfen durch die Dunkelheit. Der Lastwagen, der mir bereits an der Engstelle den Weg ausgeleuchtet hat, weist mir nun an den entscheidenden Stellen noch einmal den Weg, und am Ende der Baustelle leuchtet die Reklame eines Hotels.

Mitten in der Nacht wache ich auf. Der Geruch von verbranntem Plastik beißt in meiner Nase. Als ich das Licht anschalte, sehe ich dunkle Rauchschwaden in meinem Zimmer. Naiv wie ich bin, habe ich in der ländlichen Berggegend das Fenster offen gelassen um frische Luft hereinzulassen. Nun zieht stattdessen aus dem Hof der Qualm von verbrennendem Abfall in mein Zimmer. Eigentlich müsste ich China inzwischen besser kennen, schüttle ich über mich selbst den Kopf, springe aus dem Bett, schließe das Fenster, schalte die Luftabsaugung im Badezimmer ein, klettere wieder ins Bett, drehe mich um und schlafe weiter. Gelassenheit ist das große Zauberwort in China.

Diese Formel hilft mir auch am nächsten Tag. An einer geschlossenen Bahnschranke fährt jeder so weit nach vorne wie es irgendwie geht. Die zusammengedrängt wartenden Fahrzeuge bilden vor der Schranke die Form eines Trichters und die Straße ist über beide Fahrspuren komplett verstopft. Ich frage mich, wie der Gegenverkehr durchkommen soll, wenn die Schranke sich öffnet, denn auf der anderen Seite der Gleise bietet sich exakt dasselbe Schauspiel. Selbstverständlich folge ich der Sitte des Landes und drängle mich mit meiner BMW ebenfalls bis an die Schranke vor. Ganze sechsunddreißig Minuten später heben sich die Holzbalken und zwischen den Wartenden werden gute zehn Meter Fahrbahn frei. Polizisten, die mit ihrem Fahrzeug ebenfalls im Chaos stecken und warten, winken mich vor, aber nach jeweils fünf Metern auf beiden Seiten steht der Verkehr wieder. Glücklicherweise dauert es gerade einmal fünfzehn Minuten, bis sich der Knäuel der Wartenden auf meiner Seite so weit entwirrt hat, dass ich mit dem Motorrad durchkomme. Wie lange die zweispurigen Fahrzeuge brauchen, um dem Chaos zu entkommen, möchte ich lieber nicht wissen.

Inzwischen bin ich in der Provinz Sichuan, die für ihren scharfen Pfeffer bekannt ist. Die Straße ist schlecht, aber das soll sich offensichtlich ändern. Die Baustellen reihen sich aneinander, und je nach Fortschritt der Maßnahmen fahre ich auf nagelneuem Asphalt, Schotter, Geröll, Schlamm oder Sand.

Vor Xichang verläuft der Schnellweg parallel zu meiner Baustellenpiste und ich wage einen Versuch. Tatsächlich finde ich kein Schild, das Motorräder verbietet. Aber die Dame an der Schranke erklärt mir, dass ich mich bei dem Fahrrad mit dem roten Kreis außen herum ebenfalls angesprochen fühlen darf. Frustriert kehre ich zur Baustellenstrasse zurück. Auch in der Stadt Xichang wird gebaut. Der Ort liegt etwas unterhalb der Straße und ich habe einen guten Überblick über die verschiedenen Viertel. Im Neubaugebiet wird gerade ein Stadion errichtet, Appartementblocks wachsen in die Höhe und ein großes Einkaufszentrum lockt mit Werbung und Türmchen auf dem Dach.

Ein paar Kilometer weiter wird gerade an einem Tunnel gebaut, alternativ führt ein einspuriger Fahrweg über den Berg und ich habe keine Chance, den Lastwagen vor mir zu überholen. Gemeinsam mit Rotbäckchen keuche ich in Staub und Abgasen. Nach der Baustelle nutze ich die Gelegenheit, einen Blick zum Himmel zu werfen. Dicke Regenwolken türmen sich über mir und wie auf Kommando fallen Tropfen herab, die richtig wehtun. Ein zweiter Blick erklärt die Härte des Aufpralls: Die glitzernden Kügelchen sind Eisklumpen. Anstatt anzuhalten und den Regencombi anzuziehen, gebe ich Gas und fahre aus der

Schlechtwetter-Zone heraus.

Danach kurve ich vergnügt über eine nagelneue Straße. Es macht Spaß, wieder einmal etwas flotter zu fahren. Die Luft ist frisch und klar und als ich die Sonne wieder treffe, bin ich auf einmal in einer anderen Welt. Irgendwann muss ich steil bergauf gefahren sein, denn um mich herum breitet sich eine Hochebene aus, ohne Baum und Strauch. Stattdessen bedeckt eine karge Wiese den sanft geschwungenen Boden. Schwarze Felsen ragen aus dem dunklen Grün der Bodenkräuter auf, die Schafe und Ziegen ernähren und ein strahlend blauer Himmel spannt sich über diese Idylle.

Eine Gruppe Hirten im Bergland an der Grenze zu Tibet

Das Motorrad hält wie von selbst, ich nehme den Helm ab und horche in die Stille der Natur. Nach einer Weile kommen ein paar Hirten gemächlich herbeigeschlendert. Sie setzen sich auf den Boden und besichtigen mich ebenso interessiert wie ich sie und ihre Heimat. »Wie in der Mongolei«, schießt es mir durch den Kopf. Ich erinnere mich an die Frauenjurte auf dem Weg nach Tsetserleg, und setze mich zu den Hirten auf den Boden. Auf dem Display meiner digitalen Kamera zeige ich ihnen ihre Heimat und wir lachen gemeinsam über den hoffnungslosen Versuch, die große Weite in so ein kleines Bild packen zu wollen. Für eine unbestimmte Zeit beobachte ich die weißen Wolken bei ihrer Reise über den blauen Himmel und sehe den Schafen beim grasen zu. Dann setze ich mit frohem Herzen meine eigene Reise fort.

Bald führt mich die Straße wieder vierzig Kilometer weit den Berg hinunter, in die hitzeflirrende, staubige Ebene, zu den Lastwagen, die dort unterwegs sind. Habe ich die Abfahrt zur Bahnverladung verpasst? Gibt es einen Tunnel durch dieses Felsmassiv? Ich war gerade ganz offensichtlich in einer anderen Welt und habe dort Atem geschöpft für meine weitere Fahrt.

In meiner nächsten Unterkunft parke ich das Motorrad im Hinterhof. Unter den aufmerksamen Blicken der Parkplatzwächterin schließe ich es ab, nehme mein Gepäck und gehe auf mein Zimmer. Duschen, Wäsche waschen. Die übliche Routine. Da klopft es an der Tür. Ich solle zu meinem Motorrad gehen, wird mir bedeutet, und mir schwant böses. Ist es umgefallen? Oder jemand dagegen gefahren? Nein, drei chinesische Motorräder mit jeweils doppelter Besatzung stehen um meine BMW herum, und nun soll ich die Maschine bitte schön ganz hinten in der Tiefgarage parken. Die BMW-Pilger wurden vermutlich von anderen Motorrad-Fans verständigt, die Rotbäckchen bereits vor dem Hotel gesehen haben, während ich das Zimmer besichtigte. Sie haben wahrscheinlich der Wächterin erklärt, dass in ihrem Refugium eine Kostbarkeit parkt und nun ist ihr wohl ein bisschen bange geworden.

Nachdem ich einige Tage der G 108 gefolgt bin, verlasse ich sie nun und fahre durch die Jiajin Berge. Ich freue mich auf die bergige Landschaft und den Blick zum siebentausendfünfhundertsechsundfünfzig Meter hohen Gōnggà Shān. Aber die tolle Nebenstrecke entpuppt sich als Dauerbaustelle in einem heißen, stickigen Tal. An der Kreuzung zur Sichuan-Tibet-Fernstraße raste ich an einer Tankstelle, dann fahre ich in Richtung Westen sechzig Kilometer lang bergauf, bis nach Kāngdìng. Ich habe keinen Passierschein für Tibet. Deshalb soll Kāngdìng mein Tibet-Ersatz sein. Die Stadt ist ein traditioneller Marktplatz. Die Tibeter kommen von den Bergen herunter, um dort mit den Hui- und den Han-Chinesen Handel zu treiben, und ich hatte einen umtriebigen, lebendig-pulsierenden Ort erwartet. Aber die Stimmung scheint mir eher zurückhaltend-angespannt.

Ich laufe im Zentrum der Stadt die Straßen auf und ab. Aber das Hilfs-Tibet, das ich mir erhofft habe, finde ich nicht. In einem Café treffe ich einen Australier, verbringe den Abend mit ihm, und gestehe mir irgendwann ein, dass ich zu viel will. Die tibetische Kultur, die vielfältigen Probleme, die undefinierten Erwartungen, das alles lässt sich nicht in einen kleinen Ausflug an den Rand Tibets packen. Von allem ein bisschen und nichts ganz, das bringt nichts. Also beschließe ich, ein bisschen spät, auf das eine zu verzichten und mich stattdessen auf das andere zu konzentrieren. Vielleicht habe ich eines Tages die Möglichkeit, Tibet kennenzulernen. Aber auf dieser Reise fahre ich durch China, und ich beschließe, es dabei zu belassen. Am nächsten Morgen esse ich in einer Bäckerei die besten Teigtaschen meines Lebens. Es ist bereits neun Uhr, als ich das gepackte Motorrad auf die Straße schiebe. Gut, dass ich mein Zimmer bei der Ankunft bezahlt habe, denn im Hotel schlafen noch alle. Also fahre ich ohne Abschied in Richtung Osten, nach Chéngdū, der Hauptstadt der Provinz Sichuan.

Auf der Straße kommen mir hundertzwanzig nagelneue, von Soldaten gesteuerte Dong Feng Lastwagen entgegen. Später sehe ich nochmals über sechzig Lastwagen, deren Fahrer Camouflage T-Shirts tragen. Einige Fahrzeuge haben große Schrifttafeln an der Seite montiert und ich würde zu gerne wissen, was darauf steht. In Museen und Tempeln habe ich auf Schildern neben den chinesischen oftmals mongolische und tibetische Schriftzeichen gesehen. Die Seitenwände der Lastwagen sind ausschließlich chinesisch beschriftet. Ob die Botschaften für die Tibeter gedacht sind? Wie viele Tibeter können sie lesen? Oder dienen die Tafeln der Moral der chinesischen Truppen?

Chinesische Touristen brauchen keine Sondergenehmiung und keinen Führer: Fan Shi Ciang war mit seinem Motorrad alleine in Tibet

Sichuan-Provinz

Die Straße folgt einem Fluss aus den Bergen hinunter in die Ebene. Das steingraue Wasser ändert auf dem Weg seine Farbe, es wird grün, während die Felsen von grau zu rot wechseln. Langsam kehre ich unter die Baumgrenze zurück und zahlreiche Pflanzen finden in den Spalten des Gesteins genug Nährstoffe um zu wachsen. In der Ebene fahre ich auf einem breiten Radweg, weil die Schnellstraße für mich wieder einmal gesperrt ist. Das erwartete Verkehrs-Chaos rund um die Hauptstadt von Sichuan bleibt aus. Stattdessen erwarten mich in Chéngdū die Motorradfreunde vom Club »Langer Marsch«.

Yang Jinshan hat sich das Logo mit dem Kamel ausgedacht, weil die Tiere so ausdauernd sind. Einer der dreißig Mitglieder heißt Zhao Rentau, er ist Motorrad-Mechaniker und war bereits mit zwei anderen Bikern in Nepal: Achttausend Kilometer in dreißig Tagen, auf chinesischen Motorrädern. Später kommt Fan Shi Xiang, der seine rechte Hand in einer Druckpresse verloren hat. Seitdem kann er nicht mehr arbeiten, aber letztes Jahr war er mit dem Motorrad alleine in Tibet. Die Studentin Sophia stellt mir all diese Leute vor und erzählt mir ihre Geschichten. Ihr Freund nennt sich Frank, ist Polizist und hat mich bereits vor einem Monat per SMS nach Chéngdū eingeladen.

Frank ist es auch, der mich in einem Hotel der Polizei unterbringt. Mir ist ein bisschen mulmig bei der Idee, da ich immer noch ohne den vorgeschriebenen staatlichen Aufpasser unterwegs bin. Aber mein Motorrad parke hier absolut sicher, meint Frank. Und ich bekomme die Möglichkeit, mich schnell zu duschen, bevor wir zum Essen gehen. Es gibt ein feurig-scharfes Fondue mit viel Sesamöl. Ich liebe es, aber Sophia verzichtet, weil sie Akne hat. Stattdessen isst sie einen süßen Nachtisch.

Am nächsten Tag begleiten mich Sophia, Frank und Yang Jinshan zum Tierpark außerhalb der Stadt. Die Männer besuchen einen Freund, der in der Nähe lebt, während ich mit Sophia die Pandas besichtige. Ich möchte gerne Sophias Eintritt bezahlen, aber die Männer bestehen darauf, ihre Karte zu kaufen. Sie seien Freunde, lautet die Erklärung, der ich mich fügen muss.

Zuerst sehen wir einen etwas älteren Panda, der alleine in seinem ummauerten, tiefer gelegenen Gehege inmitten von Bambusstücken sitzt und sich den Bauch voll schlägt. Ich mache ein Foto und lasse dabei den Deckel meines Objektivs in das Gehege fallen. So etwas Dummes! Eine Dame neben mir deutet auf einen Zoowärter, der in der Nähe auf einer Bank sitzt. Sophia schildert ihm das Missgeschick und er geht los, um den Pflegern Bescheid zu geben. Nach einiger Zeit hören wir die Stimme des Mannes, der diesen Bären aufgezogen hat, und der Panda antwortet mit fröhlich quietschendem Grunzen auf die bekannte Stimme, die seinen Namen ruft: »Carr!« Der Pfleger kann das Gehege jedoch nicht betreten, erklärt mir Sophia, denn ein liebevoller Klaps des Bären könnte für den Mann tödlich sein. Daher lockt er den Panda erst in einen betonierten Raum mit Gittertür und sperrt ihn dort ein.

Da ich mich nicht von der Stelle gerührt habe, kann ich dem Pfleger genau sagen, wo der Plastikdeckel liegt und bekomme ihn bald darauf wieder. Vermutlich wäre es kein großes Problem gewesen, solch eine Abdeckung zu kaufen und es tut mir natürlich leid, dass ich den Panda bei seiner Brotzeit im Schatten der Bäume gestört habe. Aber die Reaktion des Bären auf seinen Pfleger war ein tolles Erlebnis. Nun sitzt er allerdings in einer Betonzelle hinter Gitter, während Sophia und ich zum Tierpark-Kino gehen.

Dort sehen wir uns einen Film über die Aufzucht der Panda-Bären an. Beinahe die Hälfte aller Geburten bei gefangenen

Pandas sind Zwillinge. In der Natur wählt die Mutter bei einer Mehrlingsgeburt ein Junges aus, das sie großzieht. Im Zoo versuchen die Pfleger, alle Jungtiere zu retten. Aber nur knapp ein Viertel der Weibchen in Gefangenschaft bringen überhaupt Junge zur Welt und viele Mütter in Gefangenschaft verstoßen ihre Nachkommen, so dass sie alle von Menschen aufgezogen werden müssen. Ob sie dennoch irgendwann einmal ausgewildert werden können? Der erste Versuch ist gescheitert. Ein vier Jahre altes Männchen starb nach wenigen Monaten in freier Wildbahn durch einen Sturz aus großer Höhe, vermutlich nach einem Kampf mit Artgenossen, erfahren wir durch den Film.

Unser nächstes Ziel ist der Kindergarten, wo wir uns die Babybären in Echt ansehen. Ein paar amerikanische Touristen lassen sich gerade gemeinsam mit einem Pandababy fotografieren. Offensichtlich beißen sie in diesem Alter nicht einmal Fremde. Oder liegt es daran, dass der Bär ständig von einem Pfleger gefüttert wird? Nach dem Kameraauftritt wird der Kleine mit Zurufen und Bambusstücken in seine Zelle zurück gelockt. Wir gehen ebenfalls in das Betongebäude, aber auf der anderen Seite der Absperrung. In dem Raum lässt sich die Tragik dieses Zoos nicht mehr verleugnen. Nackter Beton, Gitterstäbe und ein Holzgestell zum Klettern, das aus zwei Lattenrosten auf verschiedenen Höhen besteht. Die intellektuelle und körperliche Herausforderung für die Babybären besteht darin, von der oberen Ebene auf die untere zu klettern, um dort die Bambusstangen in Empfang zu nehmen, die ein Pfleger liefert. Faul und träge durch Nichtstun sind sie vermutlich preiswerter und einfacher in Gefangenschaft zu halten, aber eben auch nicht fit für die freie Wildbahn.

Das Freigehege einiger älterer Bären versöhnt mich ein bisschen. Ein Panda ruht sich in der Astgabel eines Holzstammes

Der Panda ist vermutlich das beliebteste Wahrzeichen Chinas

aus und ein anderer sitzt auf einem echten Baum. Zwei weitere strecken sich auf einer Holzplattform aus. Ich kann mich dem Zauber ihrer schwarz-weißen Fellzeichnung nicht entziehen, fotografiere wie eine Wilde und lenke mich damit auch von den Gedanken über die globale Umweltzerstörung sowie das Recht auf Freiheit und den Respekt vor dem Leben anderer ab, weil ich für diese Probleme leider keine Lösung kenne.

Am Nachmittag besichtigen wir zu viert das Museum der Sichuan Universität. Dort werden Ausgrabungsfunde sowie traditionelle Möbel, Gebrauchsgegenstände und Trachten der Minderheiten von Sichuan ausgestellt. Allzu viel Neues erfahre ich nicht. Meine jungen Begleiter kennen sich selbst nicht sehr gut aus und die Beschriftung ist eher dürftig. Schade. Ich hatte gehofft, dort etwas mehr über die Geschichte und das Leben der Minderheiten zu erfahren.

Zum Trost lädt mich Frank in sein Lieblingsteehaus ein. In einem älteren Wohngebiet stehen auf dem breiten Fußweg zahlreiche Tische und Stühle die fast alle besetzt sind. Wir finden einen freien Tisch und bestellen grünen Tee. Eine Tasse kostet zwei Yuan und dazu gibt es heißes Wasser, damit man nachschenken kann, so oft man will. Einige Menschen spielen Karten, andere Mahjong. Ein paar lesen Zeitungen oder Bücher, während andere träumen oder reden und lachen. Aber alle machen eines gemeinsam: sie leben, einfach, beschaulich und unkompliziert – zumindest in diesem Moment. Und ich verstehe sehr gut, warum Frank diesen Ort liebt.

Später zeigt mir Frank die Universität, an der er Jura studiert. Er wohnt nicht im Studentenwohnheim, sondern hat ein eigenes Zimmer in der Nähe der Uni, weil die Polizei sein Jurastudium bezahlt. Ich frage ihn, ob und wie lange er sich für den Staatsdienst verpflichten musste, um das Studium finanziert zu bekommen. Frank meint, dass er sich als Beamter keine Sorgen um seinen Arbeitsplatz machen müsse. Er scheint gar nicht auf die Idee zu kommen, dass er selbst kündigen und sich eine andere Arbeit suchen könnte.

Während der Sichuan Universität ein bisschen Pflege gut täte, ist die Universität der Elektronik und Verfahrenstechnik sehr modern und gepflegt. Die jährlichen Studiengebühren betragen rund dreitausend Yuan und für das Bett im Studentenwohnheim sind weiter elfhundert Yuan fällig. Dafür teilen sich vier bis sechs junge Studenten ein Zimmer mit Telefon- und Internetanschluss. Die Mensa hat bereits geschlossen, hungrige Studenten finden jedoch vor der Universität zahlreiche kleine Garküchen mit einem vielfältigen Nahrungsangebot.

Inzwischen ist es spät geworden, dennoch treffe ich vor meinem Hotel noch den Präsidenten des Motorrad-Clubs. Er schenkt mir eine Anstecknadel zum einjährigen Jubiläum des Clubs in diesem Jahr. Die Bikerszene in China ist relativ jung, hat aber viel Schwung und Dynamik, wie ich in verschiedenen Städten bereits erleben durfte. Bei der Gelegenheit lerne ich auch Jack kennen, der fließend Englisch spricht. Ich würde mich gerne länger mit ihm unterhalten, aber er ist Manager im Tibetan Hotel und hat nicht viel Zeit. Also wünschen wir uns gegenseitig eine gute Nacht und verabschieden uns voneinander.

Am nächsten Tag verlasse ich Chéngdū wieder. Das Polizeihotel macht mich ein bisschen nervös und kurz vor meiner Abreise will prompt ein Herr im schwarzen Anzug meine Papiere kontrollieren. Ich rücke nur den Reisepass heraus und stelle mich ansonsten dumm. Und nach einigen erfolglosen Versuchen, mir zu erklären was er will, gibt er auf und geht.

Unterwegs werde ich zum ersten Mal in China in die falsche Richtung geschickt, fahre rund hundert Kilometer Umweg durch eine abwechslungsreiche Landschaft mit grünen Feldern und alten Farmhäusern und erreiche am Abend Langzhong. Von Frank weiß ich, dass in der kleinen Stadt am Fluss Jialing so viele alte Häuser stehen, dass sie als die größte Sammlung antiker Architektur in der Provinz Sichuan gilt. In meinem Reiseführer wird die Stadt nicht einmal erwähnt. Aber die Tourismusindustrie befindet sich gerade im Aufbau und die kleine Stadt schickt sich an, eine weitere Sehenswürdigkeit auf der Liste der Chinabesucher zu werden. Ich folge einem Schild zur Tourist-Information. Die freundliche Dame hat einen Hotelprospekt in Chinesisch, aber keinen Stadtplan und auch keine Ahnung, wie sie mir den Weg erklären könnte. Auf selbstfahrende Touristen scheint sie nicht vorbereitet zu sein.

Ich möchte gerne in der Nähe der Altstadt übernachten, damit ich nicht so weit laufen muss, aber in der Touristeninformation

Gewürzte Tofu-Streifen vom Grill als schnelles Abendessen

komme ich nicht weiter, also verabschiede ich mich und frage einen Motorradfahrer auf der Straße. Der weiß sich, und vor allem mir, zu helfen, erkundigt sich bei drei anderen Passanten und bringt mich dann zu einem Hotel, von dem aus ich in nur fünf Minuten zu Fuß in der Altstadt bin. Aber an diesem Abend komme ich nicht einmal mehr so weit. Nach ein paar Tofustreifen vom Grill um die Ecke falle ich müde ins Bett und hoffe, die antiken Häuser stehen morgen auch noch.

Zum Frühstücken schlendere ich hinüber in die Altstadt, und verbummle dort den ganzen Tag. Die historischen Häuser wirken nicht überrestauriert. Sie haben sich mit der Zeit gewandelt, klar, aber der alte Charme ist noch da. Stromkabel und die eine oder andere Klimaanlage bezeugen lediglich, dass in diesen Häusern noch gelebt wird. Im Gegensatz dazu stehen an der Uferpromenade akkurate Neubauten in historischem Baustil.

In der Altstadt von Langzhong

Sie beherbergen Bars und kleine Souvenirshops, deren Mitarbeiter gähnend auf Kunden warten. Auch mein Erscheinen ändert nichts daran, denn ich kehre schnell wieder zurück in die echte Altstadt, mit den krummen Ecken und schiefen Wänden. Inmitten der Häuser steht ein sechsunddreißig Meter hoher, dreistöckiger Turm. An der Kasse kaufe ich ein Billett und einen zweisprachigen Stadtplan, den ich gleich von der Aussichtsplattform des Turms aus teste. Der Fluss im Süden, die moderne Stadt im Norden, der Zhang Fei Tempel im Westen und mein Hotel im Osten. Alles da.

Von oben bewundere ich die kunstvoll aufgeschichteten Dachplatten auf den Häusern ringsum und werfe neugierige Blicke in die Hinterhöfe der Häuser. Die Gassen der Altstadt sind für motorisierte Fahrzeuge gesperrt, damit fehlen das übliche Hubkonzert und die Motorengeräusche in allen erdenklichen

Lautstärken. Stattdessen rollen Fahrräder und Rikschas über das Pflaster, ich höre eine Frau lachen und beschließe, noch einen Tag zu bleiben.

Zurück auf dem Boden der Tatsachen besuche ich den Prüfungssaal für kaiserliche Beamte. Rings um einen Hinterhof reihen sich spartanische Zellen aneinander, in denen einst hoffnungsvolle Kandidaten die Lehren des Kongfuzi büffelten, um in den Staatsdienst aufgenommen zu werden.

Amüsiert beobachte ich die Kinder einer Schulklasse, die ihren Bewegungsdrang mühevoll zurückhalten, um den Worten ihrer Lehrerin zu lauschen, und dann kichernd und drängelnd die Kammern der damaligen Studenten besichtigen. Ein paar Häuser weiter probiere ich Baoning-Essig und rümpfe die Nase. Der Kochessig ist in China eine Spezialität, aber der Geruch ist gewöhnungsbedürftig. Im Haus daneben zeigt mir eine Bettenmacherin, wie sie eine Decke füllt und ein Mann webt aus einem dunkelbraunen Hanfseil ein Netz in einen Holzrahmen, als Auflage für eine Matratze. Er arbeitet sehr konzentriert und nickt nur leicht mit dem Kopf, als ich ihn um ein Foto bitte.

Ich besichtige einen alten buddhistischen Tempel und die Häuser zweier reicher Familien und werfe einen Blick in das Hotel Dujia Kezhan, in dem der Dichter Du Fu (712-770) übernachtet haben soll. Er gilt als einer der beiden wichtigsten Poeten der Táng-Dynastie (618-907). Aber sie haben keinen Parkplatz für mein Motorrad, daher bleibe ich lieber in meinem Hotel.

Am nächsten Tag besichtige ich den Schrein von Zhang Fei (167-221), einem General, der vor der Zeit der Drei Reiche (220-280) für Liu Bei kämpfte, den späteren Kaiser der Shu. Er wird bis heute für seinen Mut und seine Loyalität geschätzt und war wohl ein guter Feldherr. Als jedoch sein Gefährte Guan Yu im

Männer in einem Teehaus in Langzhong

Jahr 219 getötet wurde, schwor er Rache, verfiel dem Alkohol, geriet mit seinen Offizieren in Streit und wurde von ihnen getötet. Im Tempel entzünden drei Soldaten Räucherstäbchen. Nebenan erzählen Pappmache-Puppen mit dramatischen Szenen und wilden Grimassen die Geschichte des Generals.

Ein paar Straßen weiter befindet sich ein Teehaus. Männer sitzen im Schatten von Bäumen und lassen die Zeit vorüberziehen. Das traditionelle China, so wie ich es mir anhand von alten Bildern vorstelle, das finde ich dort. Was für ein Kontrast zur der modernen Stadt, die ich nach wenigen Minuten erreiche: Leuchtreklamen, motorisierter Verkehr und eilige Fußgänger – die Segnungen der modernen Zivilisation beinhalten aber auch ein Café auf dem Dach eines Einkaufszentrums, wo ich mich mit einer Tasse Kaffee wieder in die Neuzeit zurückhole, bevor ich mein Motorrad aus dem Hinterhof schiebe und meine Reise fortsetze.

Kurz vor der Provinz Shaanxi fahre ich über ein bewaldete Berge, treffe die G 108 wieder und sehe nach wenigen Kilometern direkt neben der Straße einen Felsentempel. Große und kleine Grotten mit buddhistischen Figuren sind in den Felsen neben der Fahrbahn gemeißelt. Zufällig treffe ich drei Archäologie-Studenten, die ebenfalls angehalten haben, um einen genaueren Blick in die Höhlen zu werfen. Sie erzählen mir, dass die Arbeiten rund eintausend Jahre alt sind. Ich besichtige die Figuren durch das Zoomobjektiv meiner Kamera. Viele sind schwer beschädigt. Was Wind und Wetter nicht zerstört haben, vollbringen nun vermutlich in kürzester Zeit die Abgase des Verkehrs. Lastwagen, Busse, Autos und Motorräder, der gesamte Verkehr zwischen Chengdu und Xi'an, der nicht die mautpflichtige Schnellstraße benutzt, fährt direkt an diesem ungeschützten Tempel vorbei.

Ein paar Kilometer weiter sitzen Kinder am Straßenrand vor den Häusern und machen Hausaufgaben. Das Bild wirkt idyllisch, und ist doch nur ein Beleg dafür, dass die Bildungschancen immer noch ungerecht verteilt sind. Aber gut Ding braucht Weile, und die lernenden Kinder sind eine wertvolle Grundlage, um den Wohlstand, den es an der Küste bereits gibt, auch ins Inland zu tragen.

Zum Essen halte ich an einem Stand am Straßenrand, wo ich fasziniert beobachte, wie aufwändig der Bäcker seine Brotfladen knetet: Erst rollt er sie zu länglichen Fladen aus und bestreicht sie mit einer Gewürzmischung, dann wickelt er sie zu einer Art Croissant zusammen, schneidet sie längs ein und verschlingt sie zu einem Knoten, den er wiederum zu einem runden Fladen ausrollt, bevor er ihn in den Ofen schiebt. Ein Fladen kostet einen halben Yuan, und ich weiß nicht, wie der Mann und seine Frau damit ihre Familie, den Ofen und die Zutaten finanzieren. Aber ich bin ihnen dankbar, dass sie an dieser Kreuzung stehen, denn die Fladen schmecken köstlich.

Shaanxi und Shanxi –
Kaisergräber und Kohle

In der Provinz Shaanxi besuche ich zunächst den Famen Tempel. In einem sogenannten Stupa werden dort Fingerknochen Buddhas aufbewahrt. Was lange Zeit als Legende galt, bewahrheitete sich, als der Stupa im Jahr 1981 einstürzte und die darunter liegende Gruft drei Fingerknochen und jede Menge Fundstücken aus der Tang-Dynastie (618-907) offenbarte. Daraufhin wurde ein neuer Stupa errichtet und der Tempel erlebt seitdem eine Renaissance als Ziel zahlreicher Pilger und Touristen. Abgesehen von der alten Krypta sind die Gebäude alle neu und der Famen-Tempel fasziniert mich mit seinen modernen Häusern und Hallen, die so gar nichts gemein haben mit den alten Gemäuern anderer Anlagen. Der Ort gilt aber nicht nur als religiöses Zentrum, sondern auch als staatlich anerkannte Sehenswürdigkeit. Deshalb ist neben den buddhistischen Mönchen auch staatliches Wachpersonal vertreten, wobei ich mir nicht sicher bin, wen sie tatsächlich bewachen, die drei Fingerknochen Buddhas, die Touristen, oder die Mönche?

Am nächsten Tag besuche ich einen meiner persönlichen Höhepunkte unter den chinesischen Sehenswürdigkeiten: Das einzige Mausoleum Chinas, in dem zwei Herrscher begraben sind: Kaiser Gao Zong (628-683) und seine Gattin Wŭ Zétiān (624-705), die einzige Frau, die jemals auf dem Drachenthron saß, und zwar von 690 bis zu ihrem natürlichen Tod im Jahr 705. Passenderweise erinnert die Form des Hügels, auf dem das Mausoleum steht, aus der Ferne an eine liegende Frau. Das Grabmal gilt als eines der prächtigsten aus der Táng-Zeit. Mit dem Bau wurde im Jahr 683 begonnen, und es dauerte ganze dreißig Jahre bis das Mausoleum fertiggestellt war.

Ich parke das Motorrad neben einem Imbissstand und wechsle von den Cross-Stiefeln zu bequemen Laufschuhen, kaufe der Verkäuferin eine Flasche Wasser ab und deponiere dafür Helm, Jacke und Stiefel bei ihr. Dann erklimme ich nach langer Zeit wieder einmal eine Treppe auf einen Berg hinauf. Von weitem sehe ich bereits zwei quaderförmig gemauerte Türme. Als ich dort ankomme, stehe ich jedoch erst am Beginn einer langen Straße, die auf beiden Seiten von steinernen Wächtern und geflügelten Pferden gesäumt wird.

Am Ende der Allee steht auf jeder Seite eine Gruppe von sechzig Steinfiguren. Sie symbolisieren trauernde Gäste und stellen Angehörige der Minderheiten sowie Könige, Prinzen und Gesandte aus fremden Ländern dar. Einige von ihnen tragen sogar ihren Namen auf dem Rücken. Aber allen fehlt der Kopf und niemand weiß genau, wer diese Hinrichtungen veranlasst hat. Auf der linken Seite beschreibt eine Stele den Kaiser Gao Zong. Rechts steht eine Stele, die wortlos war, als sie errichtet wurde. Eine Erklärung dafür lautet, dass Wǔ Zétiān der Ansicht war, ihre Errungenschaften seien nicht mit Worten zu beschreiben. An anderer Stelle heißt es, Wǔ Zétiān wollte ihre Taten weder selbst einschätzen noch durch ihre Zeitgenossen beurteilen lassen. Stattdessen wollte sie dieses Urteil nachfolgenden Generationen überlassen. Und tatsächlich fühlten sich zu späterer Zeit einige dazu berufen, an dieser Stelle ihre Meinung kundzutun.

In der chinesischen Geschichtsschreibung ist die Kaiserin lange Zeit sehr negativ beurteilt worden. Sie widersprach dem von Männern beherrschten Weltbild Chinas und wurde beispielsweise als Hure beschimpft, weil sie einige Liebhaber hatte, während man von einem männlichen Kaiser ganz selbstverständlich erwartete, dass er ein ganzes Heer an Konkubinen unterhielt. Ganz bestimmt hatte die Frau Durchsetzungskraft und schreckte auch vor einer gewissen Brutalität und Rücksichtslosigkeit nicht zurück. Als zart besaitetes Mauerblümchen wäre sie sicherlich nie Kaiserin geworden. Ob sie jedoch tatsächlich grausamer und skrupelloser war als viele der Männer, die vor und nach ihrer Zeit auf dem Drachenthron saßen, wage ich zu bezweifeln. Und auch in China wird inzwischen von den großen Leistungen der Kaiserin gesprochen.

Ein Erdhügel markiert das Grab der Kaiser, das seit über tausend Jahren kein Mensch betreten hat. Man kennt den Eingang und weiß, wie er verschlossen wurde. Aber die chinesische Regierung will das Grab erst dann öffnen lassen, wenn es möglich ist, die darin befindlichen Gegenstände entsprechend zu konservieren. Das erscheint mir vernünftig, auch wenn ich wirklich gerne wüsste, was die einzige Kaiserin Chinas mit in ihr Grab genommen hat. Ich erklimme den Hügel, von dem aus man in das flache Land hinausschauen kann, und freue mich, dass es dort keine Treppen, sondern nur Trampelpfade gibt. Das Herrscherpaar wollte wohl tatsächlich seine Ruhe haben.

Von dem Mausoleum von Chinas einziger Kaiserin ist es nicht weit bis zur Stadt Xi'an. Westlich davon befindet sich das Grab des Kaisers Qín Shǐhuángdì (259-210 v.Chr.). Weltweit kennt man weniger den Mann selbst, obwohl er China erstmals einte. Viel bekannter ist die rund achttausend Mann starke Terrakotta Armee, die sein Grabmal bewacht. Die Grausamkeit des Kaisers ging bereits früh in die chinesische Geschichtsschreibung ein, er war schon immer umstritten. Einerseits begann er mit dem Bau der Chinesischen Mauer und vereinheitlichte im Reich der Mitte die Schrift, die Maße und die Münzen. Andererseits wurden die Bauarbeiter zwangsrekrutiert und die Konstrukteure seines Mausoleums und deren Arbeiter lebendig begraben, damit sie keine Geheimnisse preisgaben. Man vermutet, dass rund zwei Millionen Menschen während seiner Herrschaft durch Zwangsarbeit und Hinrichtungen starben. Die Revolten gegen Wǔ Zétiān entstanden aus den Adelskreisen heraus und fanden in der Bevölkerung keinen Rückhalt. Bei Qín Shǐhuángdì begehrte das Volk auf, und er schlug es immer wieder gewaltsam nieder.

Ich habe mir in einem Hotel neben der Xi'An Universität ein Zimmer genommen und ein paar Studenten zeigen mir die Haltestelle, von der aus ich mit dem Bus zur Ausgrabungsstelle der Terakotta-Armee fahren kann. Ein Minibus mit der Aufschrift »Xi'An Bahnhof – Terakotta-Armee-Museum« kommt dem Linienfahrzeug zuvor. Nach zwei Stationen wird ein Sitzplatz frei und zum Schluss bin ich mit der Fahrerin und ihrem Begleiter alleine im Bus. Der Mann ruft die Stationen aus und kassiert den Fahrpreis. Und er weiß, wann seine Gäste aussteigen müssen und zeigt mir den Weg zum Eingang des Museums. Das ist gut so, denn ich muss den ganzen Parkplatz überqueren und bekomme auf dem langen Weg den Eindruck, es gebe dort mehr Reisebusse als Terrakotta-Soldaten.

Als ich die Ausgrabung erreiche, sehe ich mir zunächst im Museum eine Ausstellung an. Die archäologischen Fundstücke aus Keramik faszinieren mich mit bunten Farben und phantasievollen Formen. Aber wo sind die Soldaten? Ich betrete eine Halle, die eine der drei Ausgrabungsstellen überdacht. Dort stehen sie, in Reih und Glied, sauber abgestaubt und Terrakotta-Farben leuchtend, die Soldaten der Armee von Qín Shǐhuángdì.

Weiter hinten stehen Figuren, die aus Scherben zusammengesetzt wurden. Sie sind kleiner und dunkler und sehen ganz anders aus. Ich kann mir den Unterschied der Figuren nicht erklären. Sind das Truppen der Minderheiten im Süden? Vielleicht hätte ich doch einen Führer nehmen sollen. David aus Shànghǎi hatte überlegt, ob die Terrakotta-Armee ebensolch ein Fake sei wie zahlreiche Markenartikel in China. Aber wie auch immer, die Idee ist in jedem Fall völlig verrückt. Egal ob echt oder gefälscht. Die Arbeit bleibt dieselbe. Immerhin hat jeder Soldat ein anderes Gesicht.

Die weltberühmte Terrakotta-Armee in Xi'an

Abgesehen davon berührt mich die Atmosphäre in der Halle. Obwohl dort nur Ton-Soldaten beerdigt sind, und trotz Touristenrummel und moderner Hallenkonstruktion mit entsprechender Akustik, habe ich das Gefühl, tatsächlich auf einem Friedhof zu sein. Auch die zweite Ausgrabungsstätte hat etwas Bedrückendes. Ich kehre in das Museum zurück und sehe mir einen Film über die Entstehung des Grabes und seine Entdeckung an: Bauern fanden bei der Grabung eines Brunnens ein Tonfragment, der Kaiser eint in blutigen Schlachten das Land, die Mongolen dringen in das Grab ein, schlagen auf die Soldaten aus Terrakotta ein und legen Feuer. Das alles in schneller Abfolge auf einer dreihundertsechzig Grad Leinwand, das überfordert mich. Dazu ist die Bildqualität schlecht, der Ton krächzt und die Lautstärke ist zu hoch. Ich steige in den Bus und fahre zurück zur Universität. Immerhin weiß ich nun, warum einige Figuren kleiner und dunkler sind.

Am nächsten Morgen verlasse ich die Provinz Shaanxi und fahre in die nächste Provinz, deren Name lediglich ein a weniger hat, nach Shanxi. Die Landstraße verläuft an Feldern und Dörfern vorbei und ist nichts besonderes, bis mich das Kohleland empfängt, mit Kohlehalden auf beiden Seiten der Straße, Kohlekrümel auf der Fahrbahn und Kohlestaub in der Luft. Ich fahre über einen Staudamm am Gelben Fluss, halte einmal mehr die Luft an, weil ein Lastwagen schwarze Rußwolken ausstößt, und sehe Menschen im Wasser baden. Ich bin nach acht Monaten zum zweiten Mal auf dem Weg nach Datong und überlege, wie lange ich es dieses Mal wohl in der schlechten Luft aushalte. Glücklicherweise lässt der Lastwagenverkehr bald nach und erspart mir damit große Mengen Rußpartikel.

Ein Vater kurvt mit seinem Sohn auf einem Roller begeistert hupend und den Daumen nach oben reckend um mich herum. Um ein Unglück zu verhindern, halte ich an und lasse ihn in Ruhe meine BMW betrachten. Als ich weiter fahre, zwingt er mich, in der nächsten Stadt nochmals anzuhalten. Er möchte mir etwas sagen, aber ich kann ihn leider nicht verstehen. Als ich stoppe, um die Zeichen eines Verkehrsschildes mit denen auf meiner Landkarte zu vergleichen, lässt er seinen Sohn eine Flasche Wasser für mich kaufen, deponiert den Jungen in meiner Obhut und fährt davon. Kurz darauf kommt er mit einer kleinen chinesischen Enduro wieder und rammt damit in seiner Aufregung meine BMW.

Ich soll unbedingt mitkommen bedeutet er mir, aber ich habe keine Lust und fahre weiter, vergesse dabei jedoch rechts abzubiegen und gebe ihm so die Gelegenheit, mir zwei Kreuzungen weiter seinen Laden zu zeigen. Er hat eine Motorradwerkstatt, einen kleinen Raum mit einer Theke, neuen und rostigen Ersatzteilen, einem Stuhl, auf den ich mich setzen muss, und einem Wasserkocher, der nach unserer Ankunft nebenan gefüllt wird. Dazu bekomme ich eine Seife und eine Schüssel, damit ich mir das schwarz-verrußte Gesicht waschen kann. Anschließend findet sich in dem Chaos sogar noch ein sauberes Handtuch zum abtrocknen.

Zahlreiche Motorradfahrer haben mir auf meiner Reise ihre Zeit geschenkt, also bleibe ich dieses Mal sitzen und warte, bis der angekündigte Freund kommt. Wáng Yùnbăo gibt mir eine Visitenkarte vom Chinesischen Motorradsport Verband, die eine englische Rückseite hat. Er selbst spricht jedoch kein Wort Englisch. Reden können wir also nicht wirklich miteinander. Um dennoch für etwas Unterhaltung zu sorgen, frage ich mit Hilfe meines Wörterbuches nach einer Bank, um Geld zu wechseln. Das löst eine größere Diskussion aus, an deren Ende wir aufbrechen. Das Auto mit Wáng Yùnbăo fährt voraus, ich folge mit Rotbäckchen und als letzter kommt der Mechaniker Cao Qiang mit seiner Enduro.

Wir fahren jedoch nicht zu einer Bank, sondern zu Herrn Wángs Büro. Er verkauft Baumaschinen, und passend dazu ist auch sein Büro noch im Bau. Aber es gibt dort bereits einen Kühlschrank mit Trinkwasser, eine Klimaanlage und eine Toilette. Ich bekomme ein Telefon gereicht, aus dessen Hörer mir eine freundliche Dame rät, zur Bank of China zu gehen. Das halte ich für eine gute Idee, habe aber keine Ahnung, wo sich die Filiale dieser Bank in dieser Stadt befindet. Leider ist es mir genauso unmöglich, die Dame nach dem Weg zu fragen, weil ihre Englischkenntnisse dafür nicht ausreichen. Wiederum wird eine Weile telefoniert, dann bekomme ich einen jungen Mann ans Telefon, der sehr gut Englisch spricht. Inzwischen ist es halb sieben und er erklärt mir, die Bank sei geschlossen. Also bitte ich ihn alternativ, mir ein Hotel zu suchen.

Das klappt. Cao Qiang bringt mich im Stadtzentrum zu einem sehr netten Hotel mit ruhigem Hinterhof. Nachdem das Motorrad sorgfältig in der Hotellobby verstaut wurde, verabschiedet sich Cao Qiang mit dem Hinweis, ich solle morgen früh Herrn Wáng anrufen. Aha, wundere ich mich, und was soll ich ihm sagen? Ich kann schließlich nicht das Wörterbuch an den Hörer halten. Aber dieses Problem wird sich nicht stellen, denn ich habe längst beschlossen, die Bank morgen auf eigene Faust zu suchen. Den Abend habe ich zur freien Verfügung und ich marschiere neugierig los. Nach wenigen Metern erreiche ich einen Platz mit verschiedenen Essensständen, die Tische und Stühle aufgestellt haben. Außerdem hat jeder einen Fernseher, der fröhlich gegen die Lautstärke der anderen anschreit. Ich suche mir eine reichhaltige Nudelsuppe mit lautlosem Fernsehprogramm aus und bestelle dazu ein frisch gezapftes Fassbier. Sehr lecker!

Nach dem Essen betrete ich forsch das beste Hotel am Platze und habe Glück, denn die Dame an der Rezeption spricht etwas Englisch und gibt mir den Tipp, mit einem Taxi zur Bank of China zu fahren. Als ich ihr sage, dass ich ein Motorrad habe, malt sie mir den Weg zur Bank auf einen Zettel. Das ist ganz einfach, zwei Blocks gerade aus. Erst am nächsten Tag stelle ich fest, dass die Blocks offensichtlich für Kreuzungen stehen, an denen ich abbiegen sollte. Zunächst aber muss ich einen kleinen lästigen Geist loswerden. Ein junger Mann schleicht mit seinem

Fahrrad bereits geraume Zeit um mich herum. Als er auch noch an der Rezeption erscheint und sich in die Diskussion über die Bank einmischt, werde ich sauer. Wenn er Englisch könnte, und etwas sinnvolles beitragen würde, fände ich das ja nett. Aber er mischt sich in das Gespräch ein, ohne mich zu kennen oder sich selbst zu erkennen zu geben, und das geht mir entschieden zu weit.

Nachdem wir das Hotel verlassen haben, sage ich ihm auf der Straße in gepflegtem Englisch meine Meinung. Ich bin mir ziemlich sicher, dass er kein Wort versteht, aber der Ton macht die Musik und nach einer verdutzten Schrecksekunde lässt er mich tatsächlich alleine weitergehen. Er hat es bestimmt gut gemeint, aber meine Dankbarkeit hat Grenzen, und die beginnen bei meiner persönlichen Freiheit. Ich laufe die Straße entlang, in der die Bank sein soll und komme zu einem Schreibwarenladen. Die Verkäuferin meint, dass die Bank zu weit weg sei, um dorthin zu laufen. Das wird also nichts mit dem Morgenspaziergang den ich an diesem Abend schon einmal ausprobieren wollte. Stattdessen laufe ich einfach noch ein bisschen ziellos umher, folge irgendwann den Klängen flotter Rhythmen und komme zu einem bunt beleuchteten Gebäude vor dem ein paar chinesische Motorräder und zahlreiche Fahrräder parken. Eine Disco? Nein, ein Supermarkt mit Techno-Klängen. Ich kaufe ein Eis und schlendere zum Hotel zurück.

Dort erwartet mich bereits Cao Qiang, der eine handvoll chinesischer Motorradmagazine herausgesucht hat, in denen über BMWs berichtet wird. Stolz präsentiert er mir die bunten Seiten und ich nicke höflich begeistert mit dem Kopf. Genau dafür bin ich nach China gekommen, um mir Bilder von BMW Motorrädern anzusehen. Manchmal verzweifle ich schon ein bisschen. Mit dem Hinweis, müde zu sein, flüchte ich in mein Zimmer und begegne auf dem Gang dem Fahrradfahrer. Ich glaube ich leide unter Verfolgungswahn …

Da ich zeitig zu Bett ging, bin ich ebenso zeitig wieder auf den Beinen und laufe durch den Markt, der neben dem Hotel gerade seine Pforten öffnet, und esse dort gefüllte Brotfladen. Um acht Uhr öffnet gegenüber dem Hotel eine Filiale der Bank of China und ich erkundige mich dort noch einmal nach der Möglichkeit, Geld zu wechseln. Die freundliche Mitarbeiterin bietet an, mich als Passagier auf meinem Motorrad zur Hauptstelle zu begleiten. Das nenne ich echten Service. Aber die Verantwortung für einen Passagier ohne Sicherheitskleidung im chaotischen chinesischen Verkehr, mit chinesischer Krankenversorgung und ohne Sprachkenntnisse, das ist mir zu viel. Stattdessen lasse ich mir die Adresse in chinesischen Schriftzeichen aufschreiben und gehe dann zurück zum Hotel.

Dort erwarten mich Cao Qiang, Wáng Yùn Bǎo, drei weitere Herren und der junge Mann vom Telefon. Sie fordern mich auf, alles zusammenzupacken und wir fahren zur Bank, wo die komplette Mannschaft mit mir zusammen wartet, bis das erstaunlich aufwendige Prozedere erledigt ist. So habe ich immerhin die Gelegenheit, mit dem jungen Mann zu sprechen, der in New York studiert. Dabei stellt sich heraus, Cao Qiang habe erzählt, ich sei orientierungslos herumgefahren. Daher möchten mich nun mehrere Leute in die nächste Stadt, nach Linfen, begleiten. Ich lehne dankend ab und erzähle, möglichst taktvoll, meine Sicht der Dinge. Der junge Mann grinst verstehend, und ich beneide ihn nicht um seinen Job, meine Ablehnung übersetzen zu müssen. Immerhin erreicht er, dass sich alle freundlich von mir verabschieden.

Nur Cao Qiang kann es nicht glauben und begleitet mich bis zur Mautstelle an der Stadtgrenze, an der Motorradfahrer einfach vorbeifahren. Auch Cao Qiang fährt vorbei. Aber ich halte an und schüttle ihm die Hand: »Zàijiàn! – Auf Wiedersehen!« sage ich freundlich, aber mit Nachdruck. Es hilft nichts. Er bleibt mir auf den Fersen und als ich am nächsten Straßenschild anhalte, ist er sofort neben mir und deutet auf seine Landkarte. Er weiß wo es langgeht. Aber ich möchte gerne alleine fahren. Also schubse ich ihn von mir weg, als er mir zu nahe kommt, und sage auf deutsch, englisch und chinesisch, sowie mit deutlichem Winken, dass ich mich verabschieden möchte. Als ich weiterfahre, bleibt er hinter mir. Aber ich schaffe es nicht, ihn in meinem Rückspiegel zu ignorieren.

Wiederum halte ich an und er ist in Sekundenschnelle bei mir und erklärt mir strahlend, dass wir gemeinsam nach Linfen fahren können. Das ist zu viel für mich. Ich weiß, wer schreit hat Unrecht. Aber ich kann nicht mehr und rufe ihm zu, er soll alleine weiter fahren. Dieses Mal klappt es. Allerdings glaube ich es erst, als ich tatsächlich alleine in der nächsten Stadt ankomme – und mich dort prompt verfahre.

Ich fürchte, Cao Qiang gehört zu den Menschen, denen ich meine Freude am Alleinreisen auch dann nicht erklären könnte, wenn wir eine gemeinsame Sprache hätten. Und manchmal finde ich es selbst verrückt: Ohne Gastfreundschaft wären meine Reisen nicht halb so schön. Und dennoch kann es passieren, dass mich die Begeisterung meiner Gastgeber vertreibt, weil das Zuviel des Guten übergriffig wird.

Zwischen Linfen und Pingyao fahre ich wiederum durch »Kohle-Land«. Brocken, Stücke, Brösel und Staub liegen, zum Teil sortiert und zum Teil gemischt, am Straßenrand. Und auf der Straße begegnen mir jede Menge Lastwagen, qualmend, rußend, Staub aufwirbelnd. Immerhin, nach zwei Monaten China bin ich so weit abgehärtet, dass ich es flach atmend über mich ergehen lasse, anstatt gleich wieder das Handtuch zu werfen, wie im letzten Herbst. Glücklicherweise wird es in der Nähe von Pingyao besser. Ich folge den Schildern zu der alten Mingstadt, die schon seit längerer Zeit vom Tourismus lebt und deshalb sogar zum Teil Englisch ausgeschildert ist. Das Südtor ist für Fahrradfahrer geöffnet, aber der Spalt ist zu schmal für meine breiten Alukoffer. Also fahre ich zum Westtor.

Im Reiseführer habe ich mir bereits ein Hotel herausgesucht, dessen Namen ich nun einigen Passanten zeige. Ein einarmiger Mann will vorausgehen und mir den Weg zeigen. Das ist lieb gemeint, aber wenn ich so langsam hinterdrein fahre, bringt das mein Motorrad regelmäßig zum kochen. Außerdem bereitet es mir bezüglich der Kupplung echte Sorgen. Andererseits will ich den Mann nicht hetzen, immerhin hat Rotbäckchen eine Wasserkühlung, er nicht. In einer schmalen Gasse bleiben wir vor einer Absperrung stehen. Ich solle warten, bedeutet mir der Mann, und verschwindet. Kurze Zeit später kommt er mit Jason, einem Mitarbeiter des Tian Yuan Kui Hotels, wieder zurück.

Nachdem Jason versprochen hat, einen sicheren Stellplatz für mein Motorrad zu haben, lade ich mein Gepäck ab und folge ihm um die Ecke und ein paar Meter die Straße hinauf. Mein Zimmer ist nur eine kleine Dachkammer mit Dusche und Toilette. Die Klimaanlage schalte ich sofort wieder aus und den Fernseher nie ein. Dennoch bin ich mit der Wahl des Hotels zufrieden, denn das Restaurant und der Innenhof sind sehr gemütlich.

Abends um sieben Uhr wird die Innenstadt für den Straßenverkehr frei gegeben und ich lasse mir auf dem Stadtplan zeigen, wie ich fahren muss. Wiederum strapaziere ich die Kupplung im Gedränge der Fußgänger, denn ich muss »mit der Kirche ums Dorf« um auf die andere Seite des Hotels zu kommen. Dort schieben wir das Motorrad einen Gang entlang und stellen fest, dass sie zu lang ist und nicht um die Ecke herum kommt, um den Innenhof des Hotels zu erreichen. In dem Gang selbst kann die Maschine nicht stehen bleiben, weil er nicht zum Hotel gehört. Also manövrieren wir das Motorrad wieder rückwärts auf die Straße hinaus und ich warte dort.

Letztlich darf die BMW in einem anderen Hinterhof schlafen. Das hat den Vorteil, dass ich auch ein nicht renoviertes Haus besichtigen kann. Der Buchhändler, der dort einen Laden hatte, ist bereits ausgezogen und die Handwerker werden bald kommen, sagt Jason. Alles ist ein bisschen staubig, aber ich erkenne doch, dass die Grundstruktur dem Aufbau meines Hotels sehr ähnlich ist. Das heißt zum einen, dass dort vermutlich nicht viel verändert wurde, und zum anderen, dass einige Renovierungs- und Installationsarbeiten später an dieser Stelle wohl ein ebenso schönes Hotel eröffnen wird, wie es das auf der anderen Straßenseite bereits gibt.

Am nächsten Morgen laufe ich durch die Gassen der berühmten Altstadt. Als ich ins Hotel zurückkomme, freut sich Jason: »So früh gehört dir die Stadt«, meint er lobend. Erst nach einem weiteren Spaziergang am Nachmittag weiß ich, was der Chinese meint, denn ich quetsche mich mit unzähligen nationalen und internationalen Touristen zwischen den Häuserreihen durch und sehe vor lauter Menschen keine Stadt mehr. Auch im Hotel herrscht reger Betrieb. Dort logiert eine Schulklasse der Internationalen Schule in Běijīng. Die Schüler sind mit einem Filmprojekt beschäftigt und ich plaudere ein bisschen mit den Lehrern, Lawrence aus Florida und Fiona aus Singapur. Ansonsten schreibe ich mein Tagebuch und lasse den Tag gemütlich vorübergehen. Abends esse ich im Restaurant eines anderen Hotels. Dessen Innenhof ist sehr geradlinig, die Häuser sind höher und der Raum wirkt viel herrschaftlicher als im Tian Yuan Kui

Hotel. Als Abwechslung gefällt mir das elegante Ambiente, aber nach dem Essen freue ich mich doch, wieder in die behagliche Atmosphäre meines Hotels zurückzukehren.

Am nächsten Morgen beschließe ich spontan, noch einen Tag zu bleiben. Dieses Mal frühstücke ich im Hotel und meine Geschmacksnerven entdecken alte Bekannte wieder neu: Kaffee, Joghurt, Honig und Toast. Was für eine Ironie, ausgerechnet in dieser historischen chinesischen Stadt westliche Speisen zu essen. Verblüfft stelle ich fest, dass mir Messer und Gabel fremd geworden sind. Sie legen schwer in meinen Händen. China – was machst du mit mir?

Tagebuch schreiben gehört für mich zum Reisen dazu, und freue mich, wenn ich dafür einen so idyllischen Ort finde

Am Abend sitze ich mit Jason beisammen. Sein Name lautet tatsächlich Lee Zhenxiang Jason, erzählt er mir stolz. Er hat seinen englischen Namen also nicht von seinem Sprachlehrer bekommen, sondern sein Vater hat ihm bereits bei seiner Geburt neben seinem chinesischen Namen auch einen englischen gegeben. Jasons Familie wohnt in Peking und sein Vater ist vor einigen Jahren gestorben und hat ihm hundertzehntausend Yuan hinterlassen, erfahre ich. Jason ist also ebenso auf Reisen, wie ich. Er macht eine Art »Work and Travel – Arbeiten und reisen« Denn das Geld seines Vaters will er nicht anrühren. Das Erbe würde er nur für eine Bürgschaft verwenden, wenn er ins Ausland gehe, erzählt er mir. Er war bereits ein Jahr lang in England auf der Schule und möchte nun gerne über Laos nach Indonesien und über Tibet wieder zurück nach Běijīng.

In Indonesien und Tibet habe er Freunde, bei denen er arbeiten könne, meint Jason. Aber sein Zeitplan erscheint mir etwas knapp. Er will von Peking aus weiter in die Mongolei, und fragt mich, ob es dort in der Zwischenzeit zu kalt sein könnte. Ich gebe ihm zu bedenken, dass es im Dezember in Tibet vermutlich genauso kalt ist wie drei Monate später in der Mongolei. Jason ist ganz verblüfft, als ich ihm vorrechne, dass er frühestens im Dezember in Tibet sein wird, wenn er noch bis zum Ende des Sommers in diesem Hotel arbeiten möchte.

Der junge Mann hat sich mit seinen zweiundzwanzig Jahren einiges vorgenommen, und mir erscheint manches davon noch nicht ganz durchdacht. Im Verlauf unseres Gespräches erzählt er mir dann auch von seinen Zweifeln. Wenn er wegfährt, muss er alles aufgeben. Lücken im Lebenslauf werden in China viel härter bestraft als in Deutschland. Sein Platz an der Universität ist beispielsweise viel schneller weg, wenn er zu viele Fehlzeiten hat. Aus der Reihe tanzen, die Norm durchbrechen, das ist im chinesischen System nicht vorgesehen. Oder doch? Jason spricht davon, nach seiner Reise trotzdem studieren zu wollen. Vielleicht könnte er ins Ausland gehen, wenn ihn keine chinesische

Uni nimmt?

Er will meinen Rat, und ich kann ihm keinen geben. Ich erzähle ihm von meinen eigenen Zweifeln, und von meiner Freude und Zufriedenheit. Aber ich kann ihm nicht sagen, welche Entscheidung er später einmal bereuen wird. Wir beide, unsere Leben und unsere Kulturen, lassen sich nicht vergleichen und jeder von uns muss seinen eigenen Weg gehen. Eine harte Aufgabe für einen jungen Mann, der seinen Vater zu früh verloren und das ganze Leben noch vor sich hat.

Jason hat gerade seine Armeezeit beendet, erzählt er mir. Der Dienst ist freiwillig und wird schlecht bezahlt. Aber er hat es aus Spaß gemacht, sagt er. Und ich habe das Gefühl, er zahlt einen hohen Preis: sechs Monate dauerte die Ausbildung mit Sport und Praxis, theoretischem Unterricht, Essen und Schlafen. Danach hat er ein ganzes Jahr lang in Chinas drittgrößtem Staudamm gelebt. Zwei Stunden Kontrollgang bei Tageslicht, zwei Stunden Kontrollgang bei Nacht. Der Rest des Lebens fand im Inneren des Damms statt. Dort gab es Fitnessräume und Unterkünfte, erzählt Jason. Seine Tage bestanden aus Sport, mentaler Erziehung, Essen und Schlafen.

Der Unterricht hat geklappt. Jason äußert kein Wort der Kritik, sondern sagt: »Ich bin aus Spaß dazu gegangen, aber dann habe ich erkannt, was für eine sinnvolle Aufgabe wir Soldaten erfüllen. Heute bin ich sehr stolz darauf, dazuzugehören und würde gerne wieder dorthin zurück.« Ich sehe es etwas anders: Der junge Mann, der an der Schwelle des Erwachsenwerdens gerade Verantwortung für sich und sein Leben hätte übernehmen können, wurde achtzehn Monate lang rundumversorgt und in seinem eigenständigen Denken und Handeln lahm gelegt. »Nein, ich bin nicht mutig«, sagt er: »auch wenn meine Freunde und Familie das glauben, weil ich alleine Reise. In Wirklichkeit habe ich Angst. Angst davor, mich dem Leben zu stellen. Angst vor der Stadt. Angst vor der Verantwortung. Angst, meinen Platz nicht zu finden und Angst meine Rolle nicht zu erfüllen. Angst, in der Gesellschaft zu versagen.« Ist seine Reise eine Flucht? Oder ist Jason lediglich auf seinem eigenen Weg zurück in sein eigenes Leben?

Am Morgen stehen Fiona und Jason, die beiden Hotelmanager, und Lawrence auf der Straße, um mich zu verabschieden. Das Motorrad ist bereits bepackt, aber ich muss noch einen Kaffee trinken. Dann kommt eines der Mädchen und bringt zwei Flaschen Wasser und zum Schluss schenkt mir die Managerin noch zwei Dosen Cola. Aber die Geschenke sind es nicht. Es ist die Wärme, die Freundlichkeit und die Sympathie, die mir entgegengebracht werden. Der Abschied fällt schwer, aber ich muss los. Um acht Uhr wird die Straße für den motorisierten Verkehr gesperrt. Ich winke und fahre zum Westtor.

Im Norden liegt einer der vier heiligen, buddhistischen Berge Chinas: Wŭtái Shān bedeutet übersetzt der Fünf-Terassen-Berg und ich atme tief auf, als ich dort oben ankomme. Der Wŭtái Shān ist über dreitausend Meter hoch und das Gebirge beschert mir frische Luft ohne Kohlenstaub. Aber meine Freude auf eine Wanderung wird durch kalten Nebel getrübt. Am nächsten Morgen regnet es, und die Wolken erwecken nicht den Eindruck, als würden sie sich bald verziehen. Also verziehe ich mich, verzichte auf die sage und schreibe vierzig Tempel des Berges, verlasse die alpine Gegend und begebe mich wieder in die kohlestaubigen Niederungen des Flachlands.

Auf der Nordseite des Gebirges gestaltet zerklüfteter, roter Löss die Landschaft. Ich komme mir vor wie eine Termite, die in einer ausgetrockneten, rissig gewordenen Pfütze herum fährt. Tiefe Spalten durchziehen die Erde und die Einheimischen graben seit über zweitausend Jahren Höhlen in die Seitenwände der Klippen, um darin zu leben. Diese Bauweise erzeugt gut klimatisierte Räume, die auch heute noch gerne genutzt werden. Vielfach werden solche Höhlen nach außen mit Zimmern aus Holz oder Stein erweitert, so dass man beides hat, klimatisierte Räume ohne Fenster und nicht-klimatisierte Räume mit Tageslicht.

Und irgendwann erreiche ich dann doch noch die Stadt Dàtóng und nehme von dort aus den Bus, um sechzehn Kilometer außerhalb die Yúngāng Grotten zu besichtigen. Im Bus zeige ich einer jungen Frau die chinesischen Schriftzeichen für die Grotten. Eine kleine Diskussion breitet sich im Bus aus und nach einer Weile findet sich ein Mann, der mir sagen wird, wann ich den Bus verlassen muss. Ich bedanke mich mit einem freundlichen Lächeln und wende mich dann entspannt dem Fenster zu. Vom Bus aus sehe ich zwar nur eine Straßenseite, aber dafür muss ich nicht auf den Verkehr achten. Eine nette Abwechslung.

Ein Kohlenbergwerk bietet sich für Besichtigungstouren an. Aber ich hatte in den letzten Tagen so viel Kohlenstaub um mich herum, dass mein Bedarf momentan gedeckt ist. An der nächsten Station, bedeutet mir der freundliche Herr, müsse ich aussteigen. Tatsächlich hätte ich den Stopp verpasst, weil der Eingang der Grotten von der Haltestelle aus nicht sichtbar ist. Mit einem glücklichen »Xièxie! – Danke schön!« verabschiede ich mich und verlasse den Bus.

Eine kleine Ausstellung über die Restaurierungsarbeiten erwartet mich. Vor der steilen Felswand blühen dann bunte Blumen, die Sonne scheint und außer mir ist niemand da. Höhle eins, zwei und vier sind stark verwittert. In ihrer Mitte steht jeweils eine Pagode, aber die Reliefs an den Wänden sind fast nicht mehr zu erkennen. Höhle Nummer drei ist die größte der ganzen Anlage, sie umfasst zwei Räume mit rund zwanzig Metern Höhe und ist nur sparsam dekoriert. Sie stammt aus der Zeit der Sui- (581-618) und Tang-Dynastie (618-907) und ist damit auch eine der jüngsten Bauten. Das ist sicherlich nicht der spektakulärste Teil des buddhistischen Höhlen-Tempels. Aber ich habe dort Zeit und Muse, mir zu überlegen, wie das war, zur Zeit der Mönche, die diese Höhlen ausgegraben und geschmückt haben. Welche Ideale hatten sie? Wie haben sie sich motiviert, angesichts dieses riesigen Vorhabens? Wann haben sie aufgehört? Und warum?

Gedankenverloren wandere ich zu den Grotten fünf und sechs. Diese haben in der Qīng-Dynastie einen Schutzvorbau erhalten, der im Jahr 1955 restauriert wurde. Nacheinander betrete ich die beiden Tempel, die mich stark beeindrucken: In der ersten Grotte sitzt ein großer Buddha, und die zweite ist so kunstvolle mit Reliefs geschmückt, dass man meint die Figuren wären lebendig. Minutenlang nehme ich die Stimmung in mir auf und betrachte die vielen Bilder, bis mich chinesische Touristen aus meiner Verzauberung wecken. Die Gruppe füllt den Raum und von den Wänden hallt das Echo ihrer Gespräche, des Lachens und der Zurufe, die ich leider nicht verstehe.

Draußen scheint die Sonne und in den Bäumen sitzen zwitschernde Vögel. Die Menschen um mich herum sind gut gelaunt, und auch die Buddhas lächeln vergnügt. Alles in allem verbringe ich einen rundherum herrlichen Tag bei den Yúngāng Grotten und bin fast ein bisschen traurig, als ich abends wieder in die Stadt muss. Vermutlich fällt mir der Abschied so schwer, weil Peking bereits so nah ist. Von dort geht mein Flieger nach Hause, denn mein Visum läuft aus. Außerdem hat mein Vater Geburtstag. Das hat mich dazu bewogen, mein Visum nicht in Shànghǎi, sondern in München zu verlängern. Ich werde also zwei Monate in Deutschland verbringen und dann Anfang August nach China zurückkehren, um den Norden zu sehen.

Auf meinem Weg zurück in die chinesische Hauptstadt besuche ich noch das »Hängende Kloster«, das gegen Ende der Nördlichen Wei-Dynastie (385-534) gegründet wurde. Seine vierzig Hallen und Pavillons kleben wie Schwalbennester hoch oben an einer Felswand. Lange Holzpfeiler stützen die Holzbauten, deren Räume die Wölbungen des Gesteins nutzen. Die Konstruktion ist wirklich verblüffend und ich wandere fasziniert über die Gänge und Korridore. Am meisten aber beeindruckt mich der Raum, in dem die Vertreter der wichtigsten traditionellen Religionen Chinas harmonisch beieinander sitzen: Buddha, Kongfuzi und Laozi.

Das sogenannte »Hängende Kloster« im Tal des Jīnlóng-Flusses

Richtung Norden

Zwei Monate später stehe ich wieder am Taxistand des Flughafens von Běijīng. Dort kennen weder der Einweiser noch der Taxifahrer die Wohnanlage, in der Sonja und Ralph wohnen. Aber ich vertraue auf mein Erinnerungsvermögen und Sonjas Beschreibung und versichere, dass ich weiß, wo es hingeht. Tatsächlich finden wir das Haus meiner Gastgeber sofort, obwohl alles viel grüner aussieht als Anfang Juni. Ich war acht Wochen in Deutschland, habe meine Freunde und Familie wieder gesehen, habe gearbeitet, war im Biergarten und auf dem Viktualienmarkt. Aber ich habe mich zuhause auch ein bisschen fremd gefühlt, nach den drei intensiven Monaten in China. Nun freue ich mich, wieder im Land der Mitte zu sein. Ich fühle mich ein bisschen, als käme ich heim, zurück auf die Straße.

Am nächsten Tag fahre ich gegen Mittag zu Roader, dem BMW Händler in Běijīng, und lasse dort einen Ölwechsel machen. Damit ist die Altölentsorgung gesichert und ich kann ein bisschen mit Kin One, dem Besitzer des Ladens, plaudern. Auf der Rückfahrt verpasse ich die Auffahrt auf den fünften Ring und schlendere deshalb mit Rotbäckchen durch die Vororte von Běijīng. Kleine Läden, Menschen, Restaurants und der Duft von chinesischem Essen. Ich brauche ewig und finde es herrlich.

Am Abend bin ich mit Amelia verabredet. Die junge Frau hat mir während der ersten drei Monate geholfen mit chinesischen Motorradfahrern Kontakt aufzunehmen und war mir auch sonst eine fröhliche SMS-Partnerin. Inzwischen ist sie mit ihrem Studium fertig, lebt mit zwei jungen Männern in einer Wohngemeinschaft und arbeitet für einen Schweizer Großkonzern. Ich freue mich sehr darauf, sie wiederzusehen. Zunächst fahre ich mit dem Bus in die Innenstadt, steige dann in ein Taxi und gebe dem Fahrer Amelias Handynummer. Am Telefon erklärt sie ihm, wo er mich hinbringen soll. Nachdem ich ausgestiegen bin, rufe ich selbst Amelia an und wenige Minuten später kommt sie mir winkend und lachend entgegen.

Das Appartementhaus erinnert mich an die Wohnblocks in Russland. Grau, düster und ungepflegt. Der Aufzug erscheint wenig Vertrauen erweckend, ist aber besser als elf Stockwerke zu Fuß zu gehen. Wie fast überall in China fehlt auch in diesem Haus die vierte Etage, weil die Zahl vier auf Chinesisch so ähnlich klingt wie das Wort für Tod. Tatsächlich wären es also nur zehn Treppen gewesen, aber der Aufzug schafft die Distanz ohne Mucken. Wir gehen ein paar Schritte über den Flur, biegen um eine Ecke und stehen vor der mit einem Gitter zusätzlich verriegelten Wohnungstür.

Eine winzige Küche, ein kleines Wohn-Esszimmer, ein Bad mit Toilette und drei Zimmer für die Bewohner. Amelia hat das schönste von allen, mit Balkon. Und sie schafft es, dass ich das Grau des Hauses sofort vergesse. Schreibtisch, Schrank und Bett füllen den Raum, aber das Bett hat eine bunte Tagesdecke und farbenfrohe Kissen und durch die Balkontür kommt viel Licht in das Zimmer. Wir erzählen uns gegenseitig, was wir in den letzten zwei Monaten aneinander verpasst haben, bis die Jungs ins Gespräch platzen.

Leo ist einer von Amelias Wohnungsgenossen und er hat Geburtstag. Seine Zimmerkollegen von der Universität sind mit ihren Freundinnen gekommen und sie wollen essen gehen. Der zweite Mitbewohner heißt Arny, außerdem sind Nancy, Jox, Svenson, Jasper, Cindy, Bobo und Xixi dabei. Alle sprechen Englisch und wir diskutieren die verschiedenen Speisen, bevor wir bestellen. Dann frage ich nach ihren Berufen und erzähle von meinen Reisen. Zur Nachspeise überreiche ich Leo eine Tafel

Schokolade aus Deutschland. Eigentlich war sie für Amelia gedacht, denn sie hatte mir nichts von seinem Geburtstag erzählt. Aber für Amelia habe ich eine weitere Tafel Schokolade, mit Chili. Das passt gut, denn sie stammt aus der Provinz Yunnan und dort wird das Essen gerne scharf gewürzt.

Der gesellige Abend endet für westliche Verhältnisse außerordentlich früh. Um halb Acht stehen wir bereits wieder auf der Straße vor dem Restaurant, verabschieden und verteilen uns auf verschiedene Taxis. Jasper nimmt mich mit seinem Taxi zum China World Trade Center mit. Von dort fährt ein Shuttle-Bus in die Siedlung meiner Gastgeber, in der Nähe des Flughafens.

Am nächsten Morgen stehe ich früh auf und dusche, weil das Wasser um halb Sieben abgestellt wird. Voraussichtlich läuft es ab Mitternacht wieder, aber bis dahin möchte ich bereits in einer anderen Stadt sein. Unausgeschlafen bepacke ich mein Motorrad, trinke drei Tassen Kaffee und komme doch nicht in die Gänge. Es ist beinahe Mittag, als ich mich endlich von dem Hausmädchen verabschiede, das bei Sonja und Ralph sauber macht. Meinen Gastgebern habe ich bereits am frühen Morgen Adieu gesagt, als die beiden zur Arbeit gefahren sind.

Auf dem Weg nach Norden kenne ich die Straße in die Berge, grüße den Fischteich auf der rechten Seite und erkenne das Restaurant wieder, in dem ich mit einigen Motorradfahrern aus Běijīng beim Essen war. Auch die Stände mit Pfirsichen, Äpfeln, Melonen und Pflaumen sind noch da. Aber dann biege ich auf eine für mich neue Straße ab. Rund hundert Kilometer außerhalb von Běijīng liegt Sīmǎtái, ein Ort an der Chinesischen Mauer. Ich fahre so weit es geht an die Mauer heran. Den Rest des Weges lege ich zu Fuß zurück und erreiche das Bollwerk gerade noch bei Sonnenuntergang. Die anderen Touristen sind bereits weg und alles ist ruhig. Ich erklimme die Mauer, während die

Sonne einen letzten goldenen Gruß schickt. Da ertönt Fußgetrappel und ich höre chinesische Rufe – die Wachablösung? Eine Gruppe Einheimischer kommt mir auf der Mauer entgegen. Sie haben Feierabend und sind gut gelaunt. Es sind die Händler, die auf der Mauer Essen und Trinken, Fotos und Postkarten verkaufen.

Am nächsten Tag jogge ich zu einem öffentlichen Gymnastik-Platz, wo ich die bunten Geräte benutze. Anfangs dachte ich, das seien Spielplätze. Tatsächlich aber stehen an vielen Orten in China sehr effiziente Geräte, um Sport zu machen. Eine tolle Idee, die die Chinesen nutzen, wenn sie kein Tai Chi machen oder auf öffentlichen Plätzen zum Tanzen gehen.

Die Sportgeräte sind auch für Reisende sehr praktisch

Nach dem Frühstück sehe ich mir das Museum an der Chinesischen Mauer an. Steinkugeln, Speerspitzen und eine Kanone faszinieren mich nicht allzu lange und ich wende mich bald meiner Landkarte zu. Mein Ziel heißt Dāndōng, eine Stadt an der nordkoreanischen Grenze. Auf direktem Weg sind das rund tausend Kilometer und ich habe knapp zwei Monate Zeit. Daher beschließe ich, auf kleinen Landstraßen der Himmelsrichtung zu folgen.

Zunächst aber sitze ich vor dem Hotel an einem Tisch im Schatten, lese meinen Reiseführer und werfe zwischendurch immer wieder einen Blick auf die Chinesische Mauer. In diesem Streckenabschnitt wurde sie für uns Touristen wieder aufgebaut und sieht ein bisschen unwirklich aus. Aber zum einen ist in China auch heute noch vieles Handarbeit, und die Bauweise hat sich vermutlich nicht allzu sehr verändert. Zum anderen finde ich es beeindruckend, die tatsächliche Größe der Mauer zu erleben, die bei den verfallenen Resten nicht so gut zu erkennen ist.

Aber auch die Ruinen sind eindrucksvoll. Am nächsten Tag fahre ich auf einer Landstraße und sehe immer wieder die steinernen Reste auf steilen Felsgraten aufragen. Ich biege an jeder Kreuzung links ab, bis ich irgendwann die Chinesische Mauer kreuze und nach alter Sicht der Han-Chinesen im »Land der Barbaren« bin. Gut hundert Kilometer nördlich der Mauer liegt die Stadt Chéngdé, mit einem königlichen Sommerpalast umgeben von zahlreichen Tempeln. Die frühen Kaiser der Qīng-Dynasti (1644-1911) zogen sich im Sommer dorthin zurück wenn es ihnen in Běijīng zu heiß war. Die Herrscher hatten keine Berührungsängste mit den Barbaren im Norden, da sie von dort kamen. Sie waren Mandschu aus dem Land zwischen der Mongolei und Korea.

Außerhalb der Stadt stehen acht Tempel, die Kaiser Kangxi und sein Enkel Qianlong als Kopien von Tempeln aus den Gebieten der von ihnen beherrschten Minderheiten errichten ließen. Vor allem dem Buddhismus der Tibeter und Mongolen huldigten

in Chéngdé steht eine Kopie des tibetischen Potala-Palastes

die Herrscher der Qīng mit ihren Bauten, und so habe ich die Gelegenheit, mir eine Miniatur des Potala von Lhasa anzusehen, dem sogenannten Winterpalast des Dalai Lamas.

Das große rote Gebäude wurde zum sechzigsten Geburtstag von Kaiser Qianlong errichtet, um die Gäste aus Xīnjiāng, Qīnghǎi, der Mongolei und Tibet so zu beherbergen, dass sie sich wie zuhause fühlen. Auf der Dachterrasse laufen einige lamaistische Mönche herum, die aus Karten lesen und andere Weissagungen treffen. Ihre Geschäftstüchtigkeit schadet ihrer Aura, finde ich. Nur der junge Mann bei den Gebetsfahnen strahlt für mich echte Ruhe und Besinnung aus und ich sehe, wie er lautlos die Lippen bewegt, während er das Band mit den bunten Fahnen nach oben zieht. Aber vielleicht ist seine Vorstellung einfach nur besser als die der anderen, denn es gibt Gerüchte, die Mönche seien nur kostümiert.

Mein Glück besteht vor allem darin, dass der Himmel so klar ist, wie ich ihn in China nur selten erlebt habe. Bilderbuchwetter nennt man das. Und so interessiere ich mich weniger für die kulturellen Schätze innen, als vielmehr für die Sonne und die hügelige Landschaft außen. Aber als mein Magen zu knurren beginnt, nehme ich den Bus zurück in die Stadt und kaufe mir an einem Stand Gemüsepfannkuchen. Während ich in Richtung Hotel laufe, sehe ich ein Schild »Fußmassage« und gönne mir dort eine Stunde.

Am nächsten Tag besichtige ich die ehemalige kaiserliche Sommerresidenz. Eine zehn Kilometer lange Mauer umgibt das fünfeinhalb Quadratkilometer große Gelände. Ganz im Süden, dort wo der Eingang ist, stehen die Palastgebäude. Die Schlafzimmer sind vollständig möbliert und in der großen Halle steht ein aufwändig geschnitzter Thron. Die Räume sind kleiner, haben aber mehr Atmosphäre als die großen Hallen der Verbotenen Stadt in Běijīng, finde ich.

Einige Zimmer werden für Ausstellungen genutzt. Am besten gefallen mir die Figuren der zwölf Qīng-Kaiser. Jeder hat eine kleine Tafel mit Informationen in Chinesisch und Englisch vor sich, so dass ich mich über das Leben und den Charakter der einzelnen Herren informieren kann. Über das Leben von Cixi, die chinesische Herrscherin, die niemals offizielle Kaiserin war, gibt es sogar mehrere Ausstellungsräume.

Sie war mutig und ideenreich, lese ich auf einer Tafel. Aber sie musste einige Niederlagen in kriegerischen Auseinandersetzungen hinnehmen, außerdem habe sie das Land nach Außen abgeriegelt und damit die Entwicklung Chinas gebremst. Erst im Alter wäre sie bereit gewesen, das Land zu reformieren, aber die Geschichte gab ihr keine zweite Chance, erfahre ich und finde das eine sehr versöhnliche Beschreibung der umstrittenen Dame. Insgesamt gefällt mir die Ausstellung sehr gut, wenn ich auch gerne einen Plan hätte, um mich in den vielen Hallen und Höfen zurecht zu finden. Wie haben die Kaiser das wohl zu ihrer Zeit gemacht?

Nach dem Rundgang setze ich mich auf den kurz geschnittenen Rasen und gönne mir und meinen Beinen eine kurze Erholung. Da sehe ich einen offenen Wagen vorbei fahren. An der Haltestelle steht, dass die Fahrt zu verschiedenen Aussichtspunkten an der Mauer, die den Sommerpalast umgibt, eine gute Stunde dauert. Das ist zwar unsportlich, aber genau das Richtige für mich. Die Sonne steht inzwischen hoch am Himmel, es ist heiß und der Weg durch die Grünanlagen ist länger als die eigentliche Mauer außen herum, und zwar ganze elf Kilometer. Die lege ich gerne entspannt in einem überdimensional großen Golfwagen sitzend zurück.

Mit einer chinesischen Reisegruppe fahre ich zum ersten Haltepunkt und sehe von dort aus die Stadt Chéngdé südlich des Parks. Der zweite Stopp im Norden bietet einen tollen Blick auf den Mini-Potala und die anderen Tempel in seiner Umgebung. Ein drittes Mal steigen wir aus, um ein Häuschen mit hübsch angelegtem Garten zu besichtigen. Alles in allem finde ich, hatten die Qīng-Kaiser einen guten Geschmack, oder zumindest gute Ratgeber.

Zurück in der Nähe des Palastes schlendere ich durch eine Seenlandschaft mit Brücken, Inseln und Pavillons, setze mich ein bisschen in die Sonne, wechsle in den Schatten, mache ein Nickerchen und gehe dann wieder zurück ins Hotel. Dort gefällt es mir überhaupt nicht und ich beschließe, lange genug an diesem Ort gewesen zu sein, packe meine Sachen und fahre am späten Nachmittag noch los.

Blumenrabatten säumen die neu asphaltierte Straße durch die Berge. Gelbe und rote Blüten wechseln sich ab. Diese Beete zu bepflanzen ist zwar vermutlich ein simples Arbeitsbeschaffungsprogramm. Aber das Ergebnis ist nett anzusehen. Als ich in die nächste Stadt komme, bin ich enttäuscht, dort von einem ausgedehnten Gewerbegebiet begrüßt zu werden. Die Natur war so schön, aber Campingmöglichkeiten gab es keine. Also suche ich mir wieder einmal ein Hotel.

Die Laken sind noch nass, sagt das Mädchen bedauernd, das mir das Zimmer zeigt. Mir ist das egal, ich dusche erst einmal und gehe dann zum Essen. Auf einem großen Platz gibt es Freiluftkino, einige Leute tanzen und für Kinder ist ein Trampolin aufgebaut. Auf dem Rückweg grüßt mich ein Mann, der gerade in sein Auto einsteigt. Automatisch antworte ich auf das »Hello«, und erkenne zu spät, dass dies eine Anmache war. Der Mann verfolgt mich hupend mit seinem Auto, biegt in die nächste Seitenstraße und blockiert meinen Weg. Mit eher undamenhaften Worten laufe ich um sein Auto herum und gehe weiter.

Hupend und winkend überholt mich der Mann im Auto und wartet an der nächsten Seitenstraße erneut. Ich verstecke mich hinter einem Geländewagen mit getönten Scheiben. Nach einer Weile gibt der Mann auf und fährt weiter. ich bummle noch ein bisschen durch die Straßen. Da ist er wieder. Ich flüchte in einen Schuhladen, der leider keinen zweiten Ausgang hat. Nach einiger Zeit fährt der Typ weiter. Es war wohl nur ein dummer Zufall, dass er mich noch einmal gesehen hat, aber ich bin doch ziemlich genervt. Schuhe habe ich auch keine gefunden. Also gehe ich zurück zum Hotel. Dort ist ein Massagesalon und ich gönne mir als Wiedergutmachung eine Rückenmassage.

Auf dem Bauch liegend werde ich angesprochen: Polizei. Da man in diesen chinesischen Massageplätzen komplett bekleidet massiert wird, arbeitet der Masseur weiter, bis der Übersetzer der Beamten sagt, ich solle meinen Ausweis herzeigen. Das mache ich und erkläre den freundlichen Herrn, wo mein Name, mein Geburtstag und meine Adresse stehen. Alles in Ordnung, sagen sie, aber ich solle das Hotel heute Abend nicht mehr verlassen. Genau das hatte ich vor, nicke freundlich und lasse mich fertig massieren. Ob der Besuch der Polizei etwas mit dem aufdringlichen Autofahrer zu tun hat? Am nächsten Morgen regnet es. Ich warte, bis es aufhört, fahre los und freue mich über die gute Teerstraße, bis der Matsch beginnt.

Ich habe die Provinz Héběi verlassen und bin nun in Liáoníng, die südlichste Provinz der ehemaligen Mandschurei. Die Mandschuren sind eine anerkannte Minderheit in der Volksrepublik, ihre Heimat heißt Dōngběisānshěng, auf Deutsch »Die drei Provinzen im Nordosten«.

Es würde mich reizen, ganz in den Norden hinauf bis nach Hēihé zu fahren. Die Stadt habe ich nämlich schon einmal gesehen, als ich auf meiner Taiga Tour nach Wladiwostok fuhr. Damals blickte ich von Blagoweschtschensk aus über den Amur nach China. Nun hätte ich Spaß daran, in die andere Richtung zu schauen. Eintausendfünfhundert Kilometer sind in Russland kein Problem, Sibirien ist so dünn besiedelt, dass man weite Strecken ausgeruht zurücklegen kann. In China ist das anders. Bereits Tagesetappen von gerade einmal zweihundert Kilometern können sehr ermüdend sein, und man verpasst die Orte am Wegesrand. Also habe ich beschlossen, zum Fluss Yalu zu fahren und von dort aus nach Nordkorea hinüberzuschauen.

Ich verlasse die Berge, durchquere flaches Land, passiere Maisfelder und Bauernhäuser mit gebogenen Dächern und fahre an Flüssen, Seen und kleinen Städten vorbei. Irgendwann erreiche ich Anshan, eine große Industriestadt mit knapp zweieinhalb

Millionen Einwohnern. Die Stadt wurde nach verschiedenen Kriegen immer wieder neu errichtet, das letzte Mal nach dem Zweiten Japanisch-Chinesischen Krieg in den 1950er Jahren. Natürlich wird auch in Friedenszeiten fleißig gebaut und im Westen der Stadt steht der hochmoderne Campus der Universität für Naturwissenschaften und Technik. Außen herum haben sich einige Firmen niedergelassen und das ganze Viertel besteht aus großen, strahlend weißen Häusern. Die Straßen sind sauber und leer und die ganze Gegend wirkt seltsam unbewohnt.

Eine Straße weiter bin ich im Arbeiterviertel. Vor den Fenstern hängt Wäsche und vor den Häusern spielen Kinder, auf der Straße gehen Männer und Frauen auf und ab, es liegt Müll herum und an den Ecken stehen kleine Garküchen. Ich probiere ein leicht süßliches, frittiertes Gebäck und während ich in Gedanken das zweite esse, bin ich vom ersten schon satt und fahre weiter.

Die Straße führt in lang gezogenen Kurven um Berge und Hügel herum. Am Nachmittag begegne ich einem Auto mit weißem Kennzeichen, ein staatliches Fahrzeug also. Die zwei Männer darin haben sichtlich Freude am Anblick meines Motorrades. Sie überholen mich zwei Mal und fahren dann jeweils langsam weiter, um mich wieder vorbeizulassen. Als ich an einem Straßenschild anhalte, um die Schriftzeichen zu studieren, bleiben sie ebenfalls stehen und ich bekomme wieder einmal ein Handy in die Hand gedrückt.

Die Begegnung endet damit, dass ich in Xiuyan übernachte. Vor dem Hotel wartet Betty, eine Englischlehrerin, und nachdem ich geduscht habe, gehen wir zu viert essen. Die Männer laden mich ein, am nächsten Tag fischen zu gehen, und daher tauft Betty den einen Fisch und den anderen Fluss, damit ich mir die chinesischen Namen nicht merken muss. Außerdem merken die Männer so nicht, wenn wir über sie sprechen, erklärt sie mir. Eigentlich heißen die Herren Yu Min und Jiang Yuege.

Nach dem Essen verabschieden sich die Herren und ich laufe mit Betty durch die Fußgängerzone der kleinen Stadt. Einen Bettler, der auf der Straße liegt, umrundet Betty in weitem Bogen, ansonsten ist sie sehr offenherzig und wir verstehen uns gut. Nach dem Spaziergang zeigt mir Betty ihre Wohnung. Im Erdgeschoss des Wohnblocks ist ein kleiner Kramerladen, in dessen Hinterzimmer einige Leute Mahjong spielen. Betty erzählt mir, dass sie dieses Spiel liebt, was mich wirklich überrascht, denn Glücksspiel um Geld hätte ich bei der gradlinigen, praktisch denkenden Frau nicht vermutet. Ihre Wohnung ist sehr sauber, fast ein bisschen zu aufgeräumt. Gemütlich finde ich vor allem das Kinderzimmer, in dem ich mich für einen Zehn-Minuten-Schlaf auf das Bett lege.

Im Wohnzimmer stehen eine Couch, eine weiße Schrankwand, ein Tisch und ein Fernseher. Betty und ihr Mann haben ein eigenes Schlafzimmer, außerdem gibt es eine kleine Küche und ein kleines Bad, das dem sterilen Eindruck der Wohnung entgegen steht, mit tropfenden Hähnen, Schimmel an der Decke und einer defekten Toilettenspülung. Aber vielleicht wird die Wohnung gerade renoviert, und das Badezimmer ist als letztes dran?

Zurück auf der Straße treffen wir Li Yi, Bettys siebzehn Jahre alte Tochter, und gehen mit ihr zu einem großen Platz. Dort stehen Billardtische, einige Leute tanzen und ich lerne Bettys Mann kennen. Er arbeitet am Bahnhof und spricht kein Englisch. Also unterhalte ich mich mehr mit Li Yi. Sie erzählt mir, dass in der nahe gelegenen Industriestadt Běnxi der Himmel immer Gelb und eine weiße Bluse nach dreißig Minuten schmutzig ist. Vorsichtig wende ich ein, dass durch die Industrie viel Wohlstand nach China gekommen sei. Aber die junge Frau schüttelt den Kopf: »Geld ist nicht alles«, meint sie, und ich freue mich, dass der Umweltschutz in China eine Chance hat.

Ein Mann spricht mit Betty und Li Yi übersetzt, dass er Hitler toll findet. Ich beeile mich zu sagen, dass ich nicht dieser Meinung bin, aber Li Yi winkt ab: »Die Chinesen mögen ihn nur, weil er im Zweiten Weltkrieg nicht gegen China gekämpft hat«, erklärt sie mit einem Unterton, der deutlich sagt, ich solle solch oberflächliche Kommentare einfach nicht beachten.

In dem Moment ruft Herr Fisch an. Li Yi und ihr Vater verabschieden sich und Betty und ich treffen uns ein paar Straßen weiter wieder mit den beiden Männern Fluss und Fisch. Wir setzen uns in ein Straßenlokal und die Bedienung bringt gegrillte Hühnerköpfe auf Holzspießchen, Erdnüsse, Gemüse und eine Schüssel mit Muscheln aus der Bohai See. Eigentlich habe ich keinen Hunger mehr, aber probieren muss ich doch. Wobei ich mir erst einmal ansehe, wie Betty die Hühnerköpfe isst, und ernüchtert feststelle, dass ich das nicht kann. Wie sie Knochen und Fleisch geschickt im Mund voneinander trennt und die nicht essbaren Bestandteile mit Schwung auf den Boden spuckt, das muss ich erst noch üben.

Am nächsten Morgen frühstücken wir als Quartett im Hotel. Ich bin zwar die einzige, die tatsächlich um acht Uhr da ist, aber die anderen kommen eben ein bisschen später. Danach hat Herr Fluss eine Besprechung in der Hotellobby. Währenddessen fährt Herr Fisch mit Betty und mir zu einem Motorradladen und kauft eine Haube für Rotbäckchen, die so groß ist, dass sie sogar über die beiden Alukoffer passt. Damit kann ich das Motorrad in Zukunft ein bisschen verstecken.

Nach der Besprechung besuchen wir den Jademarkt. Riesige

Skulpturen in dezentem hellgrün, aber auch kleine Figuren, Ketten und Anhänger werden dort angeboten. Mich überfordern solche Massen, ich sehe den Wald vor lauter Bäumen nicht mehr und kann zudem mit geschliffenen Steinen, die Staub fangen, nicht sehr viel anfangen. Aber natürlich finde ich auch ein paar Stücke, die mir gefallen.

Die Englischlehrerin Betty mit meinem Rotbäckchen

Li Yi erzählt mir später, dass es in China zwei verschiedene Worte für Jade gibt: Xiu-Yu, das in ihrer Heimat Xiuyan abgebaut wird, sei nur billige Jade. Es heißt in der Fachsprache Serpentin und ist in Deutschland unter dem Begriff Chinajade bekannt. Das bei uns als Jade bekannte Mineral heißt in China Faizui. Ein kleiner Buddha-Anhänger aus Yu kostet rund dreihundert Yuan, erfahre ich, dasselbe Schmuckstück in Faizui ist gut eintausend Yuan teurer.

Nach dem Besuch im Jademarkt sind Betty, Fisch und Fluss zum Mittagessen eingeladen und nehmen mich mit. Die drei sind Schulkameraden, und eine weitere Kameradin aus dieser Zeit feiert den Hochschulbeginn ihres Sohnes. Sie begrüßt uns an der Tür des Restaurants und schickt uns dann in den zweiten Stock. Dort stehen gedeckte Tische und ein Fernseher zeigt lautstark Musikvideos. Viele Leute kommen, essen und gehen. Wir setzen uns an einen Tisch, an dem bereits einige Speisen, Schnaps, Bier und Limo bereitstehen. Nach und nach wird der Tisch voll, mit Leuten und weiterem Essen. Die Platte biegt sich beinahe, als der Vater des Jungen mit einer Flasche Schnaps in der Hand an den Tisch kommt. Aber die Männer an unserem Tisch trinken Bier. Also schenkt er sich ebenfalls welches ein, stößt mit uns an und wandert dann mit seiner Schnapsflasche weiter zum nächsten Tisch.

An den anderen Tischen herrscht Geschlechtertrennung, nur Betty und ich sitzen mit Männern zusammen. Auch sonst habe ich das Gefühl, dass Betty ein bisschen aus dem Rahmen fällt. Sie ist fast genauso groß wie ich, schlank, mit Dauerwelle und Sommersprossen. Außerdem ist sie sehr direkt, und erzählt mir in dieser Art auch, dass sie vom Land kommt und ihr ganzes Dorf stolz ist, weil sie so fleißig gelernt hatte, dass sie auf die Hochschule gehen durfte. Nun ist sie erwachsen, und boxt sich weiter durch das Leben.

Mit dem Angeln wird es nichts mehr. Aber ich weiß, dass Betty gerne Schwimmen möchte, also stimme ich dem Plan zu und wir fahren zu einer heißen Quelle, die ein zwölf mal sechs Meter großes Schwimmbecken füllt. Am Eingang gibt es Badeanzüge zu kaufen. Da Betty ihren Anzug vermutlich etwas länger benutzen wird, lasse ich sie zuerst aussuchen. Tatsächlich nimmt sie den dunkelgrünen, mit dem ich auch geliebäugelt hatte. Also entscheide ich mich für den Blauen mit orangen Streifen und Silberflitter. Im Eintrittspreis sind ein Schließfach für die Kleidung und die Leihgebühr für ein paar Plastikpantoffel enthalten. Außerdem bekommen wir ein kleines, dünnes Handtuch und beim Heimgehen eine Plastiktüte für den nassen Badeanzug. Sehr umsichtig.

Ansonsten ist eigentlich alles genauso wie in Deutschland: Es gibt ein Überlaufbecken mit warmem Wasser und Liegestühle, schwimmende Erwachsene und kreischende Kinder. Betty ist ein Naturtalent. Sie war nach eigener Aussage erst einmal beim Schwimmen und schafft es trotzdem nach kurzer Zeit die ganze Beckenbreite zu durchqueren. Meinen verspannten Muskeln tut die Bewegung in dem warmen Wasser gut, aber meinen Kopf muss ich einstweilen ausschalten: Betty spuckt immer wieder vom Beckenrand aus in weitem Bogen nach draußen. Und andere spucken nicht so weit ...

Am Abend essen wir in einem Lokal mit regionalen Spezialitäten. Unter anderem gibt es eine Ziegenfleischsuppe mit frischen Kräutern, Knoblauch, Chili und Essig. Aber die Herren Fisch und Fluss verschwinden bald wieder und Betty erzählt mir, dass sie ein Wettbüro haben, in dem sie abends arbeiten müssen. Gemütlich ratschen wir, bis die beiden Feierabend haben und trinken dann noch gemeinsam ein Abschieds-Bier.

Die Nordkoreanische Grenze

Dāndōng ist nur noch hundertsechzig Kilometer weit entfernt. Ich komme am nächsten Mittag dort an, fahre zum Fluss und werfe vom Motorrad aus einen Blick hinüber nach Nordkorea. Dann suche ich mir ein Hotel und mache mich anschließend auf den Weg zur Ausstellung über den Koreakrieg. Vor dem Museum steht eine fünfzig Meter hohe Säule, sie erinnert an den Kriegsbeginn im Jahr 1950 und steht auf einem drei Meter hohen Sockel, der das Ende der Kampfhandlungen drei Jahre später symbolisiert. Über 50 Jahre sind seitdem vergangen und es gibt immer noch keinen Friedensvertrag. Eine Demarkationsline trennt weiterhin die nördliche von der südlichen Hälfte der koreanischen Halbinsel.

Die Zahlen des Koreakrieges sind bedrückend: Über 1,3 Millionen Soldaten und beinahe drei Millionen Zivilisten starben während der drei Jahre währenden Kampfhandlungen. Der Konflikt wurde mit enormer Brutalität ausgetragen und beide Seiten werfen sich gegenseitig Kriegsverbrechen vor. Von den Grausamkeiten auf Seiten der Nordkoreaner und Chinesen ist im Museum freilich keine Rede. Auch die Opfer auf der eigenen Seite werden in den Berichten über die einzelnen Kampfhandlungen nicht erwähnt. Es wird lediglich auf die Toten auf der anderen Seite hingewiesen. Das hat in meinen Augen nichts mit einem ehrenden Gedenken an die Verstorbenen zu tun, weder auf der einen noch auf der anderen Seite. Dieses findet nur im Keller statt, in einem Raum, den die wenigsten Besucher betreten. Und auch dort wird nur der chinesischen Soldaten aus den verschiedenen Provinzen gedacht. Sowohl die zivilen Opfer also auch die Soldaten der anderen Seite bleiben ungenannt, und ein Aufruf zur Versöhnung fehlt ebenfalls. Stattdessen wird in einer Panorama-Halle eine Schlacht nachgestellt. Die Kämpfe werden stolz und patriotisch präsentiert, inklusive Fliegerlärm. Pazifismus sieht anders aus.

Am Hotel parke ich das Motorrad im Hinterhof, ziehe mich um und setze mich hin, um dem Biker in Dāndōng eine SMS zu schreiben, der mich bereits im Mai kontaktiert hatte. In diesem Moment klopft es an meiner Tür. Die Dame von der Rezeption bittet mich, nach unten zu kommen. Dort stehe ein Motorradfreund, sagt sie. Der Mann hat eine Yamaha TDM 850, spricht aber kein Englisch und so erfahre ich nicht, woher er von meiner Anwesenheit weiß. Er bringt mich durch die halbe Stadt zu einer Motorradwerkstatt. Auch dort spricht niemand Englisch, aber wir einigen uns darauf, dass wir essen gehen. Scharfes Essen ist in Ordnung, sage ich, und freue mich bereits auf die koreanische Küche. Aber wir essen Gerichte aus Sichuan, in deren Aromen für mich ebenfalls tolle Erinnerungen stecken.

Zum Essen kommt auch derjenige, der mir vor ein paar Monaten die SMS geschrieben hatte. Er hat drei Jahre lang in einem amerikanischen Fastfood-Laden in Dàlián gearbeitet und dort zahlreiche Ausländer getroffen. Sein Englisch ist etwas eingerostet, das tatsächliche Problem ist jedoch, dass er sich gerade mit einem Handyladen selbstständig gemacht hat und deshalb nur wenig Zeit hat.

Ungeachtet dessen zeigen mir die Biker von Dāndōng am nächsten Tag ihren Teil der »Chinesischen Mauer«. Unterwegs verlieren wir uns allerdings und ich laufe der Einfachheit halber alleine los. Die Mauer führt über einen Berg und endet auf der anderen Seite mit einem kleinen Museum. Ich weiß nicht, wann die Mauer von wem und warum errichtet wurde. Und der Besuch des Museums macht mich auch nicht wirklich schlauer. Dort wird der Erste Japanisch-Chinesische Krieg 1894/95 erwähnt, aber ich bin mir nicht sicher, ob damals die Mauer gebaut wurde. Über den Krieg wusste ich bis dato ach gar nichts. Dabei schuf er die Grundlage für die deutsche Kolonie Kiautschou/Jiāozhōu, rund um die Hafenstadt Qīngdǎo. Auch über die deutsche Kolonie weiß ich nichts. Und den Namen der Hafenstadt kenne ich leider auch nur von den Bierflaschen der gleichnamigen Brauerei.

Die beiden freundlichen Mitarbeiterinnen des Museums können mir nichts Genaueres sagen, da sie kein Englisch sprechen. Aber sie machen mir klar, dass es auf dem Fluss ein Boot gibt, das mich um den Berg herum zurück zu meinem Motorrad bringt. Also gehe ich hinaus und entdecke außerhalb der Mauer eine Wasserpumpe. Das nenne ich echte Gastfreundschaft gegenüber dem Feind, der nach seinem langen Anmarsch sicherlich eine trockene Kehle hat. Ich betätige den Pumpenschwengel, weil ich auch ohne kriegerische Absichten Durst habe.

Anschließend laufe ich einen Trampelpfad zwischen Fluss und Berg entlang und finde einen Steg ohne Boot. Stattdessen lockt mich ein schmaler Steig über den Felsen zurück zu klettern. Am Parkplatz wartet David, der Chinese mit der Protektorenjacke und der kleinen Crossmaschine. Er ist ein richtiger Spieler, der auf seinem Motorrad nie stillsitzen kann und ich sehe ihm gerne zu, denn er fährt sehr gut. Er führt mich zu den Anderen, die an der Straße warten.

Wir drehen noch ein Runde mit den Bikes und kommen zu einem Monument für einen chinesischen General. Erst auf den zweiten Blick sehe ich, dass es auch dort eine halbe Brücke gibt, die nur halb über den Fluss Yalu hinüber reicht, in Richtung Nordkorea. In Dāndōng gibt es ebenfalls eine solche halbe Brücke, die von den Amerikanern im Krieg zerstört wurde. Die Koreaner haben auf ihrer Seite den zerstörten Teil der Brücke abgerissen, aber von China aus kann man den Brückenrest betreten und so den Grenzfluss zumindest halb überqueren.

Die Brücken am chinesisch-nordkoreanischen Grenzfluss Yalu sind fast alle zerstört, und werden auch nicht wieder aufgebaut

Auf der anderen Seite des Flusses sieht man Berge, Bäume und Wiesen, und ich denke zurück an meine Taiga Tour. auf der ich von Südkorea aus an der ersten Internationalen Motorradtour nach Nordkorea teilgenommen habe. Wir überquerten damals mit einem Schiff den achtunddreißigsten Breitengrad, die Demarkationslinie zwischen dem kommunistischen Norden und dem kapitalistischen Süden. Auf dem Land sind dort Stacheldrahtzäune installiert und Soldaten stationiert. Die Grenzregion ist massiv abgesichert und vermint und Lautsprecher beschallen über die Grenze hinweg den jeweiligen Klassenfeind mit der jeweils eigenen Propaganda. Was für ein Unterschied zu dieser Brücke, auf der ich mich frei bewegen und und sogar Fotos machen darf.

Wir fahren zurück nach Dāndōng um zu Grillen, heißt es, und ich vermute, dass wir zu ein paar Straßenständen gehen. Aber weit gefehlt: Vor der Werkstatt werden in einem kleinen Becken Kohlen angeheizt und dann kommen Muscheln und Fleischstücke auf den Rost, die wir mit Stäbchen wieder herunterheben. Ich verbrenne mir kräftig den Finger, werde aber mit einer braunen chinesischen Soße verarztet und spüre nach kurzer Zeit nichts mehr davon. Ein Wundermittel, das ich mir gerne merken möchte. Aber als ich mich nach dem Namen der Soße erkundige, wird mir erklärt, man könne irgendeine Soße nehmen, das mache man in China immer so. Ob das auch mit deutschen Grillsaucen funktioniert?

Während wir grillen kommt Jacky als Neuer zu der Gruppe dazu. Er ist Chinese, wuchs aber in Nordkorea auf und lebte vier Jahre lang in Neuseeland. Sein Englisch ist hervorragend und er ist ein lustiger Kerl. Kurze Zeit später kommt auch noch sein Freund, Herr GS 1200. Der präsentiert mir nach dem Essen stolz seine nagelneue 1200er BMW, die er in Hongkong gekauft hat. Leider ist der Bord-Computer kaputt, erfahre ich. Deshalb ist er zur Zeit mit seiner kleinen Crossmaschine unterwegs. Er hat nicht nur das meiste Geld, er kann auch den besten Wheelie und hat viel Humor. Leider kann er kein Englisch. Jacky muss immer wieder übersetzen. Nach dem Essen parke ich mein Motorrad im Hotel und werde dann von Jacky im Mercedes abgeholt. Wir fahren in eine Disco. Dieses Mal ist es ein großes Lokal mit kleinen Nischen, ausladender Tanzfläche und moderner Lichtshow, Discjockey und ein paar professionellen Tänzerinnen. Jacky führt uns auf der Empore zu einer gemütlichen Sitzecke mit Blick auf die Tanzfläche und zu den Tänzerinnen, die abwechselnd elegant aber züchtig gekleidet an einer Stange tanzen.

Auf dem Tisch stehen Karaffen mit Whiskey-Cola und Whiskey-

Eistee, sowie kleine Teller mit Gurken, Tomaten, Melonenstücken und Pflaumen. David, der fröhliche Motocrosser, ist ebenfalls dabei und stellt mir seine Freundin vor, die in der Disco tanzt. Wenig später tanzen wir alle und ich horche überrascht auf, als ich deutsche Worte höre: »Von den blauen Bergen kommen wir«, singt da einer, und außer mir weiß das keiner. Oder doch? Hat Jacky das für mich bestellt? Als ich ihn darauf anspreche tut er sehr überrascht, bringt mir dann aber zwei Sternwerfer zum tanzen. Nach einem feuchtfröhlichen Abend bringt mich Jacky zurück ins Hotel. Dort übernimmt sein Sekretär das Steuer und bringt auch ihn sicher nach Hause.

Am nächsten Tag fahren wir zum Baden, zu einem Wildbach im Hinterland. Als die Teerstraße endet erkundet David die weitere Strecke und kommt mit der Nachricht zurück, dass ihm das Wasser in der Furt bis zur Brust geht. Da er mich um einen Kopf überragt, verzichte ich lachend auf einen Versuch. Tatsächlich hat keiner von uns eine Chance, dort hindurchzufahren. Also drehen wir um. Auf der Landstraße ist plötzlich nur noch Jacky bei mir, die anderen fehlen. Ich halte an. Was tun? Ich will natürlich umdrehen, um nach den anderen zu suchen. Jacky zögert erst, und nickt dann doch zustimmend.

Vor einer Kurve steht einer der Biker und winkt. Ich bleibe mit meinem Motorrad so stehen, dass Verkehrsteilnehmer aus meiner Richtung das Fahrzeug mit den breiten Alukoffern gut sehen können und abbremsen, so hoffe ich zumindest. Alle anderen Motorräder stehen mitten in der Kurve, bis auf eines, das im Graben liegt. Dessen Fahrer sitzt mit blutendem Arm am Straßenrand. Verdreckte Schürfwunden. Ich habe seit Shànghǎi immer wieder einmal nach einem flüssiges Desinfektionsmittel gefragt, und in Deutschland dann vergessen, eines zu besorgen. Aber ich hole Mullbinden und den grünen Tee, den ich am Morgen im

Hotel mit abgekochtem Wasser gemacht habe, aus meinem Koffer.

Als ich zurückkomme, wischt gerade einer mit seinem Finger die Steinchen aus der Wunde – Hygiene scheint keine chinesische Erfindung zu sein. Ich halte ihn auf, gebe dem Verletzten aus der einen Flasche etwas zu trinken und halte dem anderen die zweite Flasche und das Verbandszeug hin. Einer jungen Frau gebe ich den desinfizierenden Puder, der auf Chinesisch beschriftet ist, und hoffe, dass sie weiß, was man damit macht. Die Wunden werden gesäubert, aber Herr GS 1200, der daneben steht, winkt ab, ein Verband sei nicht notwendig.

Stattdessen wird das Motorrad so weit gerade gebogen, dass David mit seiner Freundin darauf fahren kann. Der Verletzte fährt mit Davids Cross-Maschine und ist immerhin so vernünftig, dass er an der nächsten Kreuzung nochmals anhält, um sich doch verbinden zu lassen. Allerdings muss ich fast betteln, damit ich den Verband vernünftig festkleben darf. Aber es lohnt sich. Am nächsten Tag sehen die Wunden schon wieder ganz gut aus, nur zwei Stellen nässen ein bisschen, als ich mich wieder einmal von Menschen verabschiede, die mir innerhalb kurzer Zeit ans Herz gewachsen sind.

Meine Reise geht weiter in Richtung Norden und ich esse in einem Lokal zu Mittag, das meine These unterstreicht, dass Hygiene keine chinesische Erfindung ist. Ein junger Mann zeigt mir einen Tisch, an den ich mich setzen darf und räumt das Geschirr weg. Aber wer schon einmal einen chinesischen Tisch nach dem Essen gesehen hat, der weiß, dass dieser ohne Schüsseln noch lange nicht leer ist. Nach einer angemessenen Wartezeit wische ich die Essensreste, die die Gäste vor mir auf dem Tisch hinterlassen haben, mit einer Serviette zu den anderen Resten auf dem Boden. Das ist ebenso hygienisch, als wenn die Bedienung das mit einem dreckigen Lappen macht, denke ich mir, ziehe mit dem Fuß einen Stuhl heran und berühre das Essen ausschließlich mit meinen eigenen Stäbchen. Die servierten Speisen sind alle gekocht und schmecken sehr gut.

In der autonomen koreanischen Stadt Báishān biege ich nach rechts ab, um an der chinesisch-nordkoreanischen Grenze entlang um den zweitausend Meter hohen Chángbáishān herumzufahren. Auf der linken Straßenseite erheben sich die Felsen, rechts von mir fließt der Yalu, und am anderen Ufer ist Nordkorea. Ich werde nicht kontrolliert und sehe auch keine Kontrollposten. Militär sehe ich nur dort, wo die Straße neu gebaut wird, und in dem Ort, in dem ich übernachte. Aber niemand interessiert sich für mich.

Ohne Probleme erkunde ich die nordkoreanischen Grenze

Einige Stellen des Flusses könnte ich spielend schwimmend überqueren. Ich will das natürlich nicht. Und Nordkoreaner, die herüber kommen, werden von den Chinesen wieder zurückgeschickt, wenn sie sie aufgreifen. Das heißt, wer über den Fluss schwimmt, muss es noch über tausend Kilometer weiter bis in die Mongolei schaffen, um sicherem Boden zu erreichen. Dennoch stelle ich mir die Frage, warum nicht strenger kontrolliert wird. Auf der nordkoreanischen Seite sehe ich Männer die angeln und baden, ein Bauer pflügt ein Feld und an einer anderen Stelle erkenne ich einen nordkoreanischen Grenzposten. Vielleicht sind alle Menschen, die ich sehe, Soldaten, die die Grenze bewachen? Außerdem weiß ich nicht, was mit der Familie eines Flüchtlings geschieht, wenn die Flucht entdeckt wird. Solche Drohungen können wirksamer sein als jede militärische Grenzsicherung.

Wie groß die Versuchung sein muss, sieht man in der Kleinstadt Chángbái. Auf der chinesischen Seite wachsen moderne Hochhäuser wie Pilze aus dem Boden. Gegenüber liegt die Stadt Hyesan, man muss fast sagen, in Schutt und Asche. Die Hochhäuser wirken so baufällig, dass sie in Deutschland niemand mehr betreten würde. Am Fluss waschen zahlreiche Frauen Wäsche. Vor nicht allzu langer Zeit trafen sie sich dort wahrscheinlich noch über den Fluss hinweg mit den Frauen aus China. Die haben inzwischen jedoch fließendes Wasser in der eigenen Wohnung, und am Fluss stehen Parkbänke an der Promenade, statt Wäschekörbe an der Böschung.

Die nächste größere Stadt ist knapp zweihundert Kilometer weit entfernt. Aber das ist mir egal, ich will auf keinen Fall in Chángbái übernachten. Auf der Ostseite des Berges ist es am späten Nachmittag bereits schattig. Die Straße erklimmt die Nordflanke des Berges und mir wird kalt. Ein Schild sagt, der Chángbái Shān Naturpark sei nur noch siebenundvierzig Kilometer weit entfernt. Leider muss die Straße zu dem Vulkangebirge erst noch gebaut werden. Also fahre ich geradeaus weiter. Die Kälte kriecht mir in die Glieder und langsam wird es dunkel. Die Gegend ist waldig, ideal um draußen zu schlafen. Aber ich habe nur einen dünnen Schlafsack dabei. Das ist ärgerlich. So eine Kälte habe ich jedoch nicht erwartet.

Nach vierzig Kilometern erreiche ich eine weitere Abzweigung. Wieder geht es zum Chángbái Shān Naturpark, und dieses Mal gibt es auch eine Straße dorthin. Aber ich halte an, weil neben der Kreuzung ein Tor, wie aus einer Stadtmauer, steht und vorbeifahrende Touristen wie mich anlockt. Hinter dem Tor finde ich ein Restaurant, dessen Front komplett verglast ist. Die anderen Wände sind mit Birkenholz-Rundlingen verkleidet, deren helle Rinde dem Lokal eine freundliche Atmosphäre geben. Hochlehnige Stühle stehen an den Tischen, die stilvoll gedeckt sind. Ob ich dort übernachten kann? Eine junge Frau zeigt mir ein sauberes Zimmer mit Bett und Fernseher im rechten Flügel des Tors. Der Wasserhahn befindet sich unten im Hof und das Plumpsklo außerhalb des Tores. Aber auf dem Bett liegt eine dicke Decke, die mich zum bleiben überredet. Also führt mich die junge Bedienung in einen kleinen Verkaufsraum im linken Flügel des Tors. Dort gibt es eine Theke, und einen Kàng.

Ein Kàng ist eine gemauerte Plattform, die von unten beheizt wird. Letztes Jahr hatte ich diese so genannten Ofenbetten bereits in einem Míng-Dorf nahe Běijīng gesehen. Aber die Bezeichnung Ofenbett ist nur insofern richtig, als auch darauf geschlafen wird. Untertags leben die Menschen auf dem Kàng, und ich werde eingeladen mich aufzuwärmen. Ich lege meine Motorradkleidung ab, setze mich auf den warmen Boden und bekomme einen heißen Tee. Nach kurzer Zeit wird ein Tisch aufgebaut und der Chef, seine Frau, die drei Bedienungen und ein weiterer Angestellter laden mich ein, mit ihnen zu essen. Was für eine gemütliche Runde, und als Gast darf ich sogar auf dem wärmsten Platz sitzen.

Nach dem Essen heizen die Mädchen draußen den Grill an und es gibt Fleischspieße zum Nachtisch. Eigentlich bin ich schon satt und weiß wirklich nicht, wo die schlanken Chinesen all das Essen hinpacken. Aber ich genieße die sternenklare Nacht. Der Vollmond beleuchtet die Brücke über den Seerosenteich und der junge Mann stimmt ein chinesisches Volkslied an. Er hat eine wunderbare Stimme. Später singen die Mädchen noch ein paar Lieder, mit etwas weniger Stimme, aber umso mehr Freude. Als es noch kälter wird, sitzen wir noch eine Weile auf dem Kàng beieinander und ich schreibe jedem einen Gruß in deutscher Sprache. Als Gegengeschenk verfasst der Angestellte einen Gruß auf Chinesisch, den alle unterschreiben. Der Chef signiert für sich und seine Frau, und eines der Mädchen erkundigt sich erst bei den Kolleginnen nach der richtigen Schreibweise und übt ihren Namen, bevor sie ihn auf das Papier setzt.

Zuletzt werde ich dann doch nicht alleine ins kalte Zimmer geschickt, sondern schlafe mit der Chefin auf deren privatem Kàng im Nebenraum. Nachts wache ich auf und schleiche mich hinaus auf die Toilette. Als ich zurückkomme, wacht meine Zimmergenossin auf und zeigt mir, dass im Vorraum ein Nachttopf steht. Gut zu wissen, aber wenn ich ehrlich bin, war mir das Plumpsklo draußen irgendwie lieber. Und so kalt war es auch nicht. Zufrieden kuschle ich mich auf dem warmen Kàng unter die Decke und schlafe weiter.

Morgens wandere ich einen Weg entlang, den mir die Mädchen gezeigt haben. Am Restaurant vorbei komme ich zu kleinen Gehegen, in denen Rehe, Hasen und Vögel gehalten werden. Das entspricht nicht meinen Vorstellungen von artgerechter Haltung, und ich wandere schnell weiter. Nach zwanzig Minuten führt mich ein Trampelpfad auf eine bewaldete Anhöhe und von dort zurück zum Restaurant. Ich bezahle mein Zimmer und bekomme noch zwei Flaschen Wasser zugesteckt. Dann starte ich das Motorrad und nach sechzig Kilometern erreiche ich einen großen Parkplatz.

Eine riesige Tafel informiert mich auf Englisch darüber, wer freien und wer ermäßigten Eintritt hat, und dass die Versicherung dreißigtausend Yuan kostet. Aber wo bin ich? Was kann ich hier sehen und was muss ich dafür bezahlen? Ich stehe etwas ratlos in der Halle eines neu errichteten Verwaltungsgebäudes. Ein hilfsbereiter Mann zeigt mir die Toiletten. Das ist immer gut zu wissen, hilft mir aber momentan nicht weiter. Eine Frau kommt dazu. Sie spricht ein bisschen Englisch und erklärt mir, es gebe zwei Zugänge zum Chángbái Shān, und die andere Seite sei die schönere. Aber nun bin ich schon einmal hier, also bitte ich die Dame, mir beim Ticketkauf zu helfen.

Frau Wang Xi kommt aus Běijīng und arbeitet dort als Ingenieurin. Sie macht mit ihren Kollegen aus den Niederlassungen in Běijīng, Shànghǎi und Shěnyáng einen Firmenausflug. Als ich mein Ticket habe, begegnen wir der Reiseführerin von Wang Xis Gruppe. Sunny spricht noch besser Englisch und lädt mich ein, mit ihnen zu kommen. Wir sind rund zwanzig Leute und steigen gemeinsam mit einer weiteren Reisegruppe in einen der großen Busse, die vom Parkplatz zum Vulkansee auf dem Baitou Shan fahren, der mit über zweitausendsiebenhundert Metern der höchste Berg des Chángbái Gebirges ist, das wiederum aus über hundert Vulkanen besteht.

Insgesamt haben wir nun drei Reiseführerinnen dabei, die während der Fahrt ein paar launige Geschichten erzählen und Lieder singen. Derweil fahren wir immer höher hinauf. Die Birken werden knorrig. Dann überschreiten wir die Baumgrenze. Flechten und Gräser umgeben uns und wir haben einen weiten Blick über das Land. Nach einer halben Stunde verlassen wir den

Bus und steigen insgesamt eintausenddreihundert Treppenstufen zum Kratersee hinauf. Tiefblaues Wasser ruht in einem Felsenkessel. Die Wolken spiegeln sich in der glatten Oberfläche. Nach rechts biegt ein Trampelpfad ab, dem man eine Weile folgen kann. Aber nicht zu weit, denn dort ist man bereits in Nordkorea. Die Grenze ist an dieser Stelle gar nicht gesichert, zumindest nicht für mich erkennbar.

Am nordkoreanischen Grenzstein auf dem Baitou Shan

Wir brechen wieder auf und fahren zu einem Canyon mit rotem Sandstein. Ein packender Kontrast zur grau-schwarzen Vulkanlandschaft. Wind und Wetter haben in dem Flusstal steile Spitzen und scharfe Kanten entstehen lassen, aber auch sanfte Rundungen und bizarre Skulpturen, denen die Chinesen klangvolle Namen gegeben haben. Meine Begleiter und ich laufen auf einem Pfad aus Brettern durch einen lichten Wald am Canyon entlang. Eine Kiefer und eine Birke sind als ewig Liebende zusammen gewachsen und mit einer Kette umzäunt. An dieser haben unzählige Verliebte Schlösser befestigt. Zahllose Träume von einer glücklichen Zukunft rosten dort langsam vor sich hin.

Im Bus läuft während der Rückfahrt ein Video, aber Wang Xi und ihre Kollegen unterhalten sich lieber mit mir. Sie laden mich zum Mittagessen ein, und am Nachmittag ist eine Rafting-Tour geplant. Ob ich Lust hätte, mitzufahren? Natürlich! Am Eingang zum Naturpark steht ein Bus aus Shěnyáng, mit dem die Firmenmitarbeiter unterwegs sind. Diesem folge ich mit dem Motorrad zu einem Restaurant.

Das leicht verwitterte Holzhaus steht auf Stelzen, weil der benachbarte Fluss wohl manchmal über die Ufer tritt. Momentan liegt er jedoch eher träge in seinem knapp zehn Meter breiten Bett. Auch das Essen dauert lang. Ein Blick auf mein Handy sagt mir, dass es schon vier Uhr ist und ich vermute, dass das Raften ausfällt, da es in zwei Stunden bereits dunkel wird. Aber da kenne ich die Chinesen schlecht. Plötzlich kommt Bewegung in die Gruppe, wir fahren mit dem Bus zur Einstiegsstelle und sollen von dort zum Restaurant zurückrudern.

Am Ufer liegen Fischerhosen und Schwimmwesten für uns bereit. Dann bekommen jeweils zwei Leute ein Schlauchboot und Paddel. Wang Xi und ich steigen in eines der kleinen Ruderboote, die mich eher an Kinderspielzeug erinnern, und stoßen uns vom Kiesufer ab. Meine Partnerin hat keine Ahnung vom Paddeln, aber nach einer Weile findet sie sich in den Rhythmus ein, und wenn wir die Richtung ändern wollen, dann überlässt sie die Steuerung einfach mir. Wir sind ziemlich weit vorn und setzen uns bald ganz an die Spitze. Das ist schade, weil wir dann keine Späße mehr miteinander machen können. Aber ich verstehe kein Chinesisch und die anderen nichts vom Paddeln.

Also teile ich mir den Fluss mit Wang Xi.

Wir beobachten eine große Entenfamilie, lauschen dem Gesang des Wassers und erzählen uns gegenseitig von unserem Leben. Dreieinhalb Kilometer legen wir auf dem Fluss zurück, der nie sehr tief ist, aber doch einige kleine Stromschnellen hat. Wirkliche Hindernisse sind jedoch die Kiesbänke, auf denen man leicht festsitzt. Das Wasser ist kalt und ich habe keine Lust, auszusteigen, und erspare mir das durch vorausschauende Manöver. Und zum Schluss bin ich froh, als wir im letzten Licht des Tages an der Anlegestelle ankommen. Auch Wang Xi klettert erleichtert aus dem Boot. Auf den letzten Metern hatten wir uns schon Sorgen gemacht, wie weit es noch sei, da der Steg hinter einer Biegung lag und aus der Ferne nicht zu sehen war.

Ich sage unserem Tourguide Sunny, dass wir sehr schnell waren und die anderen schon lange nicht mehr gesehen haben. Daraufhin wird der Bus ans Ufer gefahren und der Fluss mit dem Fernlicht ausgeleuchtet. Wang Xi und ich ziehen die Paddelklamotten aus und ich schlüpfe in meine Motorradkleidung. Dann warten wir auf die anderen Boote, die langsam den Fluss herunter kommen. Die letzen beiden werden von einem Mitarbeiter des Veranstalters, der in einem weiteren Schlauchboot sitzt, angeschoben, weil sie mit den Paddeln gar nicht zurecht kommen. Eine kleine Einführung während des Essen wäre vielleicht hilfreich gewesen - immerhin ist das eine Gruppe Ingenieure, das hätte klappen können.

Alle sind erleichtert, als wir wieder vollständig versammelt sind. Sunny ruft beim Hotel an, ob sie noch ein Zimmer für mich haben und ich fahre im Dunklen hinter dem Bus her. Beim Abendessen erfahre ich, dass die Arbeitsgruppe aus Shěnyáng die Reise organisiert hat. Beim letzten Mal haben sich die Kollegen in Shànghǎi getroffen und nächstes Jahr wird es wohl nach

Běijīng gehen. Das ist eine gute Idee, um die Zusammenarbeit verschiedener Tochterfirmen zu verbessern, finde ich. Beim Essen trinken wir Bier aus den sonst für Schnaps verwendeten Gläsern. Damit ist sogar der chinesische Trinkspruch »Gānbēi! – Trockene Gläser!« keine allzu große Herausforderung.

Aber Wang Xi hat einen Hautausschlag und darf keinen Alkohol trinken, erzählt sie mir. Sie hat ein halbvolles Glas vor sich stehen und hebt es auch jedesmal an die Lippen. Am Ende des Abends ist es jedoch immer noch genauso voll und keiner hat versucht, nachzuschenken. Dabei werden zahlreiche Dankesreden gehalten, die alle entsprechend begossen werden wollen. Auch ich erhebe mich und danke für die Einladung und die schöne Zeit. Eine weitere Frau und ich machen es genauso wie Wang Xi. Wir trinken jeweils nur zwei Gläschen Bier, und tun in den anderen Runden nur so, als würden wir trinken. Und das ist völlig in Ordnung. Keiner erhebt Einspruch. Im Gegenteil, die anderen halten sich ebenfalls zurück, und Schnaps kommt gar nicht auf den Tisch.

Am nächsten Morgen regnet es, und es sieht nicht so aus, als würde die Sonne bald herauskommen. Der Wetterbericht verspricht ganze sechs Grad Tageshöchsttemperatur. Also winke ich um sieben Uhr früh dem Reisebus hinterher, der nach Běijīng zurückkehrt. Dann lege ich mich noch einmal ins Bett und warte auf die sechs Grad. Gegen Mittag fahre ich los und steuere als erstes eine Tankstelle an.

Wieder einmal kommt der Tankwart mit Kannen. Im Norden Chinas dürfen Motorräder nicht an der Zapfsäule betankt werden. Bisher konnte ich die Leute immer davon überzeugen, dass der Tank an meiner BMW genauso sicher ist wie der eines Autos. Immerhin sieht der Einfüllstutzen unter der Sitzbank ganz ähnlich aus. Aber dieses Mal hilft alles reden nichts. Ich bestelle fünfzehn Liter Sprit. Das sind drei Kannen voll. Und das Tanken ist genau so ein Gepritschel, wie ich es mir vorgestellt habe. Gefühlt landen mehrere Liter von dem kostbaren Nass auf dem unversiegelten Boden. Glücklicherweise hat mein Motorrad seinen Tank unter der Sitzbank und wird auch dort hinten befüllt, so dass die brennbare Flüssigkeit nicht über den heißen Motor läuft. Nicht nur Genie und Wahnsinn, sondern auch Sinn und Unsinn liegen manchmal sehr nahe beieinander.

Mein nächstes Ziel heißt Shěnyáng. Dort besuche ich die Ausstellung zur japanischen Besetzung Nordchinas, ausgerechnet einen Tag vor dem fünfundsiebzigsten Jahrestag des Einmarschs der Japaner in der Stadt Shěnyáng am 18. September 1931. Ein Rollerfahrer führt mich zum Museum und besteht darauf, auf mein Motorrad aufzupassen, während ich die Ausstellung besichtige. Im Inneren des modernen Komplexes ist es sehr finster, was durchaus dem Thema angemessen ist. Aber man merkt auch, dass der Spagat zwischen den beiden Aussagen »Wir sind Helden« und »Die anderen sind böse« ziemlich schwierig ist.

Die Methoden der japanischen Besatzer waren nicht zimperlich. Fotos, Berichte und einige ausgestellte Folterinstrumente sprechen eine deutliche Sprache und jeder Widerstand in der Bevölkerung erforderte auf alle Fälle großen Mut. Aber die beiden Ziele, die Besucher zum Patriotismus zu erziehen und gleichzeitig über die Gräuel der Anderen zu klagen, das knirscht ein bisschen im Getriebe der Propaganda.

Als ich zum Motorrad zurückkomme, erwarten mich dort neben dem Rollerfahrer auch ein regionales Fernsehteam sowie der Verantwortliche des Museums, der mich auf Deutsch begrüßt. Das fühlt sich seltsam an. Zum einen habe ich am Beginn der Ausstellung gelesen, dass der Einfall der Japaner die erste kriegerische Handlung eines faschistischen Regimes im Zweiten Weltkrieg war, und zum andern habe ich selbst schon lange kein Deutsch mehr gesprochen. Meine Versuche, leicht verständliches Hochdeutsch zu sprechen, klingen ziemlich holprig. Gut, dass der Journalist Englisch spricht. Das fällt mir tatsächlich leichter.

Meine Reise interessiert in dem Interview nicht. Es geht lediglich darum, dass ich mir das Museum angesehen habe und der Journalist würde gerne hören, dass ich wegen dieser Ausstellung nach China gekommen bin. Aber vor diesen Karren lasse ich mich nicht spannen und erzähle, dass ich mir das ganze Land angesehen habe. Eine andere Frage stimmt mich freilich bedenklich: Ob ich vom Zweiten Weltkrieg gehört habe, will der Mann vom Fernsehen wissen. Und selbstverständlich habe ich davon gehört. Aber an den Japanisch-Chinesischen Krieg kann ich mich in dem Zusammenhang nicht erinnern. Dabei zählen die Japaner über eine Million gefallene, vermisste und verletze Soldaten und auf der chinesischen Seite haben mehr als drei Millionen Soldaten und über neun Millionen Zivilisten bei den Kriegshandlungen ihr Leben verloren. Darüber hinaus kamen noch knapp achteinhalb Millionen Zivilisten bei nicht-militärischen Zwischenfällen ums Leben. Aber mein Geschichtsunterricht befasste sich mit den Gräueltaten meines eigenen Landes.

Nach dem Interview erkundige ich mich bei dem Journalisten nach einem Hotel, immerhin wäscht eine Hand die andere. Der Taxifahrer des Kamerateams kennt eine Pension in der Stadt, preisgünstig und zentral gelegen. Was will ich mehr. Am Abend streife ich durch die hell erleuchtete Fußgängerzone. In einer Buchhandlung spricht mich ein junger Chinese an. Er hat ein Geschäft eröffnet und bittet mich, ihm englische Texte für seinen Werbeprospekt zu schreiben. Ich sage ihm, dass meine

Muttersprache Deutsch ist, biete aber an, mein Möglichstes zu versuchen. Wir setzen uns auf zwei kleine Hocker und basteln gemeinsam ein Werbeblatt.

Die »Verbotene Stadt« der Mandschu in Shěnyáng

Am nächsten Tag spaziere ich zum nahe gelegenen Kaiserpalast, denn die Hauptstadt der Provinz Liáoníng war im siebzehnten Jahrhundert der Regierungssitz der Mandschu, bevor diese als Qīng-Dynastie in Běijīng die Macht übernahmen. Und aus dieser Zeit stammt die sogenannte »Verbotene Stadt« der Mandschu in Shěnyáng. Die Anlage ist im Aufbau eine Miniatur ihrer großen Schwester in Běijīng, aber der Stil der Häuser entspricht dem Nomadenvolk aus dem Norden mit viel Holz und gemütlichen Räumen statt großer Säle. Die Innenhöfe sind zum Teil begrünt und der Palast gefällt mir richtig gut. Ich laufe herum, setze mich in die Sonne, höre Vögel singen und verbringe dort einen herrlichen halben Tag. Auf dem Rückweg verbummle ich mich noch in der Fußgängerzone und bleibe schließlich für eine weitere Nacht in Shěnyáng.

Mein Reiseführer preist das Provinzmuseum an, das ich ebenfalls zu Fuß, in die entgegengesetzte Richtung gehend, erreiche. Ausgrabungsgegenstände aus der Urzeit, Porzellan, Jade und Emaille, die Geschichte der Provinz und des Staatengründers Nurhaci werden dort präsentiert. Nurhaci vereinigte zu Beginn des siebzehnten Jahrhunderts die Mandschuren und legte den Grundstein dafür, dass sie ab 1644 über ganz China herrschten. Das Museum erzählt die Geschichte der Mandschuren als Minderheit und als Herrscher über China und setzt sie gleichzeitig in ein Verhältnis zu den Han-Chinesen, das immer die Einheit Chinas betont. Eine schwierige Gratwanderung, bei der ich mir nicht sicher bin, ob Nurhaci damit glücklich wäre. Denn die Leistungen seiner Landsleute werden dabei in den Dienst der Großmacht China gestellt.

Im ersten Stock sehe ich chinesisches Papiergeld, das bereits im Jahr 1024 in China herausgegeben wurde. Als Spanien 1489 als erstes Land in Europa zunächst nur vorübergehend Banknoten einführte, waren die Geldscheine in China bereits wieder abgeschafft, weil chinesische Kaiser Papiergeld drucken ließen, das nicht gedeckt war und damit große Inflationen auslösten. Nach den Geldscheinen sehe ich mir einige Bilder und Kalligrafien an, die vermutlich ebenfalls einige Scheinchen wert sind.

Als ich nachmittags aus dem Museum komme, ist es bereits zu spät, um noch in den Botanischen Garten zu fahren. Daher suche ich mir ein Internetcafé, und lerne dort Lucy kennen. Die junge Chinesin recherchiert gerade für einen Studienaufenthalt in Frankreich. Sie hat sich dieses Land ausgesucht, weil sie glaubt, dort größere Chancen zu haben, wo nicht so viele hinwollen. Wir plaudern ein wenig auf Englisch, das sie sehr gut spricht, und verabreden uns dann für den nächsten Tag. Wir wollen uns gemeinsam die Internationale Gartenbauausstellung ansehen, die dieses Jahr in Shěnyáng stattfindet.

Lucy steht um Punkt neun Uhr vor meiner Tür und führt mich durch die Wohnsiedlung hinter meinem Hotel zur Bushaltestelle. Zunächst fahren wir mit einem staatlichen öffentlichen Bus, und anschließend mit einem privaten Kleinbus. Dann stehen wir vor einem monumentalen Gebäude mit breiter Außentreppe, wie geschaffen für eine riesige Darbietung. Auf dem Boden der Eingangshalle ist eine Luftaufnahme von Shěnyáng. Eine interessante Perspektive. Lucy zeigt mir erst mein Hotel und dann ihre Universität, dann laufen wir von ihrem Zuhause zur Apotheke ihrer Eltern. So bekomme ich eine gute Vorstellung vom Aufbau und den Ausmaßen der Stadt.

Aber wir wollten uns eigentlich Blumen ansehen, und gehen deshalb weiter auf das Ausstellungsgelände. Im ersten Teil stellen sich einzelne Regionen Chinas vor. Auf den kleinen Parzellen dominieren kleine Häuschen in den entsprechenden Baustilen. Irgendwie hatte ich mehr Blumen erwartet, aber Bäume sind natürlich auch Pflanzen. Wir schlendern durch einen Wald und erreichen einen Picknickplatz mit Baumhäusern und Hängematten, deren Liegefläche nicht aus Stoff, sondern aus Holz-Rundlingen besteht. Die aneinander gehängten Hölzer wirken eher unbequem, entpuppen sich jedoch bei einem Liegetest als überraschend gemütlich.

Für ein Picknick fehlt uns jedoch noch etwas zu Essen. Das bekommen wir ein paar Meter weiter in einem Restaurant. Anstatt drinnenzusitzen, kaufen wir uns außen an einem Stand Gemüse und Nudeln und suchen uns damit einen Platz in der Sonne. Danach gehen wir zum Lilienturm, angeblich die derzeit höchste Metallskulptur in China, mit einer Plattform auf hundert Metern Höhe. Daneben wirken die sechs Dinosaurier hinter dem Zaun regelrecht mickerig. Vier von ihnen bewegen sich ein bisschen: Ein großer hat einen kleineren gefangen und hält diesen hilflos zappelnden mit dem Vorderfuß am Boden fest. Einer wackelt mit dem Kopf und ein anderer mit dem Schwanz. Aber wir finden nirgends ein Schild, welche Art Dinosaurier sie sind.

Nach dem Essen gehen wir noch durch einige Gärten chinesischer Provinzen, dann kommen wir zu den Parzellen fremder Länder. Japan stellt einen rund fünfzehn Meter langen, mit Gras bewachsenen Drachen aus, dessen Kopf aus Binsen geflochten ist. Frankreichs Garten hat niedrige Hecken und eine blau, weiß, rot gekachelte Fläche. Deutschland wird durch eine Hopfenhecke und einen Maibaum repräsentiert. Außerdem stehen Schwarzwald-Koniferen aus Bayern auf der Parzelle, sagt zumindest das Schild. Die Grasfläche ist genau das, was mir gefällt: eine hoch stehende Naturwiese. Aber ich fürchte, mit den Augen einer Chinesin betrachtet, sieht es einfach nur schlampig aus und hat nichts mit dem sauberen und ordentlichen Deutschland gemein, das die meisten Ausländer vor Augen haben, wenn sie an meine Heimat denken.

Auf der Rückfahrt in die Stadt stellt Lucy mit einem Blick auf ihre Uhr fest, dass wir ganze fünf Stunden auf der Expo unterwegs waren. Wir sind beide müde und verabschieden uns an der Bushaltestelle. Lucy muss in die andere Richtung und ich finde den Weg zurück zum Hotel auch alleine. Unterwegs kehre ich noch in einem Internet-Café ein und lese eine E-Mail von Zhao Tao. Der Zoll von Erlianhote hat angerufen: mein Motorrad muss aus China raus.

Bei der Einreise bekam ich lediglich eine Genehmigung, das Motorrad für sechs Monate nach China einzuführen. Pai half mir jedoch, diese Frist im Winter zu verlängern. Alle in China lebenden Ausländer, die ich getroffen habe, meinten, ich könne das Motorrad problemlos im Land lassen. Das Geld der Kaution würde verfallen und die Sache wäre damit erledigt. Nun aber belehrt mich die Realität eines besseren. Was soll ich tun? Zunächst einmal gehe ich zurück zu meinem Hotel und überlege mir dort in Ruhe alle Möglichkeiten, die ich habe.

Ich könnte zurück in die Mongolei und das Motorrad dort über den Winter stehen lassen. Für das Visum müsste ich zuerst nach Běijīng, dann zur Grenze und weiter in die mongolische Hauptstadt Ulaanbaatar. Es ist bereits Ende September, das heißt, in der Mongolei ist es schon ziemlich kalt. Und was mache ich mit meinem Motorrad in der Mongolei? Alternativ könnte ich nach Kasachstan fahren. Auch dafür brauche ich ein Visum, das ich erst in Běijīng beantragen muss. Und in dieser Richtung wartet ebenfalls der Winter auf mich. In Russland kenne ich mich aus und könnte zügig nach Hause fahren. Aber auch für dieses Visum muss ich zunächst nach Běijīng. Und in Russland keine Zeit zu haben und nur Kilometer herunterzuspulen ist auch nicht lustig. Also beschließe ich, zurück nach Běijīng zu fahren und das Motorrad mit dem Schiff nach Hause zu schicken.

Plötzlich und unvorbereitet steht damit das Ende meiner Reise vor mir und ich sitze einigermaßen betrübt auf meinem Bett. Nun heißt es also endgültig Abschied nehmen von China. Nicht nur kurz, sondern für lange Zeit. Denn ich glaube nicht, dass ich allzu bald wieder die Möglichkeit haben werde, mit meinem Motorrad nach China einzureisen. Eine Weile hänge ich meinen traurigen Gedanken nach, dann rufe ich mich selbst zur Besinnung: Ich hatte eine tolle Zeit und freue mich über all das, was ich erleben durfte ... aber genau das macht mir den Abschied auch so schwer.

Morgens schlendere ich noch einmal durch die große Fußgängerzone und die kleinen Gassen, esse frittierte Teigstangen mit warmer Sojamilch und finde mich damit ab, nach Běijīng zurückzukehren. Aus einer Stadt herauszufahren ist immer wieder eine kleine Herausforderung, aufgrund der für mich unlesbaren Schilder, der Lichtreklamen und Ampeln, den vielen Fußgängern und Radfahrern und sonstigen Verkehrsteilnehmern. Ich versuche die Himmelsrichtung Südwest einzuhalten, und brauche zweieinhalb Stunden, um den Stadtrand zu erreichen.

Am frühen Morgen gibt es bei der Dame frittierte Teigstangen mit warmer Sojamilch

Vierzig Kilometer außerhalb von Shěnyáng komme ich in die kleine Stadt Ximen. Seit dem Frühstück habe ich nichts mehr gegessen und freue mich über den Straßenhändler, der im Gewerbegebiet vor der Stadt Nudeln verkauft. Der Mann kann ein paar Worte Englisch: »BMW?« fragt er. »Ja, wir beide sind aus

Deutschland«, antworte ich. Dass ich seine Nudeln essen will, wundert ihn sehr. Er fragt drei Mal nach, ob ich sie wirklich möchte. Eigentlich hat er Recht. Gemütlich ist das nicht, am Straßenrand im Stehen zu essen. Aber es schmeckt gut und ich beobachte gerne die Menschen um mich herum.

Zwei Männer beginnen einen Streit. Sie schimpfen und packen sich gegenseitig an den Armen und den Hemdsärmeln. Ich habe keine Ahnung um was es geht und hoffe, es ist nichts wirklich Schlimmes, weil ich es ehrlich gestanden genieße, in der Menschenmenge zu stehen und zu beobachten, anstatt selbst das Objekt der Neugierde zu sein. Der Nudelkoch war kurz davor einzugreifen, als die Männer beinahe handgreiflich wurden. Aber es bleibt dann doch beim Ärmelzupfen und Schimpfen und alle Umstehenden halten sich heraus. Erst, als zwischen den beiden Männern beinahe Ruhe einkehrt, kommt eine Frau berbeigelaufen und beschimpft eine weitere Frau, die bereits die ganze Zeit bei den Männern gestanden war. Noch einmal erreicht das Gezeter hohe Phonzahlen und das Geschubse geht wieder los und unterhält die Menge noch einmal eine Weile.

Da ich nichts verstehe, beginne ich mich irgendwann zu langweilen und widme mich wieder meinen Nudeln. Aber auch die Einheimischen verlieren das Interesse. Die Kontrahenten drehen sich thematisch offensichtlich im Kreis. Die Menge löst sich langsam auf, und auch der Streit verebbt. Da wird meine BMW wieder interessant, aber nicht allzu lange: Ich bin fertig mit meinem Essen und nach ein paar freundlichen Worten fahre ich weiter.

Inzwischen ist es bereits fünf Uhr und ich frage in der Stadt nach einem Hotel. Während ich mit zwei Autofahrern spreche kommt ein Motorradfahrer und erklärt sich bereit, mir ein Hotel zu zeigen. Aber das erste hat keinen Parkplatz für das Motorrad und das zweite ist muffig und schmuddelig. Mir ist es unangenehm, dass ich mit nichts zufrieden bin, aber in diesem Haus will ich wirklich nicht bleiben. Und Wang Fei, der Motorradfahrer, sieht das offensichtlich ein und sagt spontan, ich solle in das Haus seines Vaters mitkommen. Das überrascht mich, denn wir konnten bisher eigentlich noch nicht miteinander sprechen. Wang Fei kann fast kein Englisch und ich fürchte sein Vater auch nicht. Das wird ein anstrengender Abend, aber ich bin auch neugierig, was da auf mich zukommt.

Doch Wang Fei lebt nicht bei seinen Eltern. Er hat eine Jungesellen-Bude im obersten Stockwerk eines relativ neuen Wohnblocks. Über die Breite des Hauses verteilen sich zwei Zimmer und ein Bad. Davor streckt sich ein fünf Meter tiefer Raum über die gesamte Breite. Die Wände sind nicht verputzt und der Boden nur mit Estrich bedeckt. Das Bad hat einen Wasserhahn auf Kniehöhe, eine große Plastikschüssel sowie ein Klosett, das man mit der Schüssel spülen kann. Aber es gibt weder eine Tür, noch einen Vorhang.

In den beiden kleineren Zimmern stehen jeweils ein Bett und ein Regal mit ein paar persönlichen Dingen. Wang Fei wohnt mit einem Freund zusammen, erzählt er mir, den ich jedoch nicht kennenlerne. In der einen Hälfte des großen Raumes liegen Teppiche und Kissen am Boden. Außerdem stehen ein Fernseher und ein DVD-Spieler mitten im Raum. Ich weiß nicht, was ich davon halten soll, aber ich fühle mich spontan wohl. Wang Fei holt einen kleinen elektronischen Übersetzer und wir setzen uns auf den Boden und ich erzähle, woher ich komme und wohin ich fahre.

Nach einiger Zeit lässt mich Wang Fei eine Weile alleine und ich nutze die Gelegenheit und gehe auf die Toilette. Dort sitze ich genau in der Blickrichtung desjenigen, der zur Wohnungstür hereinkommt. Aber es kommt niemand. Ich habe sogar noch Zeit, mich ein bisschen zu waschen, und benutze dann das Wasser zum Spülen der Toilette. Anschließend setze ich mich vor den Fernseher und sehe mir einen Agententhriller auf Englisch an.

Mein Gastgeber kommt mit Bananen und Weintrauben zurück und wir unterhalten uns noch ein bisschen mit seinem Übersetzer und meinem Wörterbuch. So erfahre ich, dass Wang Fei in einer Bank arbeitet und Motorräder liebt. Er fährt meistens mit einem Freund, der auch sein Kollege in der Bank ist. Wir gehen zeitig zu Bett. Wang Fei schläft auf den Teppichen im Wohnzimmer und ich übernachte im Doppelbett des größeren Zimmers. Morgens plaudern wir noch ein bisschen, und Wang Fei sagt mir, ich sei sehr tapfer. Ich entgegne, dass ich ihn sehr mutig finde, weil er mich eingeladen hat. Ob ich schon einmal bösen Menschen begegnet bin, fragt er mich. »Nein«, antworte ich: »Nicht wirklich.« Da hebt Wang Fei sein T-Shirt und zeigt mir eine große verwachsene Narbe. Das war kein glatter Schnitt eines Chirurgen. Das war ein Raubüberfall, nachts, auf einer Straße in dieser kleinen Stadt. Und dennoch hat der junge Mann mich, eine völlig Fremde, eingeladen bei ihm zu übernachten.

Das Ende der Reise

Die Straße nach Běijīng ist leer, gut ausgebaut und gerade. Noch einmal übernachte ich in einer kleinen Stadt, dann verbringe ich noch einige Tage bei Sonja und Ralph, treffe Amelia, Zhao Tao und Kin One noch einmal und fliege dann nach Hause.

Um mein Motorrad nach Deutschland zu bringen, kontaktiere ich von Běijīng aus einige Frachtfirmen. Allerdings weiß keiner, wie ich meine Kaution wieder bekommen kann. Also suche ich Kontakte in die Mongolei, um das Motorrad im Notfall dorthin bringen zu lassen. Aber als ich dem Spediteur in Erlianhote von meinen Schwierigkeiten erzähle, hat er die Lösung: Sinotrans holte die BMW bei Sonja und Ralph in Běijīng ab und transportiert sie bis nach München, wo ich Rotbäckchen nach drei Monaten wohlbehalten in Empfang nehme. Und ein Jahr später ist auch die Kaution wieder auf meinem Konto.

Meine Fahrt durch China war die anstrengendste Reise, die ich bisher gemacht habe. Die chinesische Kultur, die Sprache, ihre Dialekte und die Schrift sind mir sehr fremd, und die vielen Menschen waren sehr ungewohnt. Dazu kam, auf beiden Seiten, die Sorge es dem jeweils anderen recht zu machen. Darüber hinaus wusste ich nicht, wie viel Zeit ich in China verbringen würde und wollte gerne so viel wie möglich sehen. Und das habe ich. Die Geschichte des Landes fasziniert mich und ich habe gelernt, dass die westliche Art zu denken nur eine Möglichkeit ist, und vieles auch ganz anders geht – auch wenn ich das vielleicht nicht immer verstehe.

Vielen Dank an die vielen Chinesinnen und Chinesen, die mit ihrer Gastfreundschaft, ihrem Humor und ihrer Lebensfreude meine Reise – und damit auch mein Leben – bereichert haben.

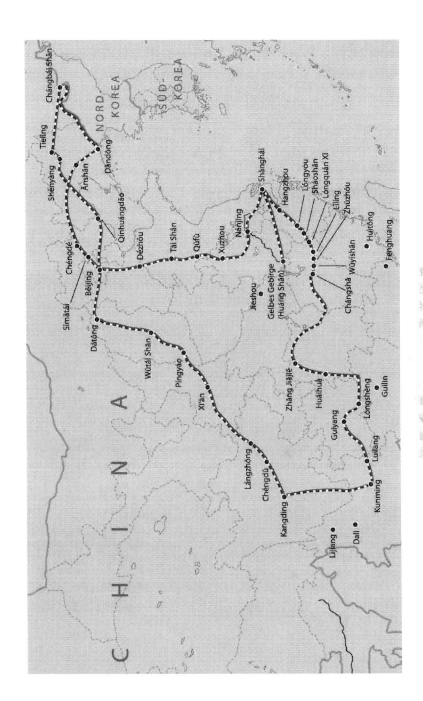

Doris Wiedemann, geboren 1967 in München, reist seit 1990 immer wieder mit dem Motorrad rund um die Welt. Die diplomierte Volkswirtin arbeitet seit vielen Jahren als Fotografin, Journalistin und Autorin.

Weitere Bücher der Autorin:

Allgäu Reiseführer

Warum in die Ferne schweifen, findet auch Doris Wiedemann und informiert mit ihrem Reiseführer über ihre Heimat, das Allgäu. Mit vielen Details über Kunst, Kultur und Geschichte lernt man eines der beliebtesten Urlaubsziele der Deutschen: Das Allgäu und das bezaubernde Schloss Neuschwanstein.

Trescher Verlag, 320 Seiten
29 Stadtpläne und Übersichtskarten
Taschenbuch: ISBN 978-3897943469

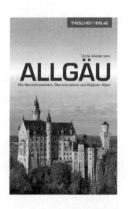

Taiga Tour

40.000 km -
Russland - Korea - Japan
Eine Frau, ein Motorrad
und viele unvergessliche
Begegnungen

Typisch Frau: Grenzenlose Neugierde treibt die berühmte Alleinreisende und Journalistin Doris Wiedemann immer wieder in die Welt hinaus. Nach Reisen in den USA, rund um Australien und quer durch Afrika verführt eine Einladung zum Kaffeetrinken die Autorin zu einer Fahrt rund um die halbe Welt: Als erste Frau fährt Doris Wiedemann im Jahr 2001 mit dem Motorrad alleine durch Russland, bis Wladiwostok. Sie nimmt ihre Maschine unter der Hand mit nach Südkorea und fährt als erste Nicht-Koreanerin mit ihrem Motorrad in Nordkorea.

In Tokio wird sie von zwei Japanern begrüßt, die sie Jahre zuvor auf ihrer Afrikareise kennengelernt hatte. Und der Weg nach Hause führt sie wieder quer durch Russland, wo Vorboten des Winters die Fahrt über die Ural-Berge in eine gefährliche Rutschpartie verwandeln.

Taschenbuch: ISBN 978-3-756521-47-0
eBook: ISBN 978-3-756509-15-7

Winterreise nach Alaska

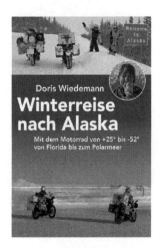

Mit dem Motorrad
von +25° bis -52°
von Florida bis
zum Polarmeer

Doris Wiedemann, Weltreisende und Motorradabenteurerin, hat als erste Frau den berühmt-berüchtigten Dalton Highway im Winter mit dem Motorrad befahren. Gemeinsam mit dem Niederländer Sjaak Lucassen fuhr sie in der kältesten Jahreszeit vom südlichsten Punkt der USA bis zum nördlichsten Ort, der auf öffentlichen Straßen erreichbar ist.

Die Journalistin erzählt von ihrem extremen Abenteuer, von Key West in Florida bis Deadhorse in Alaska, von +25 bis -52 Grad Celsius - und von Begegnungen mit den Biker-Legenden Dave Barr, Ted Simon und Helge Pedersen, von Eisschnitzern und Polarlichtern und von gefrorenen Reifen, vereisten Pisten und Schneestürmen.

Taschenbuch: ISBN 978-3746740218
eBook: ISBN 978-3746740218

++++++++++++++++++++++

Weitere **Informationen** und aktuelle **Vortrags-Termine** unter:
www.doris-wiedemann.de

Druck:
CPI Druckdienstleistungen GmbH
im Auftrag der
Zeitfracht GmbH
Ein Unternehmen der Zeitfracht - Gruppe
Ferdinand-Jühlke-Str. 7
99095 Erfurt